布金满地

峨眉山传奇（上）

徐杉 著

四川大学出版社

SICHUAN UNIVERSITY PRESS

图书在版编目（CIP）数据

布金满地：峨眉山传奇．上 / 徐杉著．— 2 版．—
成都：四川大学出版社，2022.7
（徐杉文集）
ISBN 978-7-5690-4137-8

Ⅰ．①布… Ⅱ．①徐… Ⅲ．①峨嵋山－佛教－寺庙－
介绍 Ⅳ．① K928.75

中国版本图书馆 CIP 数据核字（2021）第 001070 号

书　　名：布金满地：峨眉山传奇（上）
　　　　　Bujin Mandi：Emei Shan Chuanqi（Shang）
著　　者：徐 杉
丛 书 名：徐杉文集

丛书策划：张宏辉　欧风偃
选题策划：黄蕴婷
责任编辑：黄蕴婷
责任校对：毛张琳
装帧设计：墨创文化
责任印制：王　炜

出版发行：四川大学出版社有限责任公司
　　　　　地址：成都市一环路南一段 24 号（610065）
　　　　　电话：（028）85408311（发行部）、85400276（总编室）
　　　　　电子邮箱：scupress@vip.163.com
　　　　　网址：https://press.scu.edu.cn
印前制作：四川胜翔数码印务设计有限公司
印刷装订：四川盛图彩色印刷有限公司

成品尺寸：170mm×240mm
印　　张：18.25
插　　页：2
字　　数：244 千字

版　　次：2003 年 8 月 第 1 版
　　　　　2022 年 7 月 第 2 版
印　　次：2022 年 7 月 第 1 次印刷
定　　价：86.00 元

本社图书如有印装质量问题，请联系发行部调换

四川大学出版社
微信公众号

再版序

　　无以计数的海内外游客不分春夏秋冬纷纷来峨眉山游览。"你为什么来峨眉山？"我们的导游总是较多地介绍其自然景观，而对其深层的文化底蕴却展现甚少。中国是一个历史悠久，具有灿烂文化的国家。就我们四川省而言，被联合国教科文组织列入《世界文化与自然遗产名录》的就有峨眉山与乐山大佛、青城山和都江堰以及九寨沟风景名胜区、黄龙风景名胜区等。

　　峨眉山是中国佛教四大名山之一。佛教是由印度传到中国的，自汉魏到明清，高僧辈出，代有奇人。佛教进入中国后，与中国的传统文化融合，逐渐形成中国化的佛教，影响着上至帝王将相，下到黎民百姓的意识形态和生活方式以及价值取向。这种中国化的佛教已成为中国传统文化的一部分。在隋唐以后，佛理禅趣在诗歌、绘画、雕塑、建筑等方面的展现比比皆是。在《世界文化与自然遗产名录》（中国部分）中，甘肃省的敦煌莫高窟、山西省的云冈石窟、西藏的布达拉宫、河南省的龙门石窟、河北省的承德避暑山庄和周围寺庙、四川省的峨眉山和乐山大佛等都是佛教文化遗产。这是一份极其珍贵的人类遗产和精神财富，它既是中国的，也是世界的。

　　峨眉山"世界双遗产"受到了人类的尊重。自然环境的秀丽，寺庙殿堂的维修，新的旅游景点的开发，基础设施的逐步改善，使这座名山越来越美！

二十年前，一个偶然的机会，我们一群人再游峨眉山，同行的徐杉女士给我们讲述了一个又一个峨眉山的故事。我们发现她对峨眉山的宗教文化充满浓厚的兴趣。她告诉我们，许多年来她经常深入峨眉山人迹罕至的地方，寻访历史的源流，拜见隐世的大德高僧，探究峨眉山佛门的秘密。她告诉我们，峨眉山作为一个有一千多年历史的普贤菩萨道场，它的佛教不但存在于寺院，根深蒂固地影响着人们的生活，而且还非常传统地存在于那些结茅棚或住岩洞的修行人身上。这些人过着淡泊简单的生活，就像山中的一棵树、一块石、一滴水、一撮泥，遍布在各个角落，已成为这座山的一部分。正是遍布于山上的一棵树、一块石、一滴水、一撮泥，记载着峨眉山从古至今的秘密，它们是峨眉山的真实所在。这些点点滴滴的佛门历史、掌故、传奇和民间传说，让我们触及了峨眉山一些真实、隐秘的部位。半年后，徐杉完成了这本书，取名为《布金满地》，由四川大学出版社出版。

这是一部首次揭示峨眉山佛门隐秘、传奇故事的书，也是一本引人入胜、具有独到见地的书。这些佛门中的神奇故事，让人们从一个侧面了解到，佛教怎样从印度传入中国，如何在中国发扬光大，又如何在峨眉山发出璀璨而耀眼的光芒，从而形成了峨眉名山、名寺、名佛、名僧、名人、名典的"世界双遗产"的过程。这本书可以使人们从文化角度来认识佛教的神奇、神秘和神灵，开阔了峨眉山佛文化旅游的视野，使人们在欣赏风光的同时，感受当地独特的文化气息，领略与众不同的文化精神，不断唤起人们对峨眉山的向往和游山朝圣的渴求。

窃以为：中国峨眉山的风采，不仅要体现世界自然遗产的唯一性、排他性，更重要的是要彰显世界文化遗产的不可替代性、独创性。唯其如此，峨眉山才能取得"悠悠万山，唯此为大"的地位。从这个角度来看，《布金满地》这部作品正好与独特的世界文化遗产内在的需求不谋而合，融自然与文化为一炉，实乃为峨眉山增辉添彩！

阅读本书，游人尽可以在徜徉于峨眉山胜景的同时，陶醉于神奇、神秘、神圣、神灵的佛文化境界，感受佛的慈悲；在性情的陶冶中，不知不觉地消除无奈与烦愁，尤其在净化身心、抑制邪念、启迪善举、杜绝恶行的感悟中，得到洗涤心灵、祈福应祉的善果。

倘能如此，游人怎能不蜂拥而至，纷至沓来！

余为本书写作的提议者，必然先睹为快。往往沉浸其中，意犹未尽；时常掩卷沉思，神游峨眉山。

时隔近二十年，《布金满地》收入"徐杉文集"再版，对初版内容又做了细致的修订，力求突出峨眉山灵性仙景背后神奇的文化魅力，让这种仙景与文化的熏陶，引发人们沿着书中的指点，年复一年地去探寻峨眉山。我想，这正是本书的魅力和深刻的寓意所在吧！

借用作者的话说：

峨眉山太神秘了，神秘得让人浮想联翩！

峨眉山太神奇了，神奇得让人心驰神往！

峨眉山太神圣了，神圣得让人心灵荡涤！

峨眉山太神灵了，神灵得让人祈福应祉！

吕重九

2022 年 6 月于四川大学

目 录

楔 子

　　1983年的初夏，我与几个朋友徒步登上峨眉山。当我们到达金顶时，已是黄昏笼罩，旅店人满为患，紧张得连地铺都无法安排。我们几人又饿、又冷、又乏，只好裹着租来的旧军大衣，躲进金顶的一个建筑工棚内。大家找来一些木柴，点燃一堆火取暖。不知什么原因，我竟然毫无睡意，于是借助火光打开挎包，拿出一本毛泽东晚年批注最多的，清代袁枚所著的《随园诗话》。我深深地沉湎于诗话的意境当中，不知过了多久，环顾左右，同伴们竟靠着身后的围席呼呼大睡。这时，工棚外面轻微的脚步声和说话声由远而近，令我好奇。

　　我站起身来推门而出，循着声音看见不远处三位年纪很大的老婆婆，蹒跚地迈着有些僵硬的腿脚在残破的石阶上行走，风声中隐隐约约听到其中一位说："……今天有缘就能见到……"说罢她们朝更高处快步走去。我心里好生奇怪，这么晚了去看什么呢，又是什么吸引着这几位老人，翻山越岭，兴趣盎然，不顾年龄的障碍前去寻找？我悄悄跟随她们想看个究竟，可一会儿她们便踪影全无。我四处寻觅，心生疑惑。这里原是峨眉山金顶巍峨的华藏寺，这座历史上十分辉煌的寺庙初建于东汉，唐宋时扩建，改称光相寺，是山中的六大古寺之一。明初重修，万历年间，慈圣皇太后又赐重金再次扩建。清代时多次修葺，红墙朱柱，雕花彩绘，金碧辉煌，内藏许多珍贵的文物。可惜，1972年毁于火灾。她们到这个破旧的庙宇遗址中来见什么？我借着满天的星光在院中寻找，既充满好奇，又有些紧张害怕。转了两个弯，仍不见她们。我小心翼翼地在满是断壁、瓦砾，搭着简易油毡棚顶的破院内穿行，左右张望，想找到她们的踪迹。这时我听到身后一扇破门内传来一阵轻微的响动，我贴着门缝往里看，只见三位老婆婆正十分虔诚地跪在地上，以头触地，向一位头戴帽子、身着长衫坐着的老人顶礼膜拜。昏暗的烛光下，老人不断地说："阿弥陀佛……免礼！免礼！地上太凉了，快起来！"我这才明白原来那位老人是一位僧人。这时，一位老婆婆不知是由于激动，还是由于其他原因，竟有些摇晃，站立不稳。老僧急忙站起身来，向前伸出左手。我以为老僧要搀扶老婆婆，没想到老僧的手并没触及对方，远在两米之外的那位老婆婆已稳稳地站定。三位老婆婆又一次向老僧双手合十施礼，嘴里喃喃地念诵：阿弥陀佛……眼前的景象让我十分吃惊。我正想把门稍稍推开一点，以便看得清楚些，不想一股风吹来，烛光顿时熄灭，我怕被他们发现有人在偷窥，只好慌忙离去。

回到工棚内，我脑海里总是浮现刚才看到的情景，左思右想难以入睡。好容易后半夜迷糊一会，又被冷醒。醒来后再也无法入睡，只好裹紧大衣走出工棚。推开门，我不由得惊呆了：一轮巨大明亮的圆月立于岩边。我长这么大第一次看见近在咫尺，仿佛能吸纳天地万物，通向另一个世界的隧道般的月宫。我静静地站在这轮巨大的月亮前仔细辨认传说中的吴刚、嫦娥、玉兔、桂树，仿佛置身梦中……不一会儿，银盆中飘出阵阵薄雾，待弥漫开来又慢慢散去后，渐渐显出华丽的楼台亭榭，高大的山峦，流淌的溪水，走动的人影……我不由自主缓缓向似乎伸手可及、抬腿能进的月宫走去。这时刚才的景象消失了，只留下一片耀眼的荧光，我被令人晕眩的光亮晃得睁不开双眼，只好闭着眼睛低下头来，头脑中一片空白，仿佛进入了睡眠一般，接着美梦连连……

不知过了多久，当我睁开朦胧双眼时，硕大的月亮已从我眼前消失，天地处在混沌之中。不久，天边露出一丝光亮，借着这丝淡淡的晨曦，滚滚的云海如潮水般从天际奔腾而来。这时一个声音从身后传来：

"阿弥陀佛……"

我不由自主转过身，看见一个人站立于舍身岩顶端，对着天边念佛。由于看不清他的面容，也无法推断他的年龄，只是把晨曦中他的身影深深印入脑海之中。慢慢地，天边越来越亮，游客们渐渐聚到岩边，等待峨眉山四大奇观之一——日出。当鲜艳的红日随着人们的呼喊、惊叫、感叹声冉冉升起时，我在人群中仔细寻觅，始终没辨认出那位立于岩顶的念佛之人。

当人们从岩边散尽，佛光映射而来。巨大的圆形彩虹中，我看到了自己挥动双手的身影，那种喜悦真是难以言表。忽然，我看到旁边的佛光里站立着刚才那位念佛者的身影，久久不曾隐去。我急忙转身，却不见人在何处。我十分纳闷地思忖着……

下山时，我们几人打赌看谁先到达万年寺，于是我们在接引殿分手。走到洗象池时我的腿又酸又胀，还雪上加霜重重地摔了一跤，背包里的东西四下乱滚，左手被茅草荆棘划得鲜血淋淋。正在我狼狈不堪时，一位面目慈善的老人突然闪现在我的面前，递给我一根竹杖。老人看上去可能有七八十岁了，身穿一套洗得发白的，已经很旧的蓝色衣裤，头戴草帽，脚穿草鞋，斜挎一只手工缝制的布袋，身材清瘦，十指的关节非常突出，像是长期从事体力劳动的人。我觉得这位老人面熟，却又想不起在哪里见到过。老人笑吟吟地与我一前一后地走着，用浓重的当地口音给我讲述峨眉山的故事。在他生动有趣的谈吐中，我听到好些高僧的名字：宝掌、慧持、慧通、淡然、孙思邈、密印、别峰、茂真、无穷、通天、贯之、可闻、别传、妙峰、宝昙，等等。我那时刚从军队复员回到乐山，对从小受红色教育的我来说，这些故事完全是天方夜谭，我感到不可思议。隔了一会儿老人又说峨眉山是一座仙山，有时会向有缘人显现瑞相，"你是天上的文曲星，有一天你会动手把这些故事写下来传得很远的……"

我还没听完就大笑起来，因为这让我想起读中学时的一篇课文！课文选自《儒林外史》：落魄的范进中举后高兴疯了，当屠户的老丈人两耳光把他扇清醒后，抚着自己因用力太大而疼痛的手说："天上的文曲星是打不得的！"以后在我的记忆中文曲星总和范进连在一起。

我开心地笑一番后对老人说："老人家你真幽默！"

老人与我继续向前走，来到一个垭口，老人指着远处一圆形山包说："那就是无穷大师的墓地。"峨眉山历朝历代出过好几位国师，他们与这座仙山永存。

我被他讲述的峨眉山神奇的故事深深吸引，渐渐忘却了身体的疲劳。他带我去看安放无穷骨灰的钵盂山，然后把我送到万年寺前的慈圣庵。临别时我把自己的通信地址告诉他，当我问在什么地方可以找到他时，他微笑着说："缘分到了自然能见到！"说毕便取下一直戴在头上的草帽，转身向山上走去。这时我看到他头上有九个清晰的戒疤。他走上一个山坡停下来，向我挥手再见，他的身影让我不由得惊叫起来！原来他就是我在山顶的破屋之中、"月华"之下和佛光中一直没能辨认清楚的那位老僧！

第二年我考入乐山师范学院中文系。读大学对我来说最大的好处是有充裕的时间读书。我经常整个下午逃课，在房间里读着自己感兴趣的书。那段时间我阅读了一些关于佛、道、儒方面的书，里面讲了好些在山中修行人的故事。这些人远离尘世，品味宁静，过着非常简单的生活，一点土地，几株茶树，还有玉米和芋头，烟霞和云雾与之相伴，不受世俗价值观念的左右。他们的人数虽然很少，却是中国古老文化必不可少的组成部分。我很喜欢这些故事，尤其是关于峨眉山的传奇故事，总让我在浮想联翩之余又记起那位老僧。于是，我决定机缘成熟以后到山中去寻访神秘的修行人。

后来我自己开了一家书店，有机会阅读到更多有关宗教的书籍，加深了我进一步了解佛教的兴趣。我也因为不同的因缘，结识了许多年轻的僧尼，知道他们各自不同的出家缘由。我多次被邀请，参与僧侣内部的一些活动，既见过他们认为修行极好的老僧，也见过出家后又还俗结婚的在家人，还在山中见到结茅棚修行的现代隐士。

我在峨眉山，所到之处，每当遇到困难时总好像有贵人相助，化险为夷，遇难呈祥。峨眉山与我似乎有特别的缘分，就连我到康藏地区的一些寺院，只要告诉他们我来自峨眉山，都能受到善待。记得有一年在甘孜州的理塘县，我去喇嘛寺拜见一位有名的活佛，这位活佛每天都有许多人前去朝拜，有的人等了很久都不能见到。我那天一早刚进入寺院，一位正背着一大袋萝卜的喇嘛一看到我就叫我跟他去拜见活佛！我感到十分惊奇，也引来周围等待多时尚未如愿的许多朝拜者惊羡的目光。

我虽处在峨眉山身边多年，竟依然是雾里看花，水中望月。我开始细心领悟起来。一有时间我就到山中转悠，曾经辉煌但如今已游人罕至的地方更是让我流连忘返。我在那些已经融化或快融化为自然景观的废墟中，依稀看到了历史的痕迹。我在与许多峨眉山修行僧侣的采访和交谈中，开始被峨眉山的神秘、神奇、神圣、神灵和博大静谧所征服。人们游览峨眉山，总是在美丽的风景点停留，而在这些景点的背后和景点之外，还隐藏着许多古老的秘密。我把自己看到的、听到的、感受到的一一记录下来，并查阅有关的史料加以印证、鉴别。当时并没想到写成书，仅仅是多年养成的文字记述的习惯。没想到一发不可收拾，二十年积累下来的记述和采访笔记竟然有一百多万字，装满了一个大纸箱。若不是后来遇到四川大学的吕重九先生，恐怕这些原始的一手资料依然尘封在自己的书橱内。

这本书我写得很辛苦。我是第一次写长篇作品。经营书店每天杂务不少，而涉及峨眉山文史、佛道源流的资料又十分有限，有时为弄清一个问题，我要多方请教佛学院的教师。有的问题他们也似懂而懂，我就打电话或发电子邮件向外地的学佛者或佛学者请教。我查阅了上千册有关书籍，但它们在浩如烟海、博大精深的儒、释、道文史典籍和资料中却显得那么微不足道。我是一个睡眠很好的人，倒在床上很快就会进入梦乡，可是在写作的这段过程中，我只好不断压缩睡眠的时间，让整个身心沉浸在历史事件和峨眉山历代高僧传奇的故事情节中。有时，当我含着泪水写完一段章节时，便忍不住伏案恸哭。

在我写作最困难的时候，吕重九先生给我寄来一张剪下的《文汇报》，上面介绍了日本一位名不见经传的小人物田中耕一，他通过自己不懈的努力获得了诺贝尔化学奖。吕重九先生还在报纸的一些段落用钢笔勾上着重符号，这给我极大的鼓励和启迪。

我心中虔诚地祈求峨眉山普贤菩萨和峨眉山历代高僧，保佑那些默默地为峨眉山世界文化遗产保护工作做出无私奉献的人们吉祥安康！我真诚地为他们祝福！

在创作的过程中，我时常想起二十年前奇遇的那位老僧，他的预言应验了！他讲述的故事一部分已载入书中，如果他能读到这本书，我将十分欣慰！

千年古刹

——神秘的万年寺

广浚和尚与李白

夜宿峨眉山万年寺，睡梦中被一阵琴声惊醒。悠扬婉转、清脆悦耳的琴音似一只温柔的手悄然拉开夜幕，让月光倾泻到床前，波光粼粼如银湖一般。我穿好衣服推门走出，踏着月色，人竟变得有些飘飘然。我循着琴声走去。万年寺内的花园、亭榭、弥勒殿、观音殿……一幢幢庭院式的建筑都闪着幽幽的荧光，犹如仙境。空濛的夜色中，这琴声让人不由得凝神静气，轻移脚步慢慢向前。渐渐地，声音越来越大，但放眼看去却不见演奏之人。山风阵阵吹来，把琴声送得很远，满山回应着似古琴、琵琶的和鸣。这声音使莽莽山林显得寂静和清幽。突然，我的眼前仿佛闪现出一片虹光，把白水池照得通明透亮。这时，池中的莲叶慢慢伸展开来，只见每一片莲叶上都端坐一位僧人，专心致志，旁若无人地抚着一把黝黑的古琴。而后，僧人们伴随这神灵般的琴声唱和起来，犹如用梵呗的歌声吟诵着古老的佛经。我如痴如醉，恍若梦中。

当银盆似的圆月悬挂在头顶的时候，月亮中的嫦娥与吴刚以及玉兔清晰可辨，仿佛与我近在咫尺。难道这就是一位大德高僧曾对我描绘过的只有峨眉山才有的"月华"仙境？

我心里一惊！莫非刚才……

我的心在剧烈地跳动！"叮咚，叮咚"的声音震得耳膜嗡嗡响，一股电流在全身游动起来，丹田酥麻之感迅速弥漫全身，我颤抖不已。

不知过了多久，意识又回到我的身上，我凝神静气，定睛向水池中看去，却发现僧人们不见了，而坐在莲叶上鼓瑟的竟是一只只小青蛙！

在亮如白昼的月光之下，我看清这种小青蛙背面呈灰棕色，体长约五厘米，头部扁平，躯体肥硕，趾细长而略扁，后肢肉鼓鼓的，十分圆润。蛙鸣叫时，喉部鼓出一对圆形的、如气球一样的声囊，随着声音起伏，气囊不断伸缩，非常灵性。

我惊叹不已，坐在池边静听小青蛙的弹唱，空灵的琴声把人的思绪带得十分悠远，仿佛在山谷中飞翔，游离于尘世之外。

晨曦中钟声响起，传来僧众诵经的声音。在法器的敲击下，有一人领诵，而后众僧合诵，庄严肃穆，从容不迫。当众僧合诵时，我发现小青蛙们都安静下来，睁着一双双大眼睛昂头向着大殿，纹丝不动。刹那间这些小青蛙在我眼中变得神秘起来，令我奇思异想，幻觉重重……如果不是身临其境，真是难以想象幽深的精神天国竟与苍生如此和谐。

正想着，旁边走来一位手持佛珠的老婆婆，满脸的皱纹细密而又宁静。我禁不住贸然问她："池中的小青蛙为什么发出的声音犹如弹琴？"

老人对着白水池双手合十轻声念道："阿弥陀佛！阿弥陀佛！"接着两眼微闭，口中念念有词。若不是她的嘴唇在微微张合，简直如庙中的塑像。老人看上去六十多岁，清瘦而又和善，稀疏的黑发似被细雨淋过。她身穿一套深蓝色手工缝制的对襟衫，衣襟上两朵白兰花清香扑鼻。见老人半晌没有理我，只好准备离去。当我悻悻地刚要转身，老人家却睁开双眼，用发自丹田、清晰悠长的声音不急不慢地说：

"妹儿，昨晚我见你坐在水池边一动不动，生怕你一时想不开，结果你一晚上都在听青蛙的弹琴声。善哉，善哉！真是与佛门有缘呵！"

我看着老人家湿漉漉的头发，想到她在黑夜中一直关注着我这个素昧平生的游人，不由得万分感动。我忙请老人家在旁边的石凳上坐下，生怕她昨夜感上风寒。老人笑着连连摆手说"没事、没事"。老人家今年九十六岁了，自称居士，长年吃素，身体却很硬朗。她指着万年寺的建筑说：

这是东晋时慧持大师在峨眉山上修建的第一座庙子，当时叫普贤寺，供奉普贤菩萨。后来山上所有的寺庙都纷纷效仿供奉普贤菩萨，逐步形成了峨眉山普贤道场。唐朝时慧通大师长途跋涉来峨眉山修行，重建被烧毁的黑水寺后，又重修了普贤寺、华严寺等五座庙宇。慧通大师观天象，查地经，见峨眉山山形像"火"，山中的寺庙常毁于火灾，就改华严寺为归云寺，中峰寺为集云寺，牛心寺为卧云寺，华藏寺为黑水寺，普贤寺为白水寺。这就是"三云二水压抑火星"之说的来历。

如今的万年寺中仍有"古白水寺"匾额。

慧通曾经在白水寺当住持。一天中午，慧通正在禅房中打坐，忽然听到门外有人叫他，他打开门，外面却空无一人，只有山风轻轻吹动树梢，白水寺内一片宁静。慧通正欲转身返回禅房，又隐隐听到有人在叫他，声音好像从林中传来。他循声而去，声音愈来愈近，最后在一棵巨大的楠树下，声音戛然而止。他四下寻找，什么都没见到，感到有些奇怪，便坐在大树下静观四周动静。这时，正值夏季，白水寺热而不躁，静而透气。慧通坐在树下，一会只觉得阵阵倦意袭来，双眼朦胧。恍惚之中阵阵莲花清香扑面而来，他睁开双眼，不觉大惊，原来自己竟然坐在一朵巨大的莲花之中，片片粉红的花瓣竞相绽开。他想起佛经中"地涌金莲"的故事：佛祖降生时，即能下地行走，每走一步地上都生出莲花。佛祖成道以后，起座向北绕树而行，一步一莲花，共有十八朵。佛祖讲法时往往坐于莲花之上，"莲坐"便成了佛、菩萨的专座。

慧通明白这是佛祖显灵，让他坐于莲台之中。他在恍惚迷离之中进入了梦乡。

不知过了多久，一个小和尚从山上打柴回来，看见老方丈在树下睡着了，怕他年纪大了受凉，急忙将他叫醒。

慧通醒后，回忆刚才的梦境，认为这是佛祖对他的点化。莲花是佛家的象征，菩萨证见"佛性"之后，还要发大悲心，回入污浊的尘世中去普度众生。菩萨在污浊的世间普度众生，才能不断增长其道行、功德，才能真正弘扬佛法。而且，莲花总在炎热的夏天出水开花，炎热表示烦恼，而水表示清凉，也就是说莲花象征烦恼尘世中别开的清凉世界。

于是，慧通回寺后，便对他的继任方丈说自己刚才坐的那棵大树旁有股山泉，要他在那里修建水池，种上莲花。

众僧果然在慧通所指的地方挖出一股清澈的山泉，于是在那里修了水池，并种上莲花。白天，山林倒映在水中；夜晚，明月沉于池底。蛙声伴着莲香，成为白水寺让人流连之地。

老婆婆的话令我兴趣盎然、思绪万千……

老人家接着又说：

小时候听她的老祖讲，万年寺里住着一名高僧——广浚和尚，经课之余，喜爱弹奏古琴。有一年李白遭贬，郁闷烦躁，为求精神解脱到峨眉山拜佛。当时李白神色忧伤，青衫灰暗，心中一直摆脱不了那种愤懑。

有道是，君王高兴，你便是国家栋梁；稍不如意，御笔一挥，可以随意放逐你到偏远的不毛之地。所谓仕途之难，难于上青天……在不断的启用和遭贬中，李白在中国走走停停几乎游遍了名山大川。可以说谪贬给了李白独处静思的闲暇，让他远离朝廷，更多地与自然交流，从而产生了光焰万丈的激情诗篇。若没这种经历，中国的文学宝库中将会少一份珍贵的遗产，由此黯淡许多。李白对佛教有极大的兴趣，他曾官至翰林，被人称为"天上谪仙人"，他称自己为"青莲居士"。"青莲"既是李白的出生地名，也是佛门的重要标志之一。"居士"用佛家的话讲就是在家修行的人。峨眉山是李白一生最为魂牵梦绕的地方之一。

一日，李白来到万年寺外，如天籁之音的古琴声飘然而至，这琴声既是那么陌生，又是那么似曾听闻。琴声瞬间震慑了他的心灵，引起了他心中的强烈共鸣。李白在山门外伫立良久，心灵仿佛受到从未体验过的抚慰。突然琴声戛然而止，李白正在疑惑，只见山门口出现一位身披袈裟、形貌睿智超然的僧人，他双手合十，说：

"恭候诗仙李白到此，阿弥陀佛。"

李白大惊，心想自己一路并没告诉别人自己的身份，这位素未谋面的僧人怎么会在深山之中将自己认出？李白十分惊疑，忙问僧人怎么知道自己的来历，僧人笑而不答。这位僧人便是峨眉山赫赫有名的广浚和尚。

广浚和尚出家前是位富绅的儿子，从小热爱琴艺，厌恶科举。家里人觉得他屡试不第已使家族蒙羞，若能安心娶妻生子，广置田地，也不至于辱没祖宗。但广浚却喜欢与附近寺庙里的僧人谈禅说偈，对佛学和琴艺同样痴迷，最后抱上自己心爱的古琴到峨眉山万年寺出家。

李白与广浚的相遇令双方都觉得高山流水，知音难觅，相见恨晚。李白在万年寺停留下来，每天傍晚和广浚和尚在白水池边席地而坐，抚琴而唱，琴音在山谷中缭绕，久久不绝，令李白多日不思饮酒，心中的愁烦随着与广浚的谈禅说偈、琴诗相和而渐渐消散。李白从广浚和尚的琴声中悟到一些人生从未有过的体验，终于有一天，李白忍不住问广浚和尚："我怎么从你的琴声中听出诵经之声，你是否在弹琴时诵经？"广浚和尚大喜！指着吹动的树叶、飘浮的云彩、奔流的溪水说："佛陀无处不在，一切生灵皆有佛性，佛法无边。"他轻轻拨动琴弦，白水池里的青蛙柔声唱和，并随琴声的起伏时而高歌，时而低吟，如大小珍珠落入玉盘，美妙无比，令见多识广的李白惊叹不已。李白听到忘情之处，脱口而出："弹琴蛙，弹琴蛙……"接着又说："想不到小小的青蛙也跟着你广浚大师学会了弹琴诵经，真是佛法无边啊！阿弥陀佛，阿弥陀佛。"

广浚和尚对李白讲："诗仙有如此慧根，一定会流芳百代。"

李白后来写诗赠与广浚，诗曰：

> 蜀僧抱绿绮，西下峨眉峰。
>
> 为我一挥手，如听万壑松。
>
> 客心洗流水，余响入霜钟。
>
> 不觉碧山暮，秋云暗几重。

李白在万年寺期间，对山中的景色流连忘返，心醉神迷，后来写出了流传千古的佳篇《登峨眉山》和脍炙人口的《峨眉山月歌》。

李白准备离开峨眉山时，广浚将陈子昂的一部诗稿送给了他。

据传，陈子昂的先祖陈芳庆，因在峨眉山遇到神仙左慈而留在山中修行，最后得道成仙。陈芳庆的故事在他的家乡四川射洪一带广为流传，在童年的陈子昂记忆中留下了深深的烙印。陈子昂成年后曾到峨眉山寻找先祖的遗迹。陈子昂出身于富豪之家，少时喜欢结交豪侠之士，十八岁时发愤治学，博览群书，二十三岁考中进士，武则天在金华殿召见他，并授予他官职。他曾随军北征，到达甘肃张掖等地，见宦海黑暗，自己的理想和抱负难以实现，便想学先祖陈芳庆避世修行。但自小养成的豪爽性格使他不可能放弃理想，他依然想改变现状。在拜为右拾遗后，因直言敢谏惹恼龙颜，被宫中小人设计陷害，关入牢中数年。出狱后，武三思将他官复原职，但他对朝廷已深深失望，便以父亲年事已高为由，卸职回到故乡四川射洪县，在家中闭门读书。武三思对陈子昂傲慢不羁的态度恼羞成怒，指使县令段简陷害陈子昂，陈子昂又一次被关入狱中。

陈子昂入狱后，好友史怀一常常带上衣物食品去探视，又将陈子昂写的诗稿从狱中悄悄带出。陈子昂后来死于牢中，史怀一悲愤不已，带着陈子昂的诗稿，到峨眉山万年寺削发为僧。史怀一圆寂以前，将陈子昂的手稿交给了弟子广浚，并说："这部诗稿，有朝一日赠与一位叫李白的诗仙。"广浚结识李白以后，认为他的确是一位旷世奇才，于是将诗稿赠与李白。

李白诵读陈子昂的诗稿，内心非常感慨，对陈子昂与史怀一更加敬重，写诗赞道：

> 梁有汤惠休，常从鲍照游。
>
> 峨眉史怀一，独映陈公出。
>
> 卓绝二道人，结交凤与麟。
>
> 行融亦俊发，吾知有英骨。
>
> ············

李白依依不舍地与广浚和尚告别。广浚站在山门口，李白频频回首，回想与广浚相处的日子，不禁泪雨涟涟。走到清音阁，李白听到万年寺传来的阵阵钟声，他望着沿万年寺流下的滚滚溪水，实在不想前行。突然，他看见清澈的溪流中冲下一块长形淡墨色的木块，仔细看去竟是一把古琴。他沿着溪水追去，古琴在牛心石前徘徊打转，久久不随溪流漂走。李白攀着岩石尽力接近牛心石，终于看清那是广浚和尚日日所抚的古琴，琴弦已全部折断。李白坐在牛心石上，不禁放声大哭。他想起了钟子期和俞伯牙的故事。伯牙是战国时一位有名的音乐家，从小就跟随老师连成学艺，他曾在蓬莱仙岛闻大海的潮声，观缥缈的仙境，写下名曲《高山流水》。但伯牙的妙曲只有钟子期才能听懂，他们由此成为知音。后来当钟子期离去，伯牙感到自己已经没有知音，便折断琴弦，摔

万年寺内的白水池。

据传，唐代时，万年寺僧人广浚与诗人李白常在此抚琴吟诗。池中的青蛙日日相闻，学会弹琴诵经。一千多年过去了，生生不息的小青蛙代代传诵着广浚和尚的琴音，人们称其为"弹琴蛙"。

坏了他视为艺术生命之根的古琴。

李白明白广浚和尚以琴最后一次度化自己，他的因缘已了，将去另一个世界。李白悲伤不已，怅然大哭，过了一会儿终于知道了广浚的用心。生命的无常在瞬间，个人的烦恼对世界来讲是非常渺小的，要以平静、宽阔的胸怀面对。只要自己出淤泥而不染，人间处处是道场。

想到这里李白站起来，对着古琴深深三叩。古琴缓缓顺水而下，渐渐漂向远方。

李白刚刚走出峨眉山，广浚和尚就在万年寺安然圆寂。

广浚和尚圆寂后，万年寺的僧人在白水池畔修筑了广浚弹琴台和李白听琴处作为纪念。然而把广浚和尚美妙的弹琴诵经之声保留下来的，却是生生不息、繁衍不止的弹琴蛙。听到弹琴蛙的琴声，犹如听到广浚和尚在弹琴诵经。

我被老人家所讲的故事深深吸引，怔怔发呆，许久回不过神来。这时老人家在我身边轻声说："阿弥陀佛！妹儿，你能一整夜聆听弹琴蛙诵经，是个有福报的人。凡是能听到弹琴蛙奏琴声的人都与佛有缘，就会得到佛的保佑。"

待我从沉思中清醒过来时，已不见老婆婆的踪影，而我的手中却多了一串佛珠。我急急忙忙到处寻找，可寺庙内外谁都不知晓她是何人，来自何方。后来我多次去万年寺，内心深处总有一份渴望，希望能再次见到这位神秘而又见多识广的居士婆婆。

现在人们在万年寺和附近的洪椿坪、大坪等地都能见到传播佛音的弹琴蛙。只要你有缘，弹琴蛙总会为你念佛诵经。

普贤菩萨铜像之谜

万年寺内最珍贵的文物是一尊铸于北宋太平兴国五年（980年）的高7.95米、重62吨的普贤菩萨骑象铜像。普贤菩萨盘坐于六牙白象背负的贴金莲花座上，两眼微合，唇角稍敛，给人庄严、慈祥之感。普贤菩萨身披袈裟，右手执金如意，左手置于胸前，手心向上。六牙白象背饰雕鞍，彩带辔头，四蹄遒劲有力，卷鼻舒尾，似欲远行，极富动感。

中国的四大佛教名山分别为四大菩萨的道场：浙江普陀山是观音菩萨的道场，观音代表慈悲；山西五台山是文殊菩萨的道场，

北宋太平兴国五年（980年），宋太宗赐黄金三千两给万年寺住持茂真，并派内侍张仁赞入蜀监制，铸造这尊重达62吨的普贤骑象铜像。

文殊代表智慧；安徽九华山是地藏菩萨的道场，地藏代表愿望；峨眉山是普贤菩萨的道场，普贤代表德行。"德"即延命之德，"行"即普贤菩萨发的十大行愿。十大行愿的主要内容是虔诚敬佛，普度众生；要义是从凡夫到成佛的阶梯，也是必修之法，必行之路。象，行动谨慎稳重，

善负重行远，"负重"即载负众生、普度众生。六牙四足分别代表佛教中的六神通（神足通、天眼通、天耳通、他心通、宿命通、漏尽通）、四如意（欲如意、念如意、精进如意、慧如意），而《普贤观经》则说："六牙表六度，即布施、持戒、忍辱、精进、禅定、智慧。"故普贤喜欢骑象。

普贤，是梵文的意译，亦译为"遍吉"。普贤菩萨与文殊菩萨为释迦牟尼的左右二侍者。

《大日经疏》中说："普贤菩萨者，普是遍一切处，贤是最妙善义。"普贤能满足一切众生之愿，令众生幸福吉祥，如月映千江，一勺一滴，无不见月；似春来大地，一草一木莫不逢春，所以十方法界都是普贤的道场。但有佛光昼现、圣灯夜来景象的，唯有峨眉山。佛光摄身，纵齐肩并立许多人，但人人各见自己身影，不见他人。圣灯夜来，给满山光明，远远望去如许多人高举火把行走，前后相连，上下呼应，极为壮观，给黑暗中迷茫的人以指示和希望。峨眉山千百年来独占天时地利，昼有佛光，夜有圣灯，故峨眉山又叫大光明山。《楞严经》和《华严经》都把峨眉山称为大光明山，"大光明"正是普贤无边威德行愿的体现，这就是峨眉山普贤道场的释义。

相传东汉时峨眉山上有位蒲姓长者，经常采药为人治病，不计酬劳，人们尊称他为"蒲公"。一日，蒲公上山采药，突然见一串状如莲花的新鲜足迹。他沿足迹行至绝顶，足迹一下消失无影。正在疑惑不解之中，只见翻波涌浪的云海之上，出现一轮美丽的圆形光环，一位庄严慈祥的男人骑在六牙白象之上，由远而近，身后跟随三千浩浩荡荡的人群。他们经过蒲公的面前，消失在云雾深处。起初，蒲公以为自己产生了幻觉，并没在意。几天之后，他与几位药农相约上山采药，上一次的景象又现眼前。蒲公感到十分神奇，环顾左右，见众人皆惊，好一阵才回过神来，都说我等不知道遇上了哪路神仙，遂推举蒲公外出寻访高人指点迷津，以期得到神仙保佑。

蒲公离开峨眉山长途跋涉，四处寻访，几年之后在洛阳遇到两位来自西域的高僧。当听完蒲公的描绘后，高僧开示道：

"那是普贤菩萨见你广行善事，向你显现瑞相。"

蒲公大喜，回到峨眉山后，告诉乡邻那是普贤在峨眉山显相，接济众生，并告诉大家在家中供奉普贤。这就是峨眉山普贤道场的最初由来。

北宋太平兴国五年（980年），宋太宗（976—995）听说峨眉山白水寺僧人茂真和尚是位高僧，便诏他入京，交谈之中见他涵养深厚，博闻强记，十分欣赏，赐诗赞誉。茂真朝见身怀六甲的皇后时，对太宗说："当有储嗣。"太宗当时已有几位千金，总是盼不到儿子，茂真预言不久，皇后果然生下一个白胖儿子，这就是以后被立为太子的赵恒，即真宗。太宗见茂真和尚料事如神，大为高兴，立即赐黄金三千两，并派遣内侍张仁赞入蜀监造普贤菩萨铜像，运至万年寺，又为普贤菩萨铜像建造雄伟的木阁大殿存放。至此，万年寺的寺名又由白水寺改为白水普贤寺。

关于这尊普贤菩萨铜像的来历，有许多至今待解之谜。有资料说内侍张仁赞携金至成都，请来众多高明的工匠在市郊分段铸造，完工后运到万年寺分块焊接而成。

峨眉山下很多村民则否认在成都分段铸造这一说法。他们认为当时山路崎岖，又无现代先进的焊接技术，62吨的庞然大物分割开，就算一个山民负重五十公斤向山上搬运，都要分成上千块，一千多个焊接口无论怎样打磨都会留下痕迹，不像整件铸造那样光滑平整。而这尊普贤铜像做工精美，光滑平整好似一次整件铸造而成。

有几位老僧告诉我，他们听历代师爷、师父往下传，说普贤菩萨铜像就是在万年寺附近整件铸造一次成形的。他们在万年寺附近采药时，还发现成堆的铜矿石，那些矿石和当地的岩石不同，好像是从其他地方运来堆放在一起的。离万年寺不远的地方原来有一块很大的洼地，长着和周围高大乔木不同的灌木，他们说那片地是当年僧众和工匠们铸造普贤菩萨铜像的工地。由于万年寺处于峨眉山地震带上，地壳运动使地形发生巨大的变化而湮没了当年冶炼、锻铸工地的盛况。不过，有些僧人和附近的山民还在这些地方找到铁锤、瓷碗、铜壶等北宋时期工匠师们遗留的用具。

一位年过百岁的僧人向我讲述，普贤菩萨铜像铸造完工以后，人们无法把这座庞然大物运进万年寺，僧众和工匠们十分着急。于是，万年寺住持茂真和尚焚香沐浴，昼夜跌坐于普贤菩萨铜像前，祈求佛的指引。九天后的一个晚上，电闪雷鸣，大雨倾盆，所有人都躲回万年寺内，茂真依然闭目跌坐于雨中，狂风发出阵阵刺耳的呼啸，大地剧烈抖动。忽然，茂真眼前闪过一道金色的光环，雷雨瞬间停止，群山宁静安详，空灵的梵音从天边徐徐飘来……茂真睁开双眼，面前的普贤菩萨像消失了。茂真看到山似被水洗过，石缝中滴滴答答，泉水和雨水混在一起，顺着山坡流进山涧，眼前接连不断的大小水洼漂着零落的树叶。他摸着自己丝毫未被雨淋湿的袈裟回头望去，身后不知何时撑开了巨大的荷叶，为他遮挡风雨。布满水珠的荷花晶莹剔透，幽香缕缕。茂真和尚对着荷花双手合十，口念阿弥陀佛，虔诚三拜，然后赶回万年寺。

行至山门口，茂真见金碧辉煌的普贤菩萨铜像安然立于寺内，普贤菩萨面目慈祥，俯看着他。内侍张仁赞刚好从房间里走出，见状大惊，连夜赶回京城向宋太宗赵光义禀报：普贤菩萨显灵了！

峨眉山脚下有一个小村庄，叫仙牙村，以前叫大牙仙。村中有一个奇特的山洞，冬暖夏凉，泉水潺潺，水中央立着一块光滑平整、四四方方的大石头。不知从何年起，石头上一直供奉着一枚一尺多长的牙齿，村民们称之为"佛牙"。"佛牙"微黄而有光泽，形状如人的门牙，根部宽厚，上方稍薄。村民们听前辈讲，普贤菩萨铜像铸好以后，菩萨见僧众和工匠们千辛万苦都难以搬动它，于是取下一枚牙齿垫路，让白象走进万年寺。这枚"佛牙"在护送白象走进万年寺后便留在了山下一个小村庄的山洞里，村民们便以这枚"佛牙"为村庄命名——仙牙村，希望世代得到佛的保佑。

现在村里六十五岁以上的老人大都见过这枚"佛牙"。这个小村庄富饶而又宁静，村民们很相信因果报应，能讲述许多发生在身边善恶有报的生动故事。传说有一天，村中来了位形似济公和尚的乞丐，只见他衣衫褴褛，满身污秽，每日持一只又黑又脏的缺口碗，挨家挨户乞讨，但从不说一句话，也无任何表情，村民们就给他取了一个外号叫"黑缺碗"。"黑缺碗"天天都要去山洞长时间注视那枚"佛牙"。起初村民们怕他偷走"佛牙"，总是处处留心他，渐渐地见他呆头呆脑很守本分，也就不再防范他。终于有一天，"黑缺碗"和那枚"佛牙"一起神秘地消失了。

有的村民说后来曾在乐山大佛寺见过"佛牙"，有的人说在万年寺见过。当我问他们万年寺内的"佛牙"是否是这枚"佛牙"时，有老人肯定说：是！还传说"黑缺碗"是为保护"佛牙"而来，当他发现村子不适合再供奉"佛牙"时，便把"佛牙"带到了另外的地方，并指定高僧妥善保存，代代相传。"佛牙"现在究竟供奉在哪里，一直是个谜。

万年寺与万历皇帝

明代万历皇帝（1573—1620）对峨眉山白水普贤寺特别垂青，万历二十八年（1600 年），为恭贺笃信佛教的慈圣皇太后生日，赐重金修建被火烧毁的普贤菩萨铜像殿，改建为无梁砖殿，并御题"圣寿万年寺"。自此"白水普贤寺"改称"万年寺"，此名沿用至今。

万历皇帝从小生活在一个很特殊的环境中，他爷爷嘉靖皇帝因为正德皇帝无子嗣，非常走运地从叔父那里继承了皇位。嘉靖皇帝炼丹修道，在宫中供养大批道士，希望自己长生不老，永远坐在龙椅上。他一生共育有八子六女。当儿子相继夭折，只余下裕王时，他听信方士"二龙不能相见"之说，不仅不立儿子为太子，也不与儿子见面，连儿子的婚事也一概不问。他对传子育孙感到恐惧，认为有生必有死，天潢贵胄繁衍不息，自己终究将被取代。当第一位皇孙降临时，上贺表的大臣被降俸三级；第二位皇孙出世的消息被嘉靖帝宠爱的宫女不小心说出后，宫女便被大怒的嘉靖帝逐出内宫。这两位命薄的皇孙出世不久都死去了。于是备受冷落、备感压抑的裕王直到嘉靖帝驾崩也没告诉他三皇孙翊钧出世的消息，而这位皇孙直到五岁也没得到应由皇祖父赐给的、本是常人皆有的名字。

万历皇帝的父亲裕王生性柔弱，为失宠的妃子所生。这位妃子原是裕王府中的一名侍女，名叫李香儿，其父是郭县的农民，因为乡间盗匪猖獗，便携女儿到北京避难，后在同乡的帮助下将女儿送到裕王府做了环，因怀上孩子（这个孩子就是以后的万历皇帝朱翊钧）而被裕王纳为侍妾，后册封为贵妃。李氏从小就是虔诚的佛教徒，入裕王府后，每天都要在从峨眉山请回的普贤菩萨塑像前念佛诵经。她始终认为是峨眉山的佛佑让她获得宝贝儿子，并使儿子健康成长，有望继承皇位。在儿子十岁时，裕王离开人间。李氏面对幼小的儿子和残酷的政治，除了倚重首辅张居正，只能祈祷佛祖的保佑。

万历皇帝继位后册封母亲李氏为"慈圣皇太后"。慈圣皇太后对幼年的朱翊钧管束非常严厉，这在中国历代皇太后中都是有名的。按宫廷当时的规矩，皇子自生下来就不能和母亲同居一室，而李氏不但搬来和儿子同住，还把自己的床和儿子的床并排放在一起，监督儿子的一言一行，要儿子处处合乎规范。李氏经常教育儿子要"亲近贤辅""听纳忠言""节省浮费"，若见儿子贪玩耽误读书，就罚儿子长跪，有时甚至长跪几小时，直到儿子哭着保证下次不再犯。无论天寒地冻、刮风下雨，她总是早早地叫儿子起床学习功课，并且身体力行，比儿子先起床；只要见儿子动作稍有迟缓，便立即叫太监把儿子从床上拖下来；儿子上课时，她就在佛堂里虔诚诵经。

慈圣皇太后先后赐峨眉山万年寺经书、法器、贝叶经等珍贵物品，另外还赐金购置庄田百亩作为庙产，用以补充僧费。万年寺僧人为感激慈圣皇太后的恩典，在无穷禅师带领下修建了慈圣庵，塑慈圣太后像供人朝拜。

万历二十七年（1599 年），供奉普贤菩萨铜像的大殿在火灾中被毁坏。慈圣皇太后希望能建一座流传百代，不怕日晒雨淋、雷击火烧，坚固壮观的大殿，永远供奉普贤菩萨铜像。于是她请精通庙宇设计的高僧台泉、妙峰仿印度热那寺设计出结构独特，上圆下方，顶部为圆拱形，不用一瓦一木，完全砖砌的无梁砖殿。该殿高 18 米，每边均长 16 米，由万年寺高僧通天大和尚领旨施工建造。殿顶有塔五座，分置于东、南、西、北、中，四角塑有狮、鹿、象等吉祥神兽。殿内穹顶饰飞天乐人彩绘，藻顶四周七层龛座，圆顶上环列三千尊小佛，并有二十四个小龛，供二十四圆觉像，也表示农历的二十四个节气，意为佛无处不在。

仿印度热那寺修建的无梁砖殿延续至今。

万年寺的无梁砖殿十分传奇。明朝末年、清朝初年，以及1946年，万年寺分别发生了四次火灾，每次火灾后，独无梁砖殿安然无恙。四百年来举世闻名的峨眉山大断裂就从万年寺附近穿过，在方圆几十公里至一百公里的范围内发生过十多次5级以上的地震，最严重的一次为7.9级，万年寺内和附近农民的房屋都遭到不同程度的破坏，唯有无梁砖殿丝毫无损。完美的建筑和普贤菩萨的威力使这里平安吉祥，成为峨眉山香火最旺的地方之一。

万年寺一年四季中最美的时节是秋季，被誉为"白水秋风"，是峨眉山十大美景之一。秋风拂来，红叶满山，站在万年寺俯瞰深壑，四面群山环绕、树荫蔽日、色彩斑斓、芳草鲜美、落英缤纷、幽绝尘寰。傍晚，可闻清音阁、白龙洞、广福寺、牛心寺、息心所、观心坡与万年寺等处钟声徐来，连绵不断，久久回荡在空谷幽壑之中。

清代诗人谭钟岳作诗赞万年寺"白水秋风"胜景：

曾闻白水出真人，此水依然不染尘。

何处西风吹木落，万山深处悟前因。

万年寺海拔1020米，夏无炎热，冬无寒冷，四季花香袭人。

还有一位对万历皇帝有重要影响的人，即他的宠妃郑氏。

郑氏也是一位虔诚的佛教徒。万历皇帝成年后嗜好读书，对诗歌、戏剧、小说、医药都有着浓厚的兴趣。他的后宫佳丽成群，皆百依百顺，但在思想上根本无法与他沟通。万历皇帝虽拥有天下，实则高处不胜寒，内心非常孤独和无奈。郑氏不但年轻美貌，而且聪明机智，意志坚忍，喜欢读书，诗词歌赋无所不晓，琴棋书画无所不通，是唯一能和皇帝进行思想交流的妃子，也是万历皇帝一生迷恋的女人。

万历皇帝经常陪郑氏在寺院拜佛，或在从峨眉山万年寺请回的普贤菩萨像前祈祷。他深受母亲慈圣皇太后和宠妃郑氏这两位女人的影响，耳濡目染，久而久之也就对普贤道场峨眉山情有独钟。

历史上帝王对峨眉山前后有十九次敕赐，其中明代有十次，而万历皇帝的敕赐就占七次。砖殿门前的匾额"圣寿万年寺"是万历皇帝为祝福自己的母亲万年长寿，希望自己的江山万年永存而亲笔题写的。

万历皇帝和慈圣皇太后以及宠妃郑氏都酷爱书法，他们经常一起研习、切磋，万历皇帝十岁时就能书写一尺见方的大字。首辅张居正不赞成他沉迷书法，不断规劝他要多学治国安邦的学问，不要太沉溺于艺术。因此，万历皇帝不得不放弃日日练字的爱好，但他自小就痴迷书法，仍然摆脱不了对书艺的偏爱。可惜的是，他手书的"圣寿万年寺"匾额1946年毁于火灾，现为今人补书。

万年寺建造完工后成为一个十方丛林，即学佛者都能来学习交流的寺庙，由毗卢殿、砖殿、七佛殿、天王殿、金刚殿、接引殿、大佛殿七座殿宇组成，为山中六大古寺之一。明代末年，万年寺举行了规模盛大的传戒仪式。一时，四海禅德云集，峨眉山全山寺庙僧众数百人参与受戒，每天数千僧人、居士、游人前来观看。新受戒者每人一套袈裟、袍、钵。传戒仪式庄严隆重，盛况空前，受戒者、居士和游人无不崇敬有加，终生铭记，这也极大地推进了峨眉山的佛教活动。

像这样盛大的传戒活动，直到1931年大通和尚任万年寺毗卢殿方丈时才又举行了一次。当时受戒的和尚有二百六十多人，仪式历时六十余天，成为峨眉山又一次隆重的佛教活动。

万年寺经明末清初三次大火之后，仅存毗卢殿、砖殿、新殿，以后分为三个寺，1953 年又合为一寺。

由于万历皇帝对峨眉山的偏爱，峨眉山的几位高僧，如通天大师、无穷大师、妙峰大师等和朝廷往来十分密切，其中前两位都是万年寺僧人。这些高僧经常为皇帝讲解佛经。受他们的影响，万历皇帝屡次派出使者到各地名山古刹进香求福。在《神宗实录》中，可以看到万历皇帝几次大赦天下的诏书里充满了佛家慈悲为怀的精神。

峨眉山的佛教文化在明代万历年间达到鼎盛，其时，山上有寺庙两百多座，僧众和居士几千人。

相传峨眉山太子坪所塑"太子"就是万历皇帝。据说石碑记载着慈圣皇太后因对峨眉山及万年寺布施量大并且虔诚供奉普贤菩萨而生万历皇帝，峨眉山的僧众为感激万历皇帝和他母亲慈圣皇太后的恩德而建筑寺庙供奉其塑像的事迹。

通天大和尚

通天大和尚（1525—1601）是明朝万历年间峨眉山万年寺的一位大德高僧。他住持万年寺近三十年，主持施工建成了万年寺的无梁砖殿，培育了成为国师的无穷大师，又建海会禅林、护国草庵寺、祖师殿、回龙庵、莲花庵、十方院等寺院，修葺了大乘寺、太子坪。

万历皇帝及慈圣皇太后十分敬重通天大和尚。由于通天大和尚的影响，以及无穷、别峰两位禅师的共同努力，万历皇帝对峨眉山十分关注，常委派官员前去朝拜进香，使峨眉山的佛教进入全盛时期。

通天大和尚不仅功德圆满，而且一生充满着神秘和传奇。

通天大和尚俗姓潘，名明彻，陕西同州人。父亲叫潘申，母亲郑氏。一天晚上，郑氏梦见自己腹中冉冉升起一道红光，最后化作一轮红日挂在天空。不久，郑氏发现自己怀孕，她把那晚自己梦中所见的情景告诉丈夫，潘申高兴地说：

"日乃光照之意，若生儿子，一定不是凡人。"

夫妻两人都是虔诚的佛教徒，妻子听完丈夫的一番话便说：

"若生了儿子就送他出家，供奉佛祖。"

郑氏怀孕十个月后，果然生下一个胖胖的男孩，夫妻两人都非常高兴。依照妻子的梦境，孩子取名叫明彻，意思是明亮通透。明彻从小少言寡语，聪颖好学，对佛学有着浓厚的兴趣。潘家很穷，一家人经常处于半饥半饱状态。一天，父亲高高兴兴地把外出打短工挣的钱交给儿子，让他买半袋玉米回家，这样大家可以在中秋节饱饱地吃顿窝窝头。可是父母等到天黑，儿子才两手空空回来。母亲问明彻，玉米呢？儿子说在路上遇到两个衣衫破旧的僧人化缘，就把买的玉米全部给了僧人。父母什么话都没说，深为儿子心地善良感慨。最后，一家人只好煮些野菜高粱糊充饥。

明彻十四岁生日，母亲为儿子包了顿白面肉馅饺子，为了这顿饺子，母亲熬了几个晚上替人绣出嫁穿的花鞋。可是儿子拿着筷子半天不动，母亲奇怪地问："你不是最爱吃饺子吗？"

儿子说："慈母爱我，何不自爱？"

母亲问："何为自爱？"

明彻说："你曾说让我出家为僧，今日正是时候，儿子恐母亲忘记当初的诺言！"

母亲点头说，我没忘，须征求父亲的意见。父亲听罢没阻挡，于是在儿子生日这天，父母亲自送儿子往五台山金阁寺去了。到了金阁寺，明彻欲拜翠峰和尚为师。翠峰和尚说，要做我的弟子，必须从少年起遵守十条戒律：一誓愿悟道，二誓固净戒，三誓不攀缘，四誓目不视美好，五誓滴水同享，六誓胁不着席，七誓不慢后学，八誓不蓄余物，九誓修净土，十誓老不改行。明彻毫不犹豫地答应了。翠峰和尚遂为他剃度，取法名通天。从这天起至他七十六岁圆寂，明彻都严格遵守翠峰和尚所授戒规。

翠峰和尚所在的寺院，是五台山最大的寺院之一。这里每天都有许多人前来参学，接待工作十分繁忙，其中最累的是在厨房烧茶、做饭。因为担水的山路既陡又长，尤其是在有冰雪和阴雨绵绵的日子。通天和尚告诉师父，自己愿在厨房当杂役。于是他每日不辞辛劳在金阁岭以茶水、斋饭接待前来参学的出家人。三年以后他意识到，金阁寺的苦活，对他的锻炼远远不够。一个有成就的僧人，必须苦其心智，劳其筋骨，在恶劣的环境中磨炼自己，在苦行中积福。于是他告别师父，只杖箪瓢，遍游四方。十年中他去过许多地方，后听说神仙山有位隐匿多年的高僧，人称铁山和尚，便只身前往参访。神仙山荒凉冷僻，传说只有神仙能出入其中，方圆百里无人烟。他夏季入山，直到大雪纷飞仍没见到铁山和尚的踪影。孤独、寂寞；更主要的是找不到粮食，他有两次差点被饿死，但靠着坚强的意志仍继续在神仙山寻找。他觉得铁山和尚是在考验他的毅力和意志，只要精诚所至，金石也能打开。

一日，他冒雪在山中行走，茫茫白色中完全分不清脚下的道路，最后踏在积满厚厚冰雪，悬在岩边的茅草丛上，一脚踏空，摔下山谷。剧痛之后他昏了过去，醒来时身上覆满白雪。他试图爬起来，可刚刚一动又被一阵剧痛袭倒，失去知觉……不知过了多久，他被一阵暖意包围，感到四周弥漫着玉米粥的香味。他睁开沉重的双眼，见自己躺在一个茅棚之中，身边燃烧的柴火上吊着一只瓦罐，翻滚的玉米粥散发出诱人的香味，通天感到饥饿的腹中咕咕乱叫。他挣扎着坐起来，感到脚趾阵阵钻心的疼痛。他往下看去，见双脚已被人用药膏包扎。此时他明白自己摔下雪谷后，被人救到这个小茅棚中。他打开绑在脚上的绷带，发现左脚小趾已被冻掉，若不是被人救到此地，并以膏药包扎，他不死也会残废。正想着，茅棚的草门被拉开，一个高长的汉子挟着风雪走进棚内，见他坐起来了，说道："醒了。"说罢取下茅草编的披风和帽子，通天这才看清对方是位上了年纪的僧人。僧人在火边盘腿坐下，通天强忍疼痛跪在对面，正待施礼致谢，僧人问道：

"年轻人，你在山上干什么？"

通天说："行脚。"

和尚说："何不息脚？"

通天说："常行常息。"

和尚微笑着点点头，说："我就是你要找的铁山和尚。"

通天以头触地，无比真诚地说："请铁山大师慈悲，开甘露之门，广度众生。我知佛法之道贵在难行能行，难忍能忍，以小法小智轻慢之心难求正法，故下定决心无论多大险阻，愿以生命求道。"

铁山和尚大喜，说："佛法的传承必须是能吃苦耐劳、有大根器的人，我在深山中隐居多年，就是要等待能传承临济宗精髓之人，老衲愿收你为徒，如灯续焰。"

从此，通天在神仙山跟随铁山和尚学佛数年。铁山和尚通过多年的考察，对通天的毅力、才学、悲心等都十分满意。一天，铁山和尚非常庄重地将自己批注过的所有经书赠给通天，并带通天到他之前摔下悬崖的地方，指着下面深不可及、黑黝黝的大裂缝说道："你知道此处有多深吗？"通天低头看去，只见裂缝四面陡壁，深不见底，阵阵迷雾仿佛从地心中升起，令人不寒而栗！通天思索片刻答道："此处深至地心，但不及佛心！恩师用大慈大悲之佛心，救弟子于万丈深渊之地心，真乃菩萨之德行也！"

铁山和尚点点头，突然飞身向裂缝中坠去，令通天目瞪口呆。好半晌，铁山才脚踩两片薄雾，冉冉升腾而上，重又回到通天的身旁。此时，铁山手中多了一个包裹，打开来看，里面是一个用紫檀木做的匣子。抽出匣子的盖板，里面装着一件紫色袈裟。铁山将袈裟正式授予通天，并嘱咐道：

"此正法眼藏，自临济至我，历二十五代，授受相资，如灯续焰，你今得之，宜韬光匿迹，保养圣胎，直及天龙推挽，方可出也。"

"正法眼藏"是指正宗嫡传的精义和要诀。释迦牟尼涅槃以前，曾对大弟子摩诃迦叶说："吾以清净法眼，涅槃妙心，实相无相，微妙正法将付与汝。"

"正法"与"邪见"是相对的。佛教中有"正法""像法"和"末法"三时之说。佛在世以及入灭后的一段时间内，教法纯正，未经改易，称为"正法"。心能彻底明了地见到"正法"谓之"眼"；心法深广，万德含藏，谓之"藏"。禅宗一脉所传的，就是这个"正法眼藏"。据禅宗灯录记载，"正法眼藏"由迦叶始，二十八代至菩提达摩，然后传入中国。在中国六传而至慧能，形成了盛大的禅宗。

　　铁山和尚是禅宗五支之一临济宗的传人，他授袈裟与通天，表示将法传与通天。但他认为通天传承此法的因缘还不成熟，怕出头太早遭坏人伤害，于是让通天还必须苦修参学，广积福德，韬光养晦，直至因缘成熟，方可得到天龙相助，出世接引众生。

　　通天向铁山和尚辞行，准备在外参学苦修，师徒二人在神仙山顶依依惜别。通天离开师父后，进入终南山。终南山在中国古代是一系列绵长的山脉的总称，它包括西至甘肃、东至河南的部分地方，其实是指秦岭甚至是与秦岭相连的山脉，并不是今天人们通常所指陕西南面几十公里处，绵延一百多公里的终南山。终南山也是中国修行人聚集最多、最早的地方之一。曾有一位美国的汉学家到中国考察隐居于山中的修行者，他对中国的老子、庄子、王维、李白等最后远离尘嚣，隐居山中寻找宇宙之"道"的事迹充满浓厚的兴趣。可是在美国，以及中国的台湾、香港，甚至内地，人们都告诉他，中国已找不到隐于深山之中的修行者。最后，他遇上一位十分平凡的老清洁工，这位老人告诉他：在终南山中有结茅修行者。他去了终南山，在历尽千辛万苦之后，终于见到了为数不少的现代隐者，也探寻到许多古代隐者的遗迹。在荒山野岭的峭壁之上，他发现了当年修行人居住的山洞，以及留在石壁上的碑刻。

　　通天在终南山深处结茅棚居住。冬天的积雪多次将茅棚压垮；夏天暴雨来时，棚内与旷野无异。更难过的是没有粮食。

三年后，他隐姓埋名前住湖南南岳祝圣寺挂单，这里是净土宗的一处中心。祝圣寺是南岳最大的寺院，历史十分悠久，夏朝的君王大禹在这里修建了清宫。唐代高僧承远（712—802）在这里创建寺庙，取名弥陀合寺。这里历朝出过许多大德高僧，历代皇帝对该寺都有敕赐。通天在祝圣寺挂单后，在南岳山中打柴、卖柴换米，潜心研究佛理，参禅悟佛。寺里僧人完全没想到，这位平平常常，每日干粗活的和尚，竟然是赫赫有名的铁山亲传弟子。

　　两年以后，通天离开湖南前往云南大理鸡足山。鸡足山在洱海东北部，山背西北，面朝东南，前伸三支，后出一趾，形似鸡爪，故名鸡足山。相传鸡足山原为鸡足大王统治。鸡足大王凶狠残暴，以神自居，人们害怕他的魔法，只好依鸡足大王之命，在山上建庙，供奉相貌十分凶恶的鸡足大王。后来释迦牟尼的大弟子迦叶尊者来鸡足山传播佛法，鸡足大王不肯相让，迦叶先耐心细说，但鸡足大王却大打出手，两人在海拔3240米高的天柱峰上斗法。最后迦叶小施法力，鸡足大王落荒而逃，不敢再回鸡足山。从此，鸡足山成为佛教名山。山上庙宇中多供奉迦叶尊者像。铜瓦寺后的华首门，为一堵墙上剥蚀而成的约十米高的大圆拱，中垂一缝，其状如门，缝上端悬一块镇石门，相传为迦叶入定的地方。鸡足山在明代已有上百座寺庵，常住僧人五千以上。每逢鸡年，鸡足山热闹非凡，各地的佛教徒多来此朝拜。山上黄袍密布，香烟弥漫，号称佛教第五名山。

　　通天和尚本想化名先到鸡足山祝圣寺挂单，转念又决定先在山中结茅住下。一天，大理府长官遣两位身强力壮的卫兵上山，请祝圣寺住持派一位德行高的僧人去府中讲法，因为府长爱妾嫌府中寂寞，突然好奇心大发，想请和尚讲经，她觉得讲经也许如听戏一般有趣。大理府位于大理古城中，离鸡足山近百里，约四千多年以前，白族、彝族的先民在这块土地上繁衍生息，创造了洱海文化。唐代的南诏国、宋代的大理国曾在这里建都，这里一度成为云南政治、经济、文化的中心，延续了五百多年。明代这里又是滇西治府和屯军所在地，商贾云集，是西南丝绸之路的门户。

住持对来人说："近日山中来了位高僧，他因不愿外露，在山里结茅修行，若你们能找到他，请他前去贵府讲法，那将是贵府莫大的福报。"

两位卫兵心想："谁不想巴结他们长官？府中山珍海味、奇珍异宝数不胜数，谁见了都会眼馋。和尚也是人嘛，若自己能请到这位高僧，定能得到赏赐。"两人在山中转了好几天，才在一处悬岩之下找到通天居住的茅棚。他们向通天说明来意，满以为和尚会与他们一样爱财，没想到通天拒绝前往。两位卫兵累了几天，好不容易找到通天，他又不肯走，士兵怕完不成任务，说了声对不住了，便用绳索将通天绑至大理府。大理府山高皇帝远，府长自己既有兵，又有钱，不但当地人对他毕恭毕敬，就连云南巡抚对他都礼让三分，想不到这个衣衫破旧、其貌不扬的行脚僧人居然说他轻慢佛祖，缺乏尊教之心，拒绝为他的爱妾讲法。于是府长大怒，让手下人在城中鸣锣告示，抓到一名妖僧，是琵琶鬼所变，专抓大理的小孩吃，请大家前来观看，三天以后将把他放在火上烧死，为民除害。

通天被绑在城中台子坝的木桩上，许多人前来围观。当地有种说法，凡是生病夭折的小孩都是被琵琶鬼抓走了，所以人们十分痛恨和害怕琵琶鬼，有的人甚至把口痰往他身上吐，把水果皮、石块往他身上扔。但此时，通天一语不发。

这时，恰逢丞相唐公到达云南。一天唐公午睡，梦见一僧人脖子上、手上拴着铁索，迎面向他走来，说："快为我解开镣铐！"

丞相醒后感到此事有些不同寻常，立即让人查看是否有人绑架了和尚。两天后，密报回来说："大理府绑架了一名和尚，日落时分就要烧死。"丞相大惊，立即快马带人赶去，在翻看卫兵送来的和尚的随身物品时，才从度牒中知道，此人正是朝廷寻找多年的通天和尚。丞相亲自为通天松绑，大理府长官吓得不知所措，急忙设宴请罪。丞相挽留通天，并出重金修建寺院。通天诚恳地对他们讲："我不是因为被绑架而怪罪你们。我要参学的重任尚未完成，我还将去许多地方。同时，我的因缘也不在此地。"丞相见挽留不住，只好依通天之意，恭送他离开了大理。

当大理百姓得知差点被当成琵琶鬼的通天和尚竟是位不露真相的大德高僧后，便争相顶礼膜拜，相随左右。为了不惊扰众人，通天星夜离开了大理。一路上，通天怕别人认出他，索性头发不剪，胡须不剃，蓬头垢面，常常与乞丐为伍，使那些寻访铁山和尚亲传弟子的人完全无法寻觅到他。数年间，他或卧幽壑深林，或坐险岩古洞，或作头陀于树下，或跟随丐帮乞讨，达到身心无欲无依的境界，对佛法有了深切的理解，也明白了铁山和尚的良苦用心。隆庆二年（1568 年），他为朝拜普贤菩萨，来到心仪已久的佛教圣地峨眉山。他攀登上峨眉山之巅时，心中默念道：

"若我与此山有缘，昼示佛光，夜现圣灯。"

果然，他心念一出，岩畔白蒙蒙的云中，骤然化出一道红、橙、黄、绿、青、蓝、紫的七色光环。中央虚明如镜，光环中出现自己的身影，犹如面对明镜，举手投足，影皆相随。这道神奇的光环在山顶久久没有散去。入夜，满山圣灯与星空相互辉映，让峨眉山熠熠生辉。通天和尚见普贤菩萨显现瑞相，便明白自己的因缘就在此地，于是便在普贤的中心道场——万年寺挂单。万年寺的僧人们久闻通天和尚的威德，知他几十年来云游四方，刻苦历练自己，一直苦于无缘相见，现在他来到此地，便公推他做万年寺住持。从此，通天便与万年寺结下了三十年之缘。

峨眉山昼有佛光，夜有圣灯，所以佛经中把峨眉山称为"大光明山"。

通天经过多年的努力，使万年寺殿宇增为十三重，常住僧人数百，成为明代山中最大的丛林。每年前来参拜的人络绎不绝，朝廷特设提点驻节于寺中，管理全山的佛寺和自然环境。

当时有许多人想拜通天为师，而通天想寻觅一位有大根器的人为徒，却久久未能如愿。1573年，通天和尚已经四十九岁了。这时，一位年过三十，并已结婚生子的四川铜梁县人田真法，抛家弃子到万年寺，想拜通天和尚为师。当时经常有人信誓旦旦，对通天和尚表示要修佛法，不怕吃苦，但稍久，寺庙寂寞清苦的日子就会让那些贪一时之静或没有毅力的人悄然离去。而田真法却每日担柴挑水，下山背粮，或打扫佛堂，不辞劳苦。通天和尚从田真法的身上看到了自己年轻时的影子，遂收田真法为徒，取法名为无穷。无穷后来果然不负众望，成为峨眉山一位令后人景仰的大德高僧。

同年，通天为完成自己广传佛法的宿愿，在峨眉山阅尽岩峦，最后在天门石下选址，建海会禅林。

一天晚上，通天与一法孙夜游光相寺（今华藏寺。按佛家的说法，佛光是普贤菩萨向凡夫俗子显露真容，随缘应化，故又称"光相"），突然，无数圣灯在光相寺外闪耀飞旋。法孙第一次见此情境，大为惊异，兴奋地在四周乱跑，试图撷取一只圣灯。可是，这些圣灯看似近在眼前，却是肉眼凡胎永远无法触及的。法孙跑了一阵，转过头来看通天和尚，猛然说："师爷，你面前有几盏好亮的圣灯围着你转，你快把它拿住！"

通天和尚微笑不语，一伸手，圣灯便立于掌心之中。法孙大惊，半晌合不上嘴。只见空中变幻无穷的圣灯，时而上下相承，左右相连；时而相聚一处，荧光如炬；时而星星点点，撒满群山。通天面对圣灯闪闪的夜晚，遥想古人秉烛夜游，明白他们其实是感到人生苦短，天地是万物的旅舍，光阴为百代的过客，飘忽不定的人生如同做梦一般，于是想极力留住欢乐的日子，以春日、鲜花、美酒和友情掩饰对人生的失望。通天一方面庆幸自己找到灵魂的归宿，另一方面彻底明白佛祖救助众生的博大悲心。

通天由光相寺慢慢走向雷洞坪，只见古木森森，风光奇险，坪右绝壁悬崖，绵延五千米，高达六百多米。岩下巨石阜列，云海迷蒙。路边竖有一块木牌，上面写着：噤声。平时此地常充斥着殷殷的声响，一旦有人说话，则雷电呼啸而至，自岩下倒射，惊雷炸响，天地震动。雷洞坪下相传有七十二个山洞，神秘无比，洞中不时闪现紫光和白气。通天借着满山明镜似的圣灯悬膝而下，法孙在岩上见下面阴森黑暗的万丈深渊，不由恐惧得牙齿打颤，全身起鸡皮疙瘩，紧紧拉着师爷的手，求他不要往下走，因为稍有闪失，定会粉身碎骨，岩下的山洞中还不知有什么凶猛的野兽。通天从法孙手中取下水囊挂在自己脖子上，说："这条看似危险的路，其实并不是险路。你若不精进修行，落入三途之道，那才是真正令人畏惧之路。众生生前的善恶行为，死后有六种轮回转生之道，这六种轮回往来的道途是：地狱、饿鬼、畜生、阿修罗、人、天。前三种称为'三恶道'，也就是我所说的'三途'。

"地狱分为三类，即根本地狱、近地狱和孤独地狱。地狱中烈火熊熊，布满残酷的刑具，如因罪而堕落此处，将会备受痛苦。

"鬼恐怯多畏，只能依赖子孙的祭礼或拾取人间的废弃物而生活。鬼也是多种多样的，其中饿鬼最受痛苦，千万年不得一食，又饥又渴，即使饭到嘴边也立即化为猛火，燃为灰烬。

"畜生指飞禽走兽、水游地藏的动物。

"阿修罗指魔神，有很大的能力，与天相似。

"人指人类。

"天指天界的生命体。一般的神，也称'天神'。天神居住的地方非常美妙，清净光明。天神体态优美，健康长寿。

"只有修持佛法，才能跳出六道轮回的茫茫苦海，得到解脱。"

"师爷，我记得住你的话……"

"你就在此地等我。"通天说罢，消失在岩下。

法孙在悬岩上等了三天三夜，急哭了无数次，又怕惊动了雷神，只好用袖子捂着嘴，两只袖子都变得湿漉漉的。第四天，法孙忽然看见半岩之上射出一道强烈的光，光束由小至大，由大至小；或从下到上，从上到下，然后逐渐消失。他正奇怪，但见师爷从岩下上来。他不禁抱着师爷半天不撒手，好一会才回过神，见师爷只穿着内衣，外衫和水囊都没有了，便问师爷怎么回事。通天笑着说：

"我把水囊、长衫悬在下面岩石嘴尖，留作纪念。"

半月以后雷洞坪大雨倾盆，石崩如雷，正在海会禅林学习的僧人感到异样，遂打开山门观看。刚打开山门，只见两样东西急速从空中飞来，进入通天和尚的房内。大家恭候于屋外想知道究竟，法孙实在忍不住，搭起凳子从窗户往里看，"啊"的一声大惊失色地从凳子上跌落下来。僧众着急地问："到底是什么？"

法孙说："是师爷悬在雷洞坪岩石上的长衫和水囊！"

众僧早就听说通天是位修为极高的大德高僧，但通天和尚从不显露神功，今天亲眼看见，真是大开眼界。僧众还在兴奋地议论此事，只见通天和尚出来轻声吩咐说："今日所见之事，请勿外传。"

一场绵绵不断的大雨持续了半个月，山溪泛滥，洪流滚滚。这天，通天和尚带着无穷向二峨山走去。在沙湾境内，见滚滚的大渡河洪水铺天盖地，两岸田野成了一片汪洋大海。通天和尚站在水边，忽然听到阵阵呼救声，循声望去，见翻滚的浊浪包围着的河心洲坝，有几百人在呼喊救命，还有无数头牛、羊、猪也被困其中，眼看就要被洪水淹没。波浪冲向河心小小的孤岛。通天知道洪流吞噬了河心洲坝，坝上的居民、家畜、房屋将被尽数卷入水中。通天立即从河边柳树上采了一把柳叶，向河中撒去。这些飘入河中的柳叶，顷刻之间变成一只只小舟，向那些落水之人划去。落水的人和牲畜凭借小舟安全到达岸边。他们无比感激地跪在通天和尚面前致谢，说他们的家都被水淹了，大家在洲坝的最高之地困了多日，好不容易等到今日几艘大船来接他们，没想到风急浪大，船又被掀翻在江中，若不是这些小舟，今天几百条人命都会葬身鱼腹。老乡们说着又回望刚才泊于河边的小舟，没想到除了滔滔的洪水，河边一无所有。刚才在惊恐之中，人们未来得及思考，现在回想起来，那些小舟其实并无人划桨。此刻，大家终于明白站在自己面前的是一位能够呼风唤雨、法力无边的神僧。众人又一次跪谢，但当他们抬起头时，通天和尚与无穷早已消失得无影无踪。

很久以后，这群被救的乡民才在峨眉山万年寺找到救命恩人。从此，他们都成为虔诚的佛教徒。

第二年，成都大旱。自秦时蜀守李冰修建都江堰后，旱涝无常的成都平原变为富饶的天府之国。都江堰的水大多来自岷山，浩浩荡荡的流水，奔腾着流到都江堰的分水坝，一分为二，又分别撞到另一道坚固的水坝，再一次改变方向。野性的波浪一次次分流，被驯服得温温顺顺，向着成都四周广袤的田野细浸慢润，不断地延伸。成都平原的人民千百年来早已习惯了这种自流灌溉，他们不需要过多的操劳，过着悠闲、富足的生活。可是这年天旱无雨，岷江断流，都江堰因为没有驯服的对手而显得无用武之地。四周的树上挂着稀疏的黄叶，懒懒地斜在那里。成都平原上的人们都急疯了，龟裂的土地没有半丝水汽，人们要到很远的地方找饮水。农夫养的鸡鸭兔狗，每每见到有担桶的人，就蜂拥追赶。

成都刺史急得嘴角溃烂，连饭都咽不下，焦急中忙筑坛祀天，想以此求雨，可是法事作了好几场，每天仍然是艳阳高照。正在焦头烂额之际，闻说峨眉山万年寺的通天大师佛法好生了得，便亲自前往峨眉山万年寺迎请。通天和尚刚进入成都，乌云便跟随着滚滚而至，顷刻之间雷声大作，暴雨如注。成千上万的人在雨中兴奋狂呼，敲锣击瓮。通天和尚请随行僧人将他抬到祭坛上，说：

"置我于雨中，待雨水充足后悄悄返回。"

这时雨越下越大，欢庆的人们被巨大的雷声震慑，躲回自己家中，而通天和尚却端坐于昏天黑地的大雨之中。这时天地间只有被雷雨震慑的宁静，世俗的喧嚣和纷繁被狂风抛在远方。通天和尚感受到佛祖又一次通过他接济众生，拯救众生。那些躲在家中的人，被通天牺牲自我的慈悲之心深深感动，取出家中的雨具为他遮挡。慢慢地，蓑衣、斗笠、木盆等一个个小小的圆圈延伸得越来越宽、越来越大，祭坛上下成为人海。

万历皇帝的两位表兄听闻通天和尚事迹，以弟子拜见师父的礼仪，前往峨眉山万年寺拜见通天和尚，想皈依在通天和尚门下。通天和尚为他俩授居士戒，分别取法名为慈舟、苍明。两位回到京城，在皇帝面前大肆称道通天和尚。万历皇帝这才知道，隐于江湖几十年、铁山和尚亲授袈裟的弟子在峨眉山万年寺，于是赐通天和尚金绣千佛袈裟、紫衣各一领，藏经一部，遣内使张公公送往峨眉山，将通天和尚在山顶所修的圆通庵进行扩建，并敕赐"护国草庵寺"五个大字。

万年寺当时统领全山，其中毗卢殿又是十方丛林，因此每日工作颇多。万历十九年（1591年）通天为给无穷更多的锻炼机会，让他开始募建峨眉城东大佛殿，以及万年寺前的慈圣庵。

万年二十七年（1599年），万年寺木构大象阁燃起大火，寺内的大部分建筑被毁。次年，万历皇帝为庆贺自己母亲七十大寿，拨款重修万年寺，并请已经七十五岁的通天和尚主持此事。万历皇帝认为通天和尚是一位神通的寿星和尚，会让皇太后万寿无疆。

在无梁砖殿的主体工程完工以后，通天和尚称身体有些不适，让无穷接任住持一职。一天深夜，无穷被巨大的雷雨声惊醒，怕出意外，急忙赶到施工现场。待检查完毕路过师父寮房时，见师父屋内亮着灯，窗户上映着师父不断飞针走线的身影。无穷走进师父的房内，见床上堆了好些戒衣，原来通天授给皈依人的戒衣，都是他自己亲手缝制的，这些年缝制了五百多套。无穷心疼地对师父说：

"师父，你太劳累了！这些就交给徒弟们去做吧。"

通天抬头说："佛祖出家以后，都是自己动针线制衣。我是何等平庸之人，怎么敢说劳累这样的话？"

无穷无言以对。过了片刻，无穷问："现在有好些人想做师父的弟子，我该怎样回答他们？"

通天和尚说：

"我终生以刚出家时翠峰和尚所要求的十条戒律约束自己，从未改变。佛祖在世时曾说：佛法传到世上正法一千年，像法一千年，末法一万年。现在是末法时期，若能依其行二三，就可以做我的徒弟。"

无穷又说城东大佛殿已修完，不久准备进京谒见慈圣皇太后。通天和尚听完之后半晌无语。无穷问："师父，此事有何不妥？"

通天和尚轻轻叹口气说：

"这是你命中一劫，是无论如何也躲不过的！这段因缘要你自己去了。不过，我会在峨眉山等你，你也会回来的。"

接着通天唱偈道：

七十六年幻化身，东西南北苦劳生。

今朝惹得虚空笑，大地原来不是尘。

"无穷，万年寺这个道场已经非常兴隆，我准备在圆通庵圆寂，以我的身体兴隆这个道场。对了，我坐的龛子不要加盖。"

"师父……"无穷十分难过。

万历二十九年（1601年），通天和尚在圆通庵即护国草庵寺安然圆寂。无穷率众僧将师父装入木龛之中，并修建石塔安放。

万历三十一年（1603年），无穷在北京蒙贪污皇银之冤，被关入死牢。他想起师父圆寂前对自己的嘱咐，终于明白了自己的因缘。他为自己能有这样一位具有大菩萨境界的师父而感到万分欣慰。通过四十年的苦修，无穷早已脱离了六道轮回，死，对于他来说已变成在人间最后度化众生的慈悲之举。据说无穷圆寂以前，望着峨眉山的方向，脸上的表情十分安详、恬静。当万历皇帝明白冤杀了无穷大师时，非常难过，专门派人按国师之礼将他的骨灰送回峨眉山万年寺钵盂山安葬。通天的弟子遵师父生前的嘱咐，在无穷的骨灰回峨眉山之后，打开存放通天和尚肉身的石塔，见他的面容与生前一样，于是将趺坐于木龛中的通天全身以金、漆涂之，供于祖师殿内，并在颜额上书"证涅槃门"。

这种以身证得菩萨界，具足大智慧、大慈悲的人，佛门称之为"肉身菩萨"。史籍中有关"肉身"的记载很多，最早见于东晋。禅宗六祖慧能的肉身是迄今为止发现的最早的肉身，现在仍供奉在广东的南华寺。峨眉山最早供奉的肉身菩萨是唐代的慧通大师，在峨眉山二逗岩的黑水寺。

通天大和尚的肉身安放在祖师殿以后，人们在深夜时常见那里光芒闪闪，无数盏圣灯辉映四周。

慈圣皇太后闻讯，赐沉香塔一座于通天和尚圆寂的寺院，所以护国草庵寺又名沉香塔。

由于通天大和尚的影响，这一带不少人前往修行，于是陆续建起华严庵、定慧庵、毗尼庵、慧日庵、凤岭庵、白衣庵、永定庵等二十多座庵寺。

无穷大师

明代万年寺高僧无穷大师（1536—1603）是四川铜梁县人，在深悟人世无常、浮生若梦之后，毅然抛妻弃子，遁入空门，在峨眉山拜通天和尚为师，削发为僧。无穷闻释迦牟尼在前世广行菩萨之道，多次为了求法闻道而毅然舍身，有次在山谷中见饿虎将死，决定大发慈悲，破除身见，以身饲虎。药王菩萨，乐修苦行，发愿以自己的身体供养佛祖，化作日月灯照于佛前。佛入灭以后，他收取舍利，造塔八千四百座，仍不能表达自己的景仰，于是在众人面前，点燃自己的双臂，供养八千四百塔。为弘传佛法，精进修行，无穷曾经学药王菩萨燃烧三根手指供佛，还在自己身上燃身灯四十八炷，用以表达阿弥陀佛的四十八愿。阿弥陀佛又称无量寿佛，曾是古印度妙喜国的国王，名叫乔尼迦，后舍弃王位出家，发四十八大愿，诸如：我成佛以后，在我的国土中，若有人坠入地狱道、饿鬼道、畜生道，我就不成正觉；我成佛以后，在我的国土中，人都将有金色的身体，否则我就不成正觉；等等。阿弥陀佛，密教称为"甘露王"，相传他经过不懈的努力，终于实现了四十八愿。密教是相对于显教而言的，无论佛教中的哪一宗，都是为普度众生，接引众生脱离苦海。

燃身灯在我们看来十分恐怖，其过程是用一种专门的油涂抹身体，然后以香火点燃，肌肤在燃烧中焦灼，尔后红肿、溃疡、痊愈后留下一块块伤疤。以前出家人留在头上的戒疤就是这样烧灼而成的。

远眺钵盂山——明代国师无穷的墓地。

无穷大师身上的四十八炷燃身灯令他肌肤焦灼，观者大为震惊，但他却面色不改，从容站立，僧众称之为菩萨境界。他还刺血为墨，书写两部《华严经》，见者莫不敛容。

《华严经》全称《大方广佛华严经》，是大乘佛教的重要典籍之一。此经认为，能使人进入诸佛境界的方法，就是普贤菩萨的行愿。全经按佛祖在七个地方的九次集会上说法的内容组编而成。本经有新旧三译，最早一部《华严经》是在东晋义熙十四年（418年）至刘宋永初二年（421年），由印度僧人佛驮跋陀罗译出，全经六十卷，世称《六十华严》。第二部《华严经》是唐代武则天下旨由印度僧人实叉难陀重译，并汇集了一些原先单独流传的大乘经，翻译此经共用了五年的时间（695—699），新译经为八十卷，世称《八十华严》。以上两种内容大体一致，只有"旧译""新译"之别。第三部是唐代般若所译的四十卷，通称《四十华严》或《贞元经》，其内容仅是《华严经》中《入法界品》的别译。

《华严经》是在佛祖得道，但还未到婆婆世界度化众生之时所讲的法，讲述了许多大乘佛教修行的具体方法。它是最早的一部佛经，堪称经中之王。《华严经》在中国影响很大，是华严宗所依据的主要经典。

无穷大师是典型的苦行僧，除早晚功课之外，搬柴汲水，扫地焚香，种植庄稼，或下山背运粮食，在寺内负担的事务不计其数。而每餐斋饭总是在僧众全部吃完以后，斋厨里剩余什么他吃什么，有时饭菜全被吃尽，他便只好饿肚子，从不计较。斋罢洗涤器物，见余下饭粒、菜渣，都悉数放入口中，生怕浪费。有一次他在斋厨干活不小心摔坏一只碗，心痛不已，遂到乐山城中化缘，信众送三千只碗予无穷大师以示敬意。

无穷大师是位禅宗大师。禅宗，是佛教的一个法门，讲求以不立文字，以心传心。净土宗在中国平民百姓中流传最广，而禅宗在中国的思想文化领域影响至深。无穷曾长跪于他师父通天和尚面前，请求开示。师父告诉他：佛门一般不主张过度的苦行，因为仅有苦行是不能得到解脱的，一味苦行是"无义苦行"。释迦牟尼成道的过程中，曾有六年苦行的教训，结果并无收获。这是告诫人们，仅仅苦行不能解决生死烦恼。佛、菩萨"舍身""烧臂"等，是为了破除身见、我执，表示为佛法献身的精神和智慧，属于"菩萨行"，不是凡夫的境界。师父又说："若问修行之事，也奇特，也平常，制心一处，无事不办。"无穷受用不浅，后来在九老洞闭关多年，面壁趺坐，一语不发。

峨眉山九老洞位于仙峰寺右侧悬岩之上，海拔1700多米，洞口高踞于仙峰岩，下临深不见底的黑龙潭，左右密密的森林中遍布杜鹃和冷箭竹。岩上有条不知何年何月哪位仙人开凿的悬岩磴道。洞口四季云腾雾绕，藤萝密布，与洞口遥遥相对的九岭岗华严顶在云雾中偶露峥嵘。据载，轩辕黄帝访道于峨眉山时，在洞口遇到一位须发尽白、红光满面的老人。轩辕惊诧地问："老人家怎么独自在此？"老人乐呵呵地说："不，我们共有九位老人居于此洞。"说毕，老人隐于浓雾弥漫的洞中，轩辕紧跟着走进洞，却不见老人的踪影，左右寻觅半天毫无收获，最后，只见洞壁写着天英、天任、天柱、天心、天禽、天辅、天冲、天满、天莲九个"天"字辈道家老前辈的名字。于是，轩辕就将此洞命名为"九老洞"。

九老洞纵横错落，洞中有洞，上下重叠，一条阴河时而潺潺流动，时而蜿蜒隐入洞底，近七十条岔道如迷宫一般，古往今来有不少人想一探究竟，结果陷入其中永难生还。九老洞有许多美妙传说和未解之谜，笔者将在另一章节中详述。

无穷撩开云雾进入山洞，惊起成群的大如乌鸦的蝙蝠、金丝燕。他摸索着前行，感到脚下的路越来越低，好似一条通往地底的通道。他走啊走啊，漫长的路好似没有尽头。洞中温暖如春，早已辨不清东南西北。他摸到一块平整光滑的大石头，便面壁坐下，调息入静。不知过了多久，他感到眼前有丝光亮，渐渐地越来越亮，好似有火把在不远处燃烧，连松油的香味都清晰可闻。他睁开双眼，见一老者举着火把向他招手，他站起身来向老人走去，老人又举着火把向前走。他加快步子想追上老人，可是他几乎是狂奔了，却依然追不上慢条斯理的老人。他感到十分奇怪，向前面望去，只见前方星星点点还有八点亮光。慢慢地，洞中亮起来了，前面的火把消失，无穷发现自己已走出山洞，眼前出现他从未见过的田园茅舍。他向茅舍走去，走着走着，一条小河横在面前。他环顾四周没见船只，便向对岸呼道：

"有渡船吗？"

这时，对面一片粉红色的桃花树下，走出一位手握锄把，清瘦慈祥的老农。老农用手向河面挥动，芦苇中飞起一只仙鹤，展翅飞到无穷脚下，立即变成木舟。木舟载无穷到达对岸。老农立于岸边问：

"和尚到此为何？"

无穷说："我想寻觅一匹快马。"

"为何觅马？"老农问。

"我是峨眉山万年寺的和尚，苦修多年仍未觉悟得道。今翻山越岭是想寻一匹快马，方可快马加鞭，寻找佛道。只是不知该到何处寻觅良马，希望老人家给予指点。"无穷虔诚地说。

无穷话未说完，老农立即呵斥道：

"你骑马找马，愚不可及！你身后不是良马吗？"

无穷回过头，果然身后有匹高大雄壮的骏马，马的缰绳还在自己手中。无穷大惊，脱口说道："怎么回事？"再抬头，老农已无踪影，四周

无穷国师的墓是一个如钵盂的圆形山头。传说墓有四道门，面朝四方。这里风水极好，有好些盗墓贼来过这座山，企图寻找传说中的金头。

寂然无声。他豁然明白佛祖曾说过的话：大地众生皆有如来智慧德相，但因妄想执着，不能证得。自己虽出家多年，但离开了明心见性的禅门宗旨，向心外寻求解脱之道，当然成为愚蠢的骑马觅马之人。无穷庆幸今日得到"九老"举火引路、指点迷津，扫除了心中的谜障。

回到万年寺后，无穷将自己在九老洞闭关的经历讲与通天和尚听，通天和尚微笑不语。自此以后，无穷的佛法日益精进。

万历十九年（1591年），无穷大师长途跋涉，来到京城，向笃信佛教的慈圣皇太后化缘。无穷对慈圣皇太后说道："观世音菩萨位居西方三圣和四大菩萨之列。观世音在过去曾发愿：'若我当来，定能利益安乐一切众生，令我即时身生千手千眼具足。'菩萨发愿以后，身上立即生出千手千眼，大地震动，诸佛放光照亮其身。从此，观音菩萨便用'千眼'照见众生的烦恼，用'千手'拔除众生的苦难，可谓法力无边。贫僧准备在峨眉山上铸

慈圣庵是万历二十一年（1593年）无穷禅师为感谢万历皇帝生母慈圣皇太后对峨眉山众多布施而建，取名慈圣庵，塑供慈圣皇太后。

1932年，慈圣庵倒塌。1943年，能海法师募资重建。该庵于1954年、1975年、1980年几度培修。

一尊千手千眼观音铜像，让观世音菩萨的威德保佑佛门僧众，普度世间众生。"太后听完十分欣喜，立即命执掌皇库的大臣赐以千金。无穷大师化缘后回四川购买赤铜，铸造佛像。不久，一尊高12米，重60万公斤的千手千眼观世音菩萨像铸成。此像有大手42只，小手958只，每只手掌心都有一只独具佛法的慧眼。佛像镀金，光彩夺目，神态慈悲，令人

崇敬。另外，无穷还铜铸西方三圣立像三尊，高5米多，铜韦驮一尊，高3米多，因体积太大，无法运至峨眉山上供奉。无穷又用几年时间在峨眉城东建了一座规模宏大的大佛殿，供奉千手千眼观世音菩萨。大佛殿有禅房140多间，大殿5幢，檐牙高啄，飞阁流丹，金碧辉煌。寺内花木茂盛，环境幽雅，成为西南地区最大的寺庙。

从那以后，居士游人来朝拜峨眉山，都要先到大佛殿启香，即点燃第一炷敬佛的香。虔诚的信徒从点燃香的那天起就戒荤腥，直到下山走过大佛殿后才开始吃肉，以表示对峨眉山供奉的佛和菩萨的敬仰、尊重。

在城东大佛殿修成后，无穷率僧众用一年时间在万年寺侧修建了一座有两个大天井，层楼重檐，典雅古朴的慈圣小庵，收藏慈圣太后赏赐的五大典籍十二部，百吉幡两幢，《法华经》《华严经》各一部，乌斯藏金银书西域三本，九层沉香塔、贝叶经等珍贵物品。

贝叶经是用铁笔刻了经文的贝多罗树叶，万年寺所藏贝叶经是来自印度的高僧敬献给皇太后的礼物。贝多罗树的叶子质地坚韧，类似棕榈，叶片采摘后，经过蒸煮、晾干、磨光等工序，裁成所需的尺寸，一般多为60厘米×6厘米大小，左右各穿两个小孔，成为书写材料。书写者先用针、刀锥或铁笔在叶面上刻写，然后用特制的油墨涂抹叶面，拭净后，字迹清晰，并能防蛀、防潮。该书写材料同中国发明造纸术之前用的甲骨、竹简的用处相同。万年寺所藏的贝叶经是用古梵文写的，就连许多印度僧人都不能辨认，它的内容就成了一个难解之谜。

尔后，无穷又遵师嘱主持修建供奉慈圣太后的慈圣庵。万年寺因建慈圣庵又一次得到万历皇帝的赞赏和敕赐，声名威震华夏。

位于万年寺内的贝叶楼中珍藏着印度高僧赠给明代慈圣皇太后的贝叶经。

无穷大师在修完大佛殿后，进京向皇太后谢恩，皇太后赐紫衣、袈裟各一领，并请他往北京延寿寺讲经说法。这时那位执掌皇库的官吏悄悄派人到峨眉山观看新铸的观世音铜像。调查之人走遍全山并不见皇太后赐重金新铸的观世音铜像。执掌皇库的官吏闻讯大为震怒，立即奏明万历皇帝，将正在京城延寿寺的无穷大师抓起来，以贪污皇银论罪。关在牢中的无穷大师并不辩解。六十七岁的无穷知自己因缘已尽，该度化众生的事他已完成，他要示现寂灭（圆寂）之相给众生，警示后人世间无常，人生苦短，佛祖以慈悲之心接引众生，人们应该敬仰佛法，皈依佛门，不要以世间俗人的眼光看待修行之人。

最后，无穷大师在狱中示寂。据传，狱吏亲眼所见，无穷大师示寂之后，一道灵光从他的头顶冉冉升起，穿越牢房慢慢飘向西南方。在这天晚上，峨眉山万年寺的僧人看见天空中一片红云徐徐而来，红云之上似站着一位身穿紫色袈裟的僧人。大家甚为好奇，仔细端详，发现竟和无穷大师长得一模一样。众僧振臂高呼，大师不语，在云端双手合十，飘然而去。

十个月后，峨眉山曾经落下祥云的村庄，出生了一名婴儿，身上有四十八个小圆疤痕。家人甚异，求问于万年寺僧人，众僧皆说：这是无穷大师转世投胎。

果然，这个孩子长大后成为峨眉山又一位大德高僧。

无穷大师死后，他的弟子进京请求朝廷派人复核。调查之人在峨眉城东见到庄严巍峨的大佛殿，以及铸工精美的千手千眼观世音铜像，心情沉重地回京禀报。万历皇帝和慈圣皇太后十分后悔难过，遂派人以国师之礼为无穷大师修建石塔，将骨灰运回，葬于峨眉山万年寺前的钵盂山。

万年寺左约一公里，平地凸起一个圆如钵盂的山包，名为"钵盂峰"。无穷大师的骨灰在此安葬以后，他的一位弟子在塔前结茅棚守灵。无论天寒地冻，暴雨烈日，他每天都把四周打扫得纤尘不染。有一千多位居士曾受过无穷的开示或点化，出于对他的感激和敬仰，大家共同出资，在峰前修筑了钵盂庵，请他安住。为无穷大师守灵的弟子最后也在此圆寂，年一百二十岁。生前，他留下话来，为了永远追随其师无穷，请万年寺僧人将他的骨灰撒在师父的塔后。塔前曾有明代王在公在万历四十七年（1619 年）冬撰写的塔铭，记述无穷大师一生的修行。僧众、居士、游人朝拜无穷大师的砖塔，能感受到他普度众生的慈悲胸怀，也能感受到他不生不灭与万年寺同在，还能从山色溪声中领略几许禅机，从花香鸟语中感悟人生真谛！

在钵盂峰下，笔者发现了这个被挖开的墓穴，穴内下方是一个约两米见方，高约四米的空间，上方是一个方形漏斗。顶端有一个小圆洞，但已被泥淤塞。

笔者从墓口躬身爬进去，四壁是用光滑整齐的长砖砌成的。接口一丝不露，工艺很好，似用石灰、糯米浆、桐油等材料黏合。

从墓口进去看到顶端的状况。在右边和上方能看到火熏过的痕迹，估计是有人在里面挖掘燃火照明时留下的。

千年古刹万年寺，以其灿烂的佛教文化，传奇的佛教典故，珍贵的历史文物，神秘的未解之谜，独特的人文环境，隆重的佛事活动，吸引着越来越多的僧众、居士、游人前来朝拜！

　　千年古刹万年寺，是峨眉山的六大古寺之一。它是东晋时（公元 400 年前后）慧持大师在峨眉山修建的第一座寺庙。慧持大师离开庐山前往四川时已六十多岁，他此行是对人类的年龄障碍一次彻底的挑战，也说明了信仰能产生多么大的能量。

由道观改建的佛殿

——神奇的中峰寺

中峰寺的来历

中峰寺是峨眉山乃至中国修行人最早的聚集地之一，也是道教的创立地，是道教与佛教互相融合的一个见证。中峰寺曾经为峨眉山最大的道观，东晋以前叫乾明观，是因道教的始祖——老子（老聃）授道而发展起来的。因而，中峰寺于佛、道两教都有极其深厚的历史渊源。

中峰寺大门。

一

二十四史之《魏书·释老志》讲："道家之源出于老子……授轩辕于峨眉，教帝誉于牧德……"这就是说道教始祖老子曾在峨眉山上向轩辕黄帝授道。

轩辕黄帝在中国历史上是一位贤哲、明君。他曾带领部落百姓战败入侵的蚩尤，又教会百姓弃游牧而学习稼穑，从此让人民从漂泊流离的游牧生活中稳定下来，开始种植庄稼，饲养家畜，安居乐业。轩辕黄帝年迈时，及时将王位禅让给有德行的年轻人，按梦中仙人的指点到峨眉山寻道。在峨眉山中峰寺一带，轩辕见这里林木葱郁、峰峦叠翠、祥云环绕、紫气氤氲，有如仙境，便留下来。忽一日云开日出，光照林间，轩辕见有一老者端坐于高山石岩之上，黑发高髻，红光满面，睿智雍容，仙风道骨，竟与他梦中的仙人一模一样。轩辕激动得双膝着地，跪行几步向前问道："请问大师，何为道？"

仙人告诉他："至道之精，窈窈冥冥。至道之极，昏昏默默。不视不听，不思不念，抱神守静。得此道者，上为仙皇；失此道者，下为尘土。"

仙人说毕赠轩辕《三一五牙之经》，然后向空中一挥手，仙乐飘飘，一头青牛自天而降，仙人跨上青牛腾空而去。

轩辕得到经书之后，不分寒暑，不论昼夜，反复诵读，细心领悟。面对野兽的侵扰、美女的引诱，抱神守静，历经种种艰苦磨难，终于悟得经中的真谛，在峨眉山得道成仙。

被称为中国上古三大奇书之一的《山海经》，把峨眉山称为"皇人之山"。"皇人"即老子在仙界的称谓。

道教是根据中国文化创立的宗教，是本土宗教。春秋、战国时期，专门从事天文、地理、医学、养生等研究的学者，逐渐从诸子百家中分流出来，自成一体。他们研究宇宙天体与人类的神秘关系，认为：人的身体本就是一个小宇宙，只要采用各种修炼方法，锲而不舍，智慧定会自然而生，最终便可以修成一个长生不老之躯，与日月天地共存。他们将这个寻找道的过程称为修行。于是在古代，炼丹修行、寻求神仙之界便开始盛行起来。史载，秦始皇为求长生之道，派徐福携三千童男童女入蓬莱求不死之药。由此可以看出卜筮、方技、医学、神仙方士在秦时的活跃程度、影响程度。这些方士神仙有的以丹药养生为主，有的以精神超脱养生为主，万法归宗，其目的都是想获得超自然的能力——长生不老。这便是在秦初道教的雏形。

二

东汉末年，道教初步创立。据传，张道陵在四川鹤鸣山、峨眉山布道，他施法把龙潭变成咸泉，便于蜀中人煮盐，又将龙潭附近的女巫收服，令其做井神，为民服务。百姓尊他为"张天师"，把他创立的道教称为"天师道"。天师道规定入道者须缴纳五斗米，存入"天仓"，以供凶年饥岁和往来教民、行人之用，所以道教又被称为"五斗米道"。

张道陵奉老子为教主，以老子的《道德经》为"圣经"。道规要求信徒要守诚、宝精（养精固体，固本守元）、积善。他还按照一年二十四个节气之分，把蜀中分为二十四个教区，称为"二十四治"。治中废除朝廷官吏，取缔巫师巫教，设"祭酒"为道长，兼领当地政教双重职能。峨眉山被张道陵划分为第一治，又称为"峨眉治"。因此，张道陵成为在中国历史上施行地方宗教政治的第一人，四川的道教由此而得以大力弘传。张道陵多次来峨眉山布道，峨眉山的道教在东汉初年迅速盛行起来。被天师道誉为道界神仙的左慈就是在峨眉山中峰寺一带修炼成仙的，于是不少信众慕名而来，在风光秀美的峨眉山隐居，修炼仙道，人们现在徒步上山仍能看到左慈洞。左慈在峨眉山中峰寺一带得道成仙以后，为世人留下了许多故事。

据传，三国时魏王曹操一日招道士左慈进宫，指着一间暗室问左慈能否不吃不喝在里面住上一年。左慈点头进去，曹操的侍卫将暗室之门封死，外面派兵轮流把守。不料一年后打开封门，左慈仍像来时那样容光焕发，悄无声息地飘然而出，仿佛只在进去待了一会儿。当卫士报知曹操时，曹操大惊失色，半晌回不过神来。曾参与镇压黄巾起义的曹操深知道教对民众的影响，十分忌惮左慈的道术，于是下令逮捕左慈，不料满城居民都变成左慈的样子，根本无法辨认真伪。后来曹操又诱使左慈前去赴宴，想在席间设法除之。左慈从容赴宴，席间谈笑风生，毫无惧色。当曹操杀心刚起，还未来得及下令时，左慈立即隐入墙中。这样三番五次，令曹操大失威信，恼羞成怒，在场之人无不呆若木鸡。不久又有人报告说看见左慈盘坐在山顶上，周围十分空旷，不容易逃遁。曹操认为这是一个除掉左慈的难得机会，于是亲自带领精兵强将快马追去。当曹操看到左慈的身影时，不禁大喜过望，因为左慈周围只有一些羊群，完全无藏身之处。曹操立即下令"格杀勿论"。不料一阵轻风，左慈便不知去向，曹操在山上寻了大半日仍不见其踪影，万般无奈，只好下令今后不再追杀左慈。话音刚落，一只老羊开口说道："真的吗？"曹操策马向老羊奔去，这时所有的老羊都开口发出左慈的声音。曹操只好作罢，悻悻然下山而去。从此以后，曹操不得不打消除掉左慈的念头。

以写《登幽州台歌》享誉文坛的唐代诗人陈子昂曾经在峨眉山寻找先祖陈芳庆的遗迹，陈芳庆是在峨眉山得到神仙左慈所授经书而修道成仙的。陈芳庆生于东汉，饱读经书，抱负远大。但汉献帝昏庸，导致群雄争战，四方不宁。陈芳庆怀着对朝廷深深的失望和对仕途的厌倦，远离尘世，到峨眉山中峰寺结茅隐居，以期得道。一天，他在中峰寺附近一个僻静的洞中，见一童颜鹤发的道人独坐诵经，便上前施礼问："请问道在哪里？"道人用手指天、指地，最后指心，随即朗声道："贫道在此恭候多年，修道之人近在眼前。"然后把自己正在诵读的经书赠予陈芳庆，嘱咐他潜心修道，然后便腾云离去。陈芳庆翻开经书，见扉页上写有"左慈"二字，知道自己遇上了鼎鼎有名的神仙，激动万分，随即修书予家人，讲述自己的经历，又将家中诸事一一安排交代，说明自己不再返回家乡，立志按左慈所授的经书在峨眉山潜心修道。陈芳庆的故事在他的家乡四川省射洪县一带流传很广，对陈子昂影响甚大。

三

佛教自印度传入中国，在魏晋时期的发展十分迅速，受外来思想的影响，国内不少精通道教经典《周易》《老子》《庄子》的名士开始研究佛经，甚至成为一代名僧，如道安大师等。与此同时，社会动荡，战争频繁，部分有才智的贤者渴望避开世间的烦恼，过隐居的生活。还有一些江湖侠客也利用图谶之说与道术相号召，形成称雄的力量。而佛家与道家在许多方面有相通之处，因此佛道两家相互补充，相互融合，互动发展，成为当时中国影响最大、流传最广的两大宗教。

中峰寺附近结茅修行的人渐渐增多，于是大家便合力修建了乾明观。到东晋时，观中已有两百多位道人，每日经声琅琅，香烟袅袅，犹如一座"仙观"。

传说晋代峨眉山宝掌庵的和尚明果法师在打坐修行之时，冥冥之中忽见普贤菩萨骑象而来，纳头便拜。一阵异香飘过以后，明果抬头已不见普贤踪影，低头一看，自己手中不知什么时候多了一条金黄色的缎带，上面写着"除妖灭害，弘传佛法"。明果百思不得其解，终日不断徘徊于峨眉山修行人的结茅之地，以求开示。

宝掌庵是为纪念第一位来峨眉山传法的印度高僧宝掌和尚而建的，位于现洪椿坪后。传说宝掌和尚出生时左手紧握，一直到七岁才伸开手掌，掌中有一颗红痣，犹如宝珠，其父见他异于常人，遂送他出家修行，师父为其取名为宝掌。

密林深处的中峰寺，东晋时是一座道观，叫乾明观。明果大师"刺蟒救道"以后，这里改建为佛寺。宋、明时期中峰寺成为峨眉山禅风最盛的寺院，为山中六大古寺之一。该寺明朝末年毁于兵燹，只留下后殿。这个殿是如今中锋寺的前殿，而现在长满树木的地方，为当时的前殿。

某晚，明果和尚路经乾明观，这一天恰好是农历三月初三。每年的这一天乾明观都有道人仿东汉瞿君武得道升天。瞿君武是乐山犍为人，颇有学问，见世事混乱，遂厌弃红尘，到峨眉山修道。他在山中四十年辟谷食树果和花粉，最后得道成仙，白日飞升。现在峨眉山大峨寺对面森林中还有一块巨石，传说就是当年瞿君武飞升之处，人们称之为"升仙石"。

明果和尚见众道士齐声诵经，将要得道升天的道士送到观外山坡上，坡上早已搭好一座彩虹桥。道士缓缓走入桥中，人随着彩虹桥冉冉升起，渐渐消失在朦胧的夜色之中。明果往彩虹桥升起的顶端望去，只见两盏幽幽的绿灯在不停闪烁。明果和尚慧眼澄清，一条巨蟒映入眼帘。原来那冥冥之光是巨蟒的眼睛，彩虹桥为巨蟒的法术所变，升天的道人实则是被巨蟒吞食。

明果和尚是一位武僧，力大无比，武艺高强。他立即提起手中的禅杖向巨蟒的头部掷去，只见一道虹光闪电般飞出，而后听见一声闷雷般的炸响。满天荧光中，彩虹桥瞬间化为乌有，浑身鲜血的巨蟒从空中摔将下来，落在众道士和围观的山民面前，蟒头已不知去向，蟒身断为数截。众人大惊失色。明果和尚随即又引领众道士向山峰后面的深峡之中走去，阴风惨惨，迷雾阵阵，一股刺鼻的腐腥味扑面而来，众人不由地胆战心惊，小心翼翼地掩鼻而行。在一个阴暗潮湿的山洞中，人们借着火把的亮光看到白骨成堆，旁边残留着一些道袍。道士们这才恍然大悟：原来这些人骨都是巨蟒留下的。大家对明果和尚非常感激，崇拜有加，明果和尚从蟒口中救下的道士更是长跪不起，一定要拜明果和尚为师。于是众道士当即纷纷表示诚心皈依佛门，推举明果和尚为住持，遂将道观改为佛寺。明果直到此时才醒悟过来，由于普贤菩萨的点化，他除妖灭害，为众生积了一大功德。

明果法师见乾明观处在三个小山峰的中峰，便将乾明观更名为中峰寺。

明果法师在中峰寺住持修行八十余年，一百二十岁圆寂，可谓修成正果，功德圆满！

中峰寺在宋、明两代发展成为峨眉山禅风最盛的寺院。禅宗为佛教的八大宗派之一，其宗旨是"不立文字，教外别传，直指人心，见性成

由道观改建的佛殿

佛"。一切靠"悟"。早期僧人文化水平较低，修行贯彻于劳动之中，而不是体现在研究、弘扬经典上。禅宗的这种宗旨针对注重义学的诸派，吸引了大量僧众，成为佛教诸宗派中最有影响的一派。该寺规模很大，直到现在，人们还可以从寺前种植楠木的空地前看到长满青苔的残垣断墙，以及横七竖八倒在草丛中近人高的拴马石。现存的中峰寺前殿是遭受历次大火唯一幸存下来的建筑，也是当时的最后一殿，如今的两侧楼房和后殿为以后修建，但残留的废基依旧在向我们述说着昔日的辉煌：它是山中六大古刹之一。

该殿是历经明代几次大火之后唯一保存下来的殿堂。

人们在中峰寺火灾后留下的唯一一幢大殿的屋檐上，还能够十分清楚地看到悬挂的木鱼雕像。这种用楠木板刻成的鱼雕是道教的一种标识。据有关资料记载：蜀中不少地方百姓围水而居，捕鱼是大多数民众获取食物的重要方式，张道陵尊重地方民俗，遂易米为鱼，凡入教者皆须在房檐下悬挂鱼雕为记，鱼雕渐渐成为五斗米道的重要标识，与道教三宫（即天、地、水）崇拜鱼凫图腾有关。

张道陵在创立道教的过程中吸收和改造了巫教。在为人"治病"时，首先要请病人闭门思过，然后采用祈祷之法，即请病人在三张纸上写上自己的名字，其一埋于山上，其二埋于地下，其三沉于水中。此法称为"三宫"。"三宫"崇拜反映了道教的核心观念——"不死"与"仙化"。水中转生则是鱼凫图腾崇拜的内容。原始道教认为，人死后化为灵魂，顺水而下，灵魂在水中的祸福完全是由人生前的行为决

中峰寺几次火灾后，唯一幸存的后殿上，悬挂着道教早期的木鱼雕饰。

定的。所以，古时有招魂仪式，给亡灵指路，祈求神灵保佑，使亡灵在水中与鱼的身体结合而得以复生。

中峰寺在东晋时就由道观改变为佛殿，唐朝时又由慧通大师重修，明朝毁于火灾后再修复，但只复原了最后一个大殿，其规模只保留了原来的六分之一左右。中峰寺历经一千多年的变迁，除积淀了深厚的历史传奇外，佛殿房檐挂鱼雕这一峨眉山佛道融合的独特景观也被完整地保留下来。

后来，中峰寺曾经是峨眉山佛学院的男众部校址，承担过培养佛学人才的历史重任。

布金满地：峨眉山传奇（上）

中峰寺院内景象。

从将军到高僧——淡然大师

淡然大师继承明果大师的衣钵，在中峰寺弘传佛法、普度众生期间留下了脍炙人口的神奇故事。淡然大师的威德使峨眉山中峰寺在海内外声名远播，名垂史册，寺中至今仍挂着淡然大师的画像。

一

淡然大师出家以前名叫林时茂。

林时茂的青年时代正值南北朝鼎盛时期。据传，林时茂自幼勤奋好学，除熟读诸子百家外，最大的爱好便是舞枪弄棒。他自小跟随父亲习武，稍长便拜武术高僧为师，二十岁以后刀、枪、棍、剑等无一不精，武艺超群，尤擅骑射。北魏静帝的左丞相兼大将军高欢因仰慕林时茂的文韬武略，遂拜他为大将。青年时代的林时茂长得魁伟英俊，碧眼虬须，一副西域人的模样。在一次随高欢的征战中，他单枪匹马与对方六位战将拼杀，毫不惧怕。对方开始用车轮战法消耗林时茂的体力，但丝毫占不到便宜，而后六人将林时茂团团围住，大战五十回合不分胜负。林时茂越战越勇，卖了个破绽，对方以为有机可乘，四杆枪两把大刀一齐向林时茂刺来。林时茂待刀枪近身的一瞬间突然藏于马腹之下，随即甩出六把飞镖，猝不及防，对方三人死于马下，三人负伤败退。敌军溃散而逃，林时茂救出了被围的高欢。高欢命令全军乘势出击，紧紧追剿，敌军死伤不计其数。此次战役，高欢部歼敌三万余人，俘敌万余，大获全胜。

林时茂武艺高强，作战勇敢，多谋善断，屡立奇功，魏静帝十分欣赏他的才智和忠诚，封他为镇南将军。

高欢当年因拥立太子有功，被即位后的魏静帝封为王爵，后又授为左丞相、大将军。但此人心狠手辣，骄横跋扈，滥施杀戮，酒色财气无所不沾。他将侍妾数十人视为猪狗，轻则打骂，重则随意杀死，其家丁僮仆被打死、打伤致残者不计其数。高欢有一子名高澄，为爱妾所生。高澄生性顽劣，每日与一帮泼皮无赖打得火热，平时游手好闲，不务正业，专营偷鸡摸狗、勾引民女的苟且之事。他见父亲的部将林时茂常被人称赞，暗生忌妒之心。一日，高澄与一帮狐朋狗友外出打猎，见农夫的麦田中一只白鹿在酣睡，立即放箭过去，白鹿带箭负痛，拼命地在刚成熟的麦地里乱跑。高澄和这帮无赖骑马追赶，将十几亩成熟的麦子全部毁坏。麦田的主人闻讯赶来，望着一家人赖以生存的口粮全部被毁，痛哭流涕，捶胸顿足，在绝望之中对高澄哭喊："你们叫我们怎么活啊！"从小被宠坏了的高澄见状，认为农夫在撒泼，喝令左右将农夫打得皮开肉绽，随即又用绳子把农夫捆绑至县衙，强迫县令将农夫关入大牢。周围的村民个个义愤填膺，但因惧怕高澄和高欢，敢怒不敢言。正在此时，林时茂骑马经过，得知情况后不由大怒，立即当众痛斥高澄伤天害理，不体民情。高澄不但不听其教诲，反而大骂林时茂不识抬举，竟敢当众羞辱自己，是"太岁头上动土"，马上喝令随从棒打林时茂。众人皆知林时茂武功好生了得，几十个人都近不得他的身子，根本不是他的对手。左右随从面面相觑，哑口无声，高澄见众人都不敢动手，只好破口大骂，怀恨而去。林时茂将自己随身携带的银子全部送与农夫，并以好言安抚。村民们无不心怀感激，交口称赞，磕头拜谢林时茂将军。

第二天，林时茂早朝完毕后立即进入高府，将高澄平时的所作所为一一告诉高欢。不料高欢不以为然，反而受其爱妾的挑唆袒护高澄。林时茂看到身为朝廷重臣的高欢竟然是非不辨，心里十分失望。高澄是高欢的爱子，平时骄横跋扈，仗势欺人惯了，见高欢没有责怪自己，也就对林时茂更加恨之入骨，多次与死党密谋，欲置林时茂于死地，以泄心头之恨。

林时茂此时妻妾已亡，又无子嗣，在长年的战争中目睹生灵涂炭、哀鸿遍野，受害者不计其数，加之朝廷腐败，民不聊生，他感到仕途绝望，前途黯淡，听闻梁武帝敬重佛教，遂产生遁入空门的念头。为了避祸保身，逃离世俗纷争，林时茂弃官而去，到泽州（山西晋城）析城山下的问月庵出家，法号淡然。后来为了躲避高澄的报复和追杀，又离开魏国至南朝的金陵（今南京）妙相寺修行，不久就被梁武帝赐为副住持。

二

妙相寺的住持钟守净年轻英俊，学识渊博，深受梁武帝的赏识与器重。

据传，钟守净的母亲是一位虔诚的佛教徒，极富同情心，但无论怎样祷告一直无生育，四十岁生日时梦见一猛虎入宅而怀孕。儿时的钟守净聪明伶俐，但体弱多病。父母遵从园慧寺僧人的嘱咐，在儿子七岁时送他到附近的寺庙出家，从此钟守净的身体状况好转，愈加聪慧，往往过目成诵。十四岁时，钟守净对佛家的经典咒忏、念诵乐器无一不通，诗词绘画样样皆妙。钟守净由于在佛学上造诣颇深，不足二十岁便受到王公大臣的推崇，经梁武帝亲自考辨之后，获赐京城妙相寺住持。这在中国佛教历史上是十分罕见的。可见，钟守净在当时确有真才实学和过人之处。

梁武帝经常驾临妙相寺，与钟守净说法谈经，参禅打坐。两人十分投缘，遂引为知己。

梁武帝自幼博读儒家经书，最开始信奉道教，后弃道奉佛，长年吃斋，过着佛教徒般的生活。他平生大量时间都在从事佛经研究和著述，特别对《般若经》《维摩诘经》的研究最多。据史料记载，梁武帝四次在同泰寺舍身为奴。每次舍身，朝廷群臣都只得从国库中拿出巨资将他赎回。梁武帝根据大乘经典，下令国内僧尼不准饮酒，而且严禁吃肉，否则以国法、僧法处治。而在此之前，僧尼可以在三种情况下开荤：其一，没有看见宰杀动物；其二，没有听说是为自己宰杀动物；其三，屠者具有慈悲之心而宰杀动物。这三种情况下的肉称为"三种净肉"。梁武帝是一国之君，他颁布的命令是要强制施行的。从此以后，僧尼只吃素斋便成为定制。

由于梁武帝对钟守净的偏爱，公侯将相、皇亲国戚都十分敬重钟守净，远近信徒都慕名前来妙相寺，以一睹钟守净的尊容和聆听其讲经传法为荣。于是，妙相寺的香火极盛，终日佛事不断，前来布施和祈愿者争先恐后、络绎不绝。由于妙相寺的名气越来越大，加之信众传说到妙相寺拜佛诵经之灵验，许多富家少妇和小姐也争相前来参拜。一时，妙相寺名媛云集，佳丽纷至沓来。

在一次讲法会上，钟守净见到人群中有一位绝色女子。这女子名叫黎赛玉，早已成婚，有个儿子。黎赛玉长着一张粉红的俏脸，顾盼生辉，身材窈窕，玉指纤纤。钟守净直看得心猿意马，想入非非。自此，钟守净精神恍惚，举止失态，食不知味，梦魂颠倒，感到黄昏寂寞，白昼凄凉，竟害起相思病来。

妙相寺附近有一赵姓寡妇，以做媒为生，因特别会奉承人，绰号"赵蜜嘴"。此人喜好穿寺入庵，聚众敛财，窥探别人隐私，敲诈勒索。赵蜜嘴有一个儿子虽年轻力壮，但整日东游西荡，游手好闲，全靠帮助老娘说媒拐骗为生。这赵蜜嘴见钟守净对黎赛玉动了凡心，便与儿子合谋编起骗索财物的圈套。赵蜜嘴频频给钟守净出谋划策，诱使钟守净勾搭黎赛玉。在得到钟守净许多钱财之后，赵蜜嘴以请黎赛玉帮绣佛像为名，将黎赛玉骗至家中与钟守净会面。黎赛玉本是个风流女子，在钟守净起初的引诱中还能婉拒，但当钟守净欲拔刀自刎，以死相挟后，竟真动了芳心。黎赛玉见钟守净出手大方，极会心疼人，且又标致能干，更是倾心不已。加之赵蜜嘴极力撮合，黎赛玉再也把持不住，很快与钟守净干柴烈火，勾搭成奸。在赵蜜嘴的帮助下，黎赛玉和钟守净在妙相寺隔壁租下房子，暗地里长久私通。

淡然窥破他俩的私情以后，心里非常震惊。因为妙相寺是蒙皇上圣恩斥巨资修建的，朝廷和皇上本人的许多重大佛事活动都由妙相寺承担，妙相寺的地位就相当于"国寺"。钟守净做住持也算享受了国师的待遇。他惑于女色不能自拔，长此以往，对出家人的威信将会产生严重的影响，也是对妙相寺弘传佛法、普度众生的亵渎。皇上一旦知道此事，定会清除佛门败类，并昭示天下。这样一来，不仅妙相寺将遭到灭顶之灾，甚至佛教也会遭受重大打击，连累许多无辜的僧众。想到这个可怕的后果，淡然决定奉劝钟守净悬崖勒马，了断孽缘。

钟守净听了淡然的劝告后十分犹豫。淡然大师是皇上敕赐的副住持，性格刚直，又屡立战功，受到梁武帝的敬重，钟守净也有些敬畏他。

黎赛玉在得知此事后，非但不思悔过，反而给钟守净出主意，让钟守净在皇上面前先发制人，逐走淡然，这样寺中便再无人敢多言，她可与钟守净长久淫乐。

一日，梁武帝一身僧人打扮前来妙相寺进香拜佛。钟守净、淡然为梁武帝主持宏大的佛事活动。在梵音奏响、梵呗齐唱的佛乐声中，梁武帝又一次萌发了出家的念头。在场的众大臣苦苦相劝之后，梁武帝仍然犹豫不决，遂与两位住持进入密室，请求为其指点迷津，以便最后决断。

钟守净献媚说："皇上富有四海，贵为天子，是前世的善果，若要出家也是前世的因缘，出家修行必将修成正果。但是，必须当机立断，大可不听群臣劝谏，否则坐失良机将会追悔莫及，终生遗憾！"一席话，说得梁武帝颔首称是。

淡然大师则劝谏梁武帝应以江山社稷、百姓民生为重。他说："我淡然孑然一身，既无父母妻子，又未治理国家，受天下苍生的寄托，完全是以无牵无挂之躯出家奉佛。而皇帝之身乃万乘之主，应该亲贤臣、远小人，施仁政，仿尧舜之治，万万不可削发为僧。以贫僧之愚见，一旦皇帝不理朝政，国内混乱，外族便会入侵，百姓将遭受灭顶之灾，这与佛祖普度众生的悲心是背道而驰的，出家意义何在？皇上若励精图治而使天下国泰民安，也是在行菩萨之道，也终能成正果。这和出家修行本质有何不同？望皇上念及天下苍生，在家修行为妥！"

梁武帝听完淡然大师的劝谏后很不高兴，一言不发，拂袖而去。钟守净在护送梁武帝离寺之前，又在梁武帝面前状告淡然，说淡然"仗着武功高强，常常欺压僧众，因而妙相寺僧众对淡然早已怨声载道"，又说淡然"经常酗酒吃肉，不守戒规，败坏了妙相寺的风气，信众深为厌恶"。

梁武帝听罢大怒，不假思索，立即说道："佛门净地，岂能容纳这种败类！"随即命令骠骑将军捉拿淡然，知道真相的僧众马上告诉淡然，并协助他星夜离开金陵。

三

淡然离开妙相寺后，历经艰难险阻，一路上不少信众自动结伴暗中帮他躲过追兵。淡然出家之前曾经到过峨眉山，为其秀丽清幽的景色所吸引，心中的眷恋之情一直难以忘怀。因此，一脱离危险，他便直奔峨眉山而来。

行至峨眉山中，淡然见峰峦叠秀，古木参天，兔鹿交行，猿猱呼啸，不由得心旷神怡。他沿着幽谷山壑四处寻觅，美景奇观，比比皆是。他终日游山观景，不知饥饿，不知倦怠，心醉神迷。一日，淡然站在一巨岩上眺望山顶，在薄雾散开以后，对面山顶三峰突然展现在眼前。其中二峰对峙，宛若两道峨眉，正合山名的神韵。见此景致，淡然便不由自主地来到位于中峰的山腰之上。行走其间，眼前豁然开朗，只见平地数十亩，东边流水清澈，西边石洞相连，背倚高峰，前临幽壑，茂林修竹，青翠郁然，是一处绝好的修行之地。淡然十分欣喜，便在此地结成草庵三间，一间作为佛堂，一间用作斋厨，第三间为卧室。自此，他白日诵经，晚上坐禅，自得静中之趣。

当地山民信众听说山中来了一位高僧结茅修行，便纷纷前来寻求点化。淡然大师开始讲经说法，由于潜心修行以及对佛学独特的领悟，深得信众敬仰。这样一传十、十传百，方圆几百里的信众，到峨眉山听淡然大师传经讲法的人越来越多，有时一天听经拜佛者就多达几百人。淡然大师为了更好地弘传佛法，普度众生，便在明果法师所建中峰寺院原址上，历时五年修复了被火烧毁的中峰寺。除了弘传佛法之外，他还结合峨眉山特点，创建了一套武功，向佛门子弟传授，为后来在中华武术界逐步崛起的峨眉派武功奠定了基础。可以说淡然大师实为峨眉山武术的开山鼻祖。

一日，淡然大师正在参禅打坐，忽然一只黑狗、一只白猪惊慌失措地闯入中峰寺，跪在他面前瑟瑟发抖，直掉眼泪。淡然以为它们饥饿难耐，忙起身取食物欲投喂。没想到白猪流着眼泪说："我是黎赛玉，因贪淫被丈夫杀死，归入畜生道，今日大难，望淡然大师相助。"

淡然问黑狗是谁，黎赛玉回答："那是媒婆赵蜜嘴。"

正在此时，一阵腥风刮面，震得山冈抖动。一只斑斓猛虎咆哮而来，声如霹雳，眼似明灯，从岭上直跳下山坡，奔到中峰寺。淡然忙取出宝剑大喝："畜生，休得胡来！"猛虎见了淡然，立即低头屈足，两目流着泪说道："我是钟守净，因生前没有听从大师的教诲，犯下淫罪，被罚作畜生，我遭此报应，全怪它们，今天我要吞了它们，以解心头之恨。"

淡然大师听完老虎的哭诉后，朗声说道："我佛慈悲，只要你悔过自新，苦海无边，回头是岸。"老虎幡然悔悟，愿意皈依在淡然大师名下修行。于是，淡然大师便让老虎居住在中峰寺旁边的一石洞内，每日专门为其讲经说法，让老虎早日痛改前非，归入正道，不再妄害生灵。

过了好些时日，淡然大师见其虎性大有收敛，于是让虎、猪、犬在同一时间听自己宣讲佛法。初时，猪、犬遇见老虎十分恐惧，慌忙躲到淡然大师

在中峰寺的一间静室内，一直挂着淡然大师向落入畜生道的钟守净（虎）、赵蜜嘴（犬）、黎赛玉（猪）讲经的画。现在这幅画为今人补画，少画了猪，遗漏了中峰寺传奇中的重要角色，甚为可惜。

的身旁。而老虎则龇牙咧嘴，似欲扑向猪、犬。随着听经诵佛时日的增长，渐渐地，虎、猪、犬彼此不再仇恨，开始和睦相处，它们有时并立拜佛诵经，有时同行于山麓之间。

最初，中峰寺的僧众按淡然大师的嘱咐，每天下山为老虎买肉。以后每逢淡然讲经说法之日，老虎便自动戒荤。不久，老虎野性全无，完全改为食素。山下的村民听说此事以后奔走相告，争相传诵。一时间，中峰寺香客云集，有的人不远千里，扶老携幼，专程到中峰寺敬香，求淡然大师指点迷津；有的僧人仰慕淡然大师的威德，聚集在中峰寺，长年累月跟随淡然大师学佛。凡是听过淡然大师讲经者，无不觉悟；凡是看过一虎、一猪、一犬围在淡然大师身旁听经念佛、参禅修行者，无不称异道奇。而每次老虎见到来人，都俯首帖耳，两掌相合，谦恭友善。久而久之，大家皆说淡然大师是一位功德圆满的神僧，是佛祖让他不入涅槃，留在人间度化信众，弘传佛法。

虎、猪、犬皈依在淡然的门下参禅悟佛，多年以后皆修成正果，脱离六道轮回。

至于淡然大师的归宿，有三种传说。一是说淡然大师于百岁生日那天安然圆寂；二是说淡然大师百岁以后忽然不知去向，而当人们遇到大灾大难之时，又飘然而至，显现出各种化身，救苦救难；三是现在峨眉山下的一些村民还清楚地记得，他们的祖上曾代代相传，说是淡然大师在中峰寺为他们几代人都讲过经、传过法，由此推算，淡然大师在中峰寺修行时间应在两百年以上。

但不知从何时起，人们再也没有见到淡然大师的身影。至今，淡然大师的归宿仍然是一个难解之谜。

这个故事的一部分在"中国古典孤本小说宝库"之一《禅真逸史》中有载。

药王菩萨——孙思邈

孙思邈精通医药，既是道家十分尊重的神仙，也是佛家供奉的药王菩萨，跨佛道两界，这种特殊的身份和地位令他的一生充满神秘和传奇色彩。他得道成仙和修炼成菩萨的传说，都与峨眉山中峰寺有关。

一

孙思邈是京兆府华原（今陕西铜川市耀州区）人，祖上是杏林世家。其父深得世祖真传，博学，医术精湛，乐善好施，在陕西一带小有名气。上至王公大臣，下至黎民百姓，有求必应，有病必治，常能妙手回春。因此，当地人十分敬重他，称其为"神佗仙人"，意思是既有神农氏的仙药，又有神医华佗的医术。

孙思邈自幼跟随父亲学医采药，十分聪慧好学，深得父亲疼爱，不到五岁就能认得草药上千种，熟记治病药方汤头两百多剂，七岁开始读书，每日能诵读千余字且过目不忘，被誉为神童。

为了培养儿子继承和发扬家业，孙思邈的父亲在启蒙教育中，经常给他讲医药史和家族的传奇故事，这对孙思邈的一生影响甚大。一次，父亲给儿子拿来一大把新鲜的草药，让只有七岁的孙思邈尝出它们的味道，并说出它们的药性。孙思邈感到十分好奇，跃跃欲试。当他父亲做了一个示范动作后，孙思邈便迫不及待地拿起一根食指粗的药根，不由分说放到嘴里大嚼起来。可是，苦涩的味道、呛人的辛气弄得他两眼流泪，翻肠倒肚地吐起来。直到两个时辰以后，他才缓过劲来，望着面前的许多草药，连忙对父亲说："难受至极！免其再尝！"

父亲慈祥地端过一杯醋水，让他慢慢吞下，然后对他讲：

远古的时候，祖先们吃的是野生瓜果、野栗山菜，还有河蚌蛤蜊。这些生冷的东西又硬又腥，不好消化，人们得了各种病症，许多人年纪很小就夭折了。后来出现了一个很能干的人——神农氏。他勇尝百草，教民农耕，是远古时卓越的部落首领。后来人类渐渐繁衍多了，依靠打猎已经填不饱肚子。猎人们一清早就带着弓箭和木棒去打猎，在茫茫草原和茂密林里寻找野兽，常常奔忙了一天却所获甚微，只好饿着肚子、拖着疲惫的双腿回来。偶尔猎得一头野猪，整个氏族百十人围拢来分配，每个人只能得到一小块，小孩子饿得哇哇大哭，妇女和老人更是心烦意乱。猎手们因为养不了整个氏族，垂头丧气地坐在地上发呆，人们陷入了绝境。

在如此困难的情况下，神农氏发现人们扔在地上的瓜子和果核到第二年会生根发芽，长出新的瓜藤和果树。他还发现植物的生长与天气有关：天气暖和时，植物发芽长叶，开花结果；天气寒冷的时候，植物落叶枯萎。于是他利用天气的变化，对野生植物进行人工培植，这样就可以有计划地收集果实种子来作为食物，补充打猎的不足。起初，神农氏不知道哪些植物的果实、种子或根、茎、叶是能吃的、好吃的，哪些是不能吃、不好吃的。为了人们的生存，神农氏决定亲自尝一尝各种野生植物的滋味。他采集了各种各样的果实、种子和根、茎、叶，一样一样地亲口品尝。什么东西的味道是甜的，特别好吃的，他记下来；什么东西又苦又涩，难以下咽，他也记下来；有些东西味道倒不坏，可是尝了以后不是头昏脑涨，就是肚疼心跳，甚至上吐下泻，原来这些东西是有毒的，他也仔细记下来。一次，神农氏腹痛难忍，为了忘却疼痛，他不停地将地下的草放在嘴里嚼，不久，肚子便不痛了，他觉得很奇怪。以后肚子再疼时，他又试了试，果真又不痛了。后来其他人病了，他也向他们建议吃那种草，每次都很灵验，于是他知道了草也可以治病。

知道草也可以治病后，神农氏每次狩猎都要带上一个背篓，将自己发现的不同的草带回去尝。经过长期地尝草，他发现不同的草有不同的功效。为了了解不同的药效，神农氏经常拿自己的身体做试验，常常服下未曾用过的草，或者几种同服，然后体会效果。当然不是每种服下去后都平安。有的草吃下去后，就会令神农氏又吐又泻，有的草令他头晕目眩，有的甚至令他昏迷多时。他这样做非常危险。据说他有一天中毒达七十多次。圣人神农氏最后终于克服了重重困难，战胜了种种危险，为天下苍生寻找到了大量的食物。他找到了可以作为粮食的植物，可以作为蔬菜的植物，找到了好吃的瓜果，还找到了现在我们用以治病的药材。因此，我们的祖先在神农氏的带领下，开始栽培这些植物，不再为捕不到野兽而饥饿发愁，也不再为无药治疗病痛而担忧。

孙思邈的父亲接着又说："这是你的祖父在我几岁的时候讲的故事，今天我又将这个故事传给你，希望你能牢牢记住，要做一个好的郎中，就应该像神农氏那样亲自尝试药草，对医术还要像医圣华佗那样穷尽毕生精力，孜孜不倦地探寻。"

孙思邈被父亲讲的故事深深地吸引，听得如痴如醉，半晌才抬起一双明亮的眼睛对父亲说："我长大了也要像神农氏那样舍身求药，救助众生。"父亲满意地点了点头，连声说道："吾儿有志，孙家后世有传也。"此事对孙思邈一生都有至关重要的影响。

孙思邈二十岁以后除了精于医术药学，对道家的庄子、老子以及百家学说无一不通，佛门的典籍无一不精。洛州（今洛阳）之首独孤信见到他时感叹道："这是神童，只可惜他器量宏大，很难为一般人所任用。"周宣帝时，由于王室纷争，权力更迭频繁，孙思邈便隐居于太白山中。

隋文帝杨坚辅佐北周时，想聘孙思邈为国子监博士，孙思邈以有病为由没有就任。孙思邈对其亲属讲："过五十年后，会有圣人出现，我将助之以济人。"唐太宗李世民即位，召孙思邈到京城长安，见他容颜十分年轻，感慨地说："由此可知有德行的人诚信可以尊重，羡门、广成子，怎么会是传说之事呢？"太宗要授予他官位，他恳切推辞，不肯接受。显庆四年（659年），唐太宗召见他，任命他为谏议大夫，他又坚辞不受。

上元元年（674年），孙思邈称病请求回归故乡，高宗特赐良马和鄱阳公主故居。当时名人宋令文、孟诜、卢照邻都拜孙思邈为师，向他学习医学和佛道两学。孙思邈曾随皇帝避暑于九成宫，卢照邻留住孙思邈家，宅院庭前有一棵病梨树，卢照邻以病梨树为题做赋。赋的序言意思是：

癸酉年，我因病住在长安城里光德坊的宿舍。老年人都说："这是鄱阳公主的故居。过去公主尚未出嫁即去世，所以其府邑被废弃。"现在有孙思邈仙士居住。思邈学问广博，通古博今，学尽星相医卜、调生养性之术，善读道家正一学术，如古代道家庄子，精通佛学之理，恰如今之大居士维摩诘。他推算演绎天文、地理、历数等学问，有如落下闳、安期先生一样。

卢照邻患有难以治愈的疾病，于是问孙思邈："名医能够治愈疾病，是什么道理呢？"

孙思邈回答：

"我听说善于讲解天地四时变化的人，必须参照人体的理论；善于谈论人的生理病理的人，也须依据天地运行的规律。天地有春夏秋冬四时和木火土金水五行变化，寒暑交替，循环运行。天地之气调和则降而为雨，怒则鼓荡为风，凝结则如霜雪，弥漫散布则为彩虹，这是大自然的一般规律。人体有四肢五脏、觉醒和睡眠，呼吸吐故纳新，水谷精华往来，循环流动而成为营卫之气，显露于外为神采和气色，发扬而为声音，这是人体的一般规律。

"阳气有形可察，阴气为精化，自然界和人体的规律是相同的。如果阴阳失调，阳气蒸腾则生热症，阴气凝滞则生寒症，精气郁结则生瘿瘤赘肉，气虚下陷则生痈疽，气运妄行则短气喘息，气血衰竭则憔悴枯槁。症候表现于面部，变化显露于形体。推而广之，用这个规律解释自然界也是相同的。因此木火土金水五星盈亏，日月星辰错行，日食月食，彗星流逝，都是自然界的危险征象。寒暑不能适应季节，是天地万物变化反常；石立土踊，是大自然的赘瘤；山崩地陷，是大自然的痈疽；狂风暴雨，是大自然的短气喘息；河川干涸断流，是大自然的憔悴枯槁。当人们患病时，高明的医师用药物、砭石、针刺予以疏导和治疗；当自然界出现反常现象时，圣人以高尚的道德化解，并辅以人事。因此形体有病可以治愈，天地有灾可以消除。"

见卢照邻茅塞顿开的样子，孙思邈又补充说道："治病用药要胆大，看症辨病要心细谨慎，知识要丰富，行为要端正。就如《诗经》说：'如临深渊，如履薄冰'，这是小心的意思；'赳赳武夫，公侯干城'，大胆的意思；'不为利回，不为义疚'，行为端正的意思；'见机而作，不俟终日'，知识经验皆丰富的意思。"

孙思邈一席话，说得卢照邻心悦诚服，受益终身。

据传，唐代初期，大臣魏徵等奉命编修齐、梁、陈、周、隋五代历史，恐怕有遗漏，曾多次拜访孙思邈，听他口授，有如目睹。东台侍郎孙处约带领他的五个儿子侹、儆、俊、佑、佺去拜见孙思邈，孙思邈说："俊将最先显贵；佑要到晚年发迹；佺的名气最大，但他会因掌握兵权而祸及自身。"此后果然像他所预言的一样。太子詹事卢齐卿小时候向他请教人伦之事，孙思邈说："你五十年后将做官，我的孙子将成为你的下属，你要自己保重。"后来齐卿成为徐州刺史，孙思邈的孙子孙溥果然是徐州萧县的县丞。孙思邈对齐卿说这些话的时候，孙溥还没有出生，却预先知道他的事，后人称之为仙人指路，料事如神。

二

孙思邈虽然以他的医术、药学拯救了众生，以他的博学和威德折服了众人，受到朝廷的恩典以及人们的景仰，但是他的心中一直有一个神圣的梦想未能实现，那就是效法神农氏，救助更多的民众从病痛之中解脱，效法佛祖普度众生，效法老子积善成德，使人生达到更高的境界。

当孙思邈听说瞿君武在峨眉山中峰寺附近得道升仙，淡然大师在中峰寺修佛终正成果，峨眉山遍布仙药奇草后，便只身来到峨眉山中峰寺，既采药炼丹，又学佛修行。

孙思邈入住中峰寺以后，寺里的僧人尚不知道他是何人，来自何方，只是从他的相貌上感到此人既有仙风道骨，又有大德高僧的慈祥。平时，僧众见孙思邈不言不语，很少与人交谈，却不断在寺周围或深入山中采集草药，有时入山月余才回；有时将采集的药材用来炼丹，几个月不出炼丹房；有时一连数月在禅房里打坐念佛诵经。僧众暗暗称奇。自从孙思邈到中峰寺之后，凡是在月朗星稀之夜，僧人们常常能看到中峰寺上空紫气冉冉升腾，祥瑞之气笼罩整个寺庙，大家背地里猜测，此人不是神仙就是菩萨，因而对孙思邈十分敬重。

孙思邈到中峰寺后不久，发现寺里的僧人不是身体虚弱，就是精神委顿，他从自己采集的草药中选出几种，配制成草茶，供僧人常饮。此茶汤色浅黄，气味清香。自从饮用这种草茶以后，僧人们的身体状况明显好转，天长日久，僧众只感到神清气爽，百病难侵，遂奉这种草茶为"神茶"，长期饮用。至今，峨眉山民间还保留着饮用这种草茶的习惯。

传说，孙思邈有一次在中峰寺附近采药时，发现地上有一条受伤的小青蛇奄奄一息，全身已快僵硬。孙思邈立即将随身携带的药包打开，取出药膏，再加上新采的草药捣碎调和在一起，轻轻敷在小青蛇身上。孙思邈一直守候在小青蛇旁边，以免其他的动物伤害它。两个多时辰以后，小青蛇慢慢缓过气来，抬起头望着孙思邈，然后围绕孙思邈爬行数圈仍不肯离去。孙思邈仔细观察这条小青蛇，良久若有所悟，便柔柔地拍了拍小青蛇的头，再伸开五指，心想："如果我们有缘相会，请爬上我的手掌。"孙思邈意念一出，小青蛇仿佛感受到，立即灵巧地爬上孙思邈手心，盘成一圈，对着孙思邈深深地点了三次头，然后悄无声息地滑向路旁的草丛。孙思邈伫立良久，直到小青蛇踪影全无才背起药篓回到中峰寺。

孙思邈在峨眉山上用他神奇的医术和秘药救助过许多动物，这些小生灵一旦受伤或者生病，都要到孙思邈采药必经之路等候他。长此以往，孙思邈每次上山采药之前，总是要配置好各种药膏，自制一些医疗器具，以便随时应急。久而久之，峨眉山乃至方圆数百里的各种动物便纷至沓来，聚集在中峰寺一带的原始森林中。一时鸟凤齐鸣，猿猱唱和，中峰寺犹如鸟兽的天堂。

更为神奇的是，有一次，孙思邈采药途中刚给一只摔断腿的小黑熊接好腿骨，包扎好伤口，小黑熊与母熊正准备离去，突然一只斑斓大虎悄无声息地来到离孙思邈只有十步之遥的地方。大黑熊见此情形，龇牙咧嘴准备与老虎拼命，以便保护孙思邈和幼熊不受老虎的伤害。这时，孙思邈十分冷静，心想，老虎如果要袭击它们易如反掌，只要一眨眼工夫就可以将母熊扑倒，然后再轻而易举地回过头来收拾自己和小黑熊。然而，老虎在这样的相持中不仅没有昔日的凶猛，反而焦虑地立在路中像在等候着什么。想到这里，孙思邈推开大黑熊，并将两只熊挡在背后，人与熊慢慢地往后退，准备绕道避开。不料，老虎见孙思邈往后退去，便站起身来径直走到他的面前，张开血盆大口，祈求地望着孙思邈。孙思邈定睛往老虎一直张着的大嘴里面一看，这才发现老虎的咽喉被一块非常坚硬的小骨刺卡住，喉头及口腔都已红肿溃烂。孙思邈立即取出随身携带的药包，首先用骨制的撑子撑住虎口上下两颚，然后再用夹子伸进虎口慢慢地取出骨刺，最后在受伤的地方涂上药膏。

在孙思邈给老虎取刺上药的时候，两只黑熊主动给他递器具和药膏，十分温顺，完全消除了对老虎的惧怕。待孙思邈给老虎处理完伤口，背起药篓准备下山时，天已经开始黑下来，一虎两熊护送着孙思邈，直到中峰寺的大门外，才依依不舍地回归夜幕中的山林。虎和熊为了报答孙思邈的救助之恩，自此以后，凡孙思邈进山采药，都要伴随着他。老虎用嘴衔着盛草药的背篓，黑熊则将药包挂在脖子上，走在孙思邈的前面为他引路，那些凶猛的动物见虎和熊来了，都赶紧躲开。据传，虎、熊均得到孙思邈的点化，最终修成正果。在孙思邈成仙以后，一虎两熊都脱离了畜生道，转世投胎为人。若干年后，当三人又结伴来到峨眉山中峰寺时，住持大师对他们讲，药王菩萨孙思邈给他们留下一句话："慈悲为怀，普度众生。"三人面对中峰寺大殿，三叩九拜，齐声唱道："弟子谨记师父教诲。"以后，他们三人在中国佛教历史中又留下了许多传说，这已经是后话了。

据传，就在孙思邈救治小青蛇一年以后，他下山途经一个村庄时，迎面走来一位身穿长袍、头戴冠帽的长者，热情地邀请他去家中叙谈。孙思邈不认识他，无奈盛情难却，推辞不过，只好跟随长者来到村外一处十分幽静雅致的院子。只见院子四周种满瓜果，一条小溪从院坝栅栏外流过，水中几只白鹅嬉戏，溅出一阵水花，惊得鱼儿四处逃窜，涟漪四起。

他们推开栅门走进院坝，长者急忙向屋内呼道："青儿快来拜谢恩人!"这时，从里屋走出一位英俊飘逸的少年，十七八岁模样，身着一套青色的长衫，举止文雅，十分腼腆。

青衣少年上前跪拜，然后五体投地，长久不肯起来。孙思邈十分纳闷，心想："是不是又遇到拜师学艺之人？"这时，只听跪在地的少年说道："恩公在上，如若不是恩公一年前相救，我命早已休矣!"

长者接着说："滴水之恩，涌泉相报，救命之德，永世不忘。吾儿起来，快给恩人上茶。"孙思邈这才想起，青衣少年是一年前他在中峰寺附近救的小青蛇，遂十分感慨地说道："我佛慈悲! 普度众生、救苦救难是学佛之人秉承佛祖旨意的善举，先生不必挂齿，如此大礼真让思邈受之有愧。"

长者见思邈情真意切，宽厚慈悲，知他造诣已经达到了菩萨境界，今后随着修行的精进，必然功德无量，终成正果。

长者设宴款待孙思邈，席间，为了进一步考察孙思邈的定力，吩咐家人不断上菜，桌上摆满了各种美味佳肴，玉液琼浆，奇瓜异果。青衣少年又领来了十名美女，环侍左右。一阵仙乐声中，长者手持九龙杯向孙思邈敬酒。孙思邈看着眼前的仙境，心如止水，不为所动。只是为了不失礼节，他端起酒杯起身说道："晚生长年练气辟谷，从不饮酒，也不摄食这些山珍海味，望先生见谅!"说毕放下酒杯，正襟而坐。长者见他对佳肴美酒毫不动心，又吩咐左右抬出大量的珠宝、金银、玉器以及丝帛相赠。长者朗声道："思邈先生神医妙方救了吾儿一条性命，我们整个家族感激不尽，为了报答思邈先生的大恩大德，这些金银珠宝和美女尽数奉献给先生。希望思邈先生从山上迁居城中，好好享受这些美女和用不完的财宝!"

孙思邈说："恕晚生冒昧直言，老先生此言让晚生十分惶恐不安。晚生不远千里从长安到峨眉山，为的是炼丹求道，采药制剂，为众生解除痛苦；学佛修行，为一切生灵消灾弭祸，救苦救难。酒色财气早已与晚生绝缘，这些礼物实在不能收受，望老先生恕罪！"

长者见孙思邈修行之心坚如磐石，持戒之志稳如泰山，大受感动，称孙思邈人品高洁，具有菩萨和仙人的境界。长者命青儿将祖传的龙宫药方三十篇和一卷经文、一本经书赠送给孙思邈，并说："此方济世救人十分灵验，方中之药在峨眉山全部能够采集到，经文、经书要认真诵读，用心感悟。"说毕，长者和青衣少年及仆从数人冉冉向空中升起，飘然而去，消失在白云深处。

孙思邈知道自己遇上了神仙，十分高兴地手捧药方、经书，对着天空拜谢而归。

若干年后，青儿下凡到峨眉山修炼，辅佐在峨眉山白龙洞修成正果的白素贞，演绎了一段家喻户晓的《白蛇传》佳话。

孙思邈回到中峰寺以后，按照神仙的点化，白天对照龙宫药方，在峨眉山密林、峭壁、幽谷中采集草药，并将每一种草药的花、茎、果细细描绘下来。每一种药的药性，用口慢慢地鉴别，像他心中崇拜的神农氏那样，以身试药再把它详尽记述下来。每天晚上香汤沐浴之后，他便在微弱的烛光下，对着经书逐字逐句地反复诵读，细心揣摩，然后调息入静。据说，这次缘遇，是神仙左慈专程下凡至峨眉山对孙思邈进行点化。此后，孙思邈参禅悟佛，修道炼丹，药学医术达到了更高的层次。

孙思邈在采药过程中，对峨眉山低山、中山、高山的药用植物进行了详尽的考察，并按其特征、生长习性、药性疗效进行分类。特别是对一些珍贵稀少的奇草异药的结伍配方、单方、偏方进行了研究，为以后撰写《千金方》和《千金翼方》等医学著作积累了一手资料，也为校正前人的医学谬误，在分析、比较和临床实践中加以甄别。可以说，孙思邈在中峰寺对医药学的研究，为中华医药宝库增添了珍贵宝藏。

传说，有一次孙思邈在采集草药时，来到峨眉山千佛顶，看着云雾幽壑、绝壁千仞、万丈深涧，心灵为之感慨。他在那里伫立良久。只见，一会儿，烟波浩渺，云海翻卷，滚滚而来；一会儿，浓雾遮天蔽日，四野茫茫；一会儿，晴天将白云压缩成朵朵絮状，悬挂在绝顶之腰，仿佛凝固在那里一动也不动；一会儿，山崖在阳光的折射下出现了彩虹，圆形的彩圈在人的四周散射开来，彩虹的中央慢慢出现了佛祖的身影，佛像时隐时现，飘忽不定——这便是今天峨眉山金顶被称为"佛光"的胜景。

孙思邈置身其中，腾云驾雾，飘飘欲仙之感油然而生，心想：在这种变幻无穷、神奇莫测的高山之巅，既然隐藏着不为人知的神秘现象，也一定生长着奇花异草，珍稀良药……

正当孙思邈神思遐想之际，只听得头顶的天空传来一阵"哇——哇——"的叫声，抬头一望，只见一只巨大的山鹰在舍身崖上空盘旋，上下起伏，极度兴奋地扇动翅膀，像是发现了比猎物还要稀奇的东西。孙思邈注视着行状奇异的山鹰，总觉得有什么事情将要发生。山鹰盘旋几圈之后，突然收拢翅膀，箭一般地向舍身崖下俯冲而去，身影划破寂静的山野，在空中留下了一道优美的弧线。

孙思邈顺着山鹰俯冲的线路往下看，只见舍身崖半山的绝壁之上，悬挂着一只闪耀着红色亮光的"斗篷"，金色的阳光把这只"斗篷"照射得通体透亮。山鹰冲刺的速度越来越快，眼看就要接近"斗篷"，两只利爪迅速张开，就在伸向"斗篷"的一瞬间，忽然"斗篷"一晃不见了。恼羞成怒的山鹰抓住刚才"斗篷"站立的凸岩，扑打双翅，发出尖啸，震得山谷嗡嗡作响……如此盘桓良久，仍然不见"斗篷"现身，山鹰只好展翅起飞，沿着陡壁一边寻找，一边盘旋上升。待山鹰飞到孙思邈的头顶时，奇怪的现象发生了：那只枣红色的"斗篷"好像一把雨伞，又慢慢地撑开。山鹰见此情形，开始盘旋下降，待距"斗篷"不到十丈高的地方突然垂直往下冲击，结果与上次一样又扑了个空。这样几次往返均未果，累得山鹰口吐白沫，筋疲力尽，只好悻悻地哀叫着飞远去了。

这样的搏斗中，弱小的一方竟然能够避其锋芒，以柔克刚，最后终于让貌似强者的一方徒劳地耗费自己的精力，无可奈何地无功而返。孙思邈目睹这场搏斗，心中受到了极大的启发，心念一动：莫不是我与这只"斗篷"有着什么神秘的因缘？上天的仙界是不是通过这只山鹰在向我昭示着什么？随即又盯住那只"斗篷"详细地观看。这时，太阳已经西斜，夕阳的柔光照射在那只枣红色"斗篷"上，孙思邈终于辨认出那只枣红色"斗篷"是一株世间罕见的巨大的灵芝草。这株"岩灵"生长得十分奇特，其伞柄有水桶那么粗，"伞盖"有巨型簸箕那么大，真是稀世珍宝，旷古难睹。再加上这株灵芝具有动物般的灵性，仿佛得到了仙人的点化。孙思邈欣喜若狂，这样的仙草神药竟然让自己有缘目睹，真乃天地神灵之造化也！

孙思邈心中暗暗念道："我佛慈悲，神灵助我，如若有缘，我应历尽万难，到悬崖峭壁之上亲自幸受这株'灵芝王草'。"这时，只见紫气升腾，一群灵猴围在孙思邈的周围，用它们采摘的葛藤编织蔓绳。孙思邈则盘腿打坐，心中默诵经文。这样三天三夜之后，一条长达数十丈的蔓绳终于结成了。灵猴们将绳索的一端牢固地拴在一块巨大的岩石上，另一端则沿着峭壁伸向灵芝仙草。孙思邈经过三天三夜的打坐，在冥冥之中，灵猴们牵起他的手走向岩边，并护送着他沿着绳索慢慢地向下滑去。五个时辰以后，孙思邈与猴子们终于到达灵芝草的上面。看着能够承载自己和众猴子的硕大的灵芝，孙思邈思忖片刻，准备将蔓绳的末端套在灵芝的伞柄上挽几圈固定，待攀援上去以后再慢慢将灵芝拉上绝壁。不料，灵芝不堪重负，"咔嚓"一声，伞柄与岩石相接的地方断裂，灵芝载着孙思邈和猴子们向万丈深渊坠落下去。

不知过了多久，孙思邈从昏迷中苏醒过来。环视左右，见自己躺在厚厚的草堆之上，猴子们已不知去向。回忆起刚才惊险的一幕，孙思邈大惑不解。自己明明坠落万丈深渊，生还的可能性极小，而现在自己不仅活着，而且躺在这流泉飞瀑、溪水潺潺，四周草药千姿百态的仙境之中。孙思邈双手捧起一捧山泉往嘴里送，只觉得清冽甘甜、回味悠长，精神为之一振，仿佛刚从梦中醒来。

孙思邈忽然想起与他一同坠落的灵芝草，便在四周寻找，却始终不见其踪影。待他又回到刚才起身的地方定睛一看，这才发现自己身下的草堆原来正是那株灵芝王。惊愕之余，孙思邈仔细观看起来。他发现这株灵芝至少有五百年了。数百年的生长过程，犹如出家人潜心修炼。灵芝吸纳天地之灵气、日月之精华，已修炼成精，功德圆满。孙思邈心想："我佛大慈大悲，峨眉山的一草一木皆有佛性，一切生灵皆能成佛，真是佛法无边，功德无量。"

想到这里，孙思邈在"灵芝王"面前跪下叩拜三次，以答谢再生之德，解惑之恩，然后转身准备离去。突然，面前这株仙草红光闪闪，冉冉向空中升腾，身后拖下了一条缤纷的彩带。孙思邈再仔细一看，只见彩带之上的灵芝已经化为一尊骑象的菩萨。孙思邈朗声道："感谢普贤菩萨点化。"说毕伏下身子不断地叩拜。当空中的彩虹飘然而去以后，孙思邈抬起头来，眼前的景象简直让他惊呆了。只见刚才还是百药丛生的荒地上，一群猴子正在采集满地十分幼小的灵芝草菌。这些猴子将这些灵芝苗装在挂在脖子上的草篓里，然后蹦蹦跳跳地离开。猴子越来越多，带走的灵芝苗数不胜数。孙思邈十分好奇，下意识地摘了几十株灵芝放进药篓，不由自主地跟在几只老猴子的身后。不知走了多久，来到一块非常平坦的山坳里，这几只猴子将草篓里的灵芝取出来，用前爪在地上刨一个坑，把一株灵芝种到坑里后再盖上泥土。如此重复，直到将篓里的灵芝全部种完才挂着草篓离去。孙思邈恍然大悟，这是猴子们在种灵芝！孙思邈如法炮制，除留了几株作标本外，其余全部种在地里并做好标记。这便是峨眉山著名的"灵猴种灵芝"的传说。

据传，《白蛇传》里的白素贞为救许仙的性命，秘密潜回峨眉山盗仙草，这仙草就是孙思邈所种的灵芝。

孙思邈在返回中峰寺的途中，发现中峰寺四周与他种灵芝之处的地形地貌、环境气候非常相似，便明白了菩萨的昭示。此后，他将在峨眉山采集的各种药材全部种植在中峰寺一带，因此，峨眉山中峰寺成为自隋代以来全国最大的人工药圃之一。后来，四川几所著名的大学都在中峰寺建立了中药种植研究基地，也是受孙思邈的影响。

孙思邈刚刚返回中峰寺，未及喘息，一位小沙弥便急匆匆来到他面前，着急地说道："我们师兄几人从洪椿坪返回中峰寺的途中，发现一处绝壁之下躺着一个满身血迹、生命垂危的年轻人，我们立即将他抬回中峰寺，请大师快快救治。"

孙思邈跟随小沙弥来到客房内，见床上侧躺着一个身穿褐色衣衫的青年，身中数箭，尤其是一支最要命的箭翎从前心穿透后背，鲜血顺着箭杆从箭头上不停地滴落下来。孙思邈见此情形，知道如果不及时抢救，这位青年的性命维持不了一个时辰。孙思邈迅速从药包里取出器械，先将穿心的箭头锯断，再在穿透后背的箭杆上涂上自己配制的药水，随即用手抓住箭翎，慢慢地将箭杆拔出，药水随着箭身的移动进入了青年的体内。孙思邈从药篓里取出一株灵芝草，命小沙弥煎熬成水，待伤口处理完毕后又用自己配制的药膏涂抹在伤口上进行包扎；最后撬开伤者的嘴，用汤匙慢慢地将灵芝水浸入他的口中。孙思邈一只手掰开伤者的眼皮仔细观察，另一只手把住腕脉宁神静切。渐渐地，年轻人呼吸调匀，心跳转稳，眼睛回神，面色转润。孙思邈见状长长地舒了口气，心想："这位受伤者生命力如此顽强，真是世间少有，一定不是凡夫俗子。"想到这里，他不由得对这位年轻人仔细打量起来。只见这位年轻人头戴一顶褐色羽冠，鼻梁挺直，嘴唇略微外凸，两眼非常清澈，如果不是经常登高望远之人，是绝不可能练就如此双眼的。突然，孙思邈心里一震：这双眼睛是那么的熟悉，那么的传神，那么的令人记忆犹新……正在神思遐想，只听耳边响起微弱的、虔诚的声音："救人一命胜造七级浮屠，真乃菩萨所为。小生蒙菩萨再造性命，无以报答，来日愿听差遣，赴汤蹈火，万死不辞。"

孙思邈见方才还在床上躺着的年轻人不知什么时候已悄然起身跪拜在他的面前，答谢他的救命之恩，心中大惑不解。他请年轻人起来说话。年轻人长跪不起，对着孙思邈说："恩公在上，小生原是峨眉山护山神鹰，因一时贪恋灵芝仙草而触犯天条，被放逐后又中猎人的陷阱，命中有此一劫，却不想为大师大慈大悲妙手所救，真是三生有幸。"

孙思邈说："当贫僧看到你的一双眼睛时，就已经恍然大悟了。但你不知道，正是你在舍身崖绝壁想要盗取的灵芝仙草救了你一命，你要报恩，就守卫峨眉山所有的灵芝吧！让这些灵芝世代繁衍，救苦救难，随佛普度众生。"

年轻人感谢孙思邈的点化和教诲，欣然从命，世世代代守护着峨眉山的灵芝仙草繁衍至今。后来，白娘子潜回峨眉山盗仙草时还曾与神鹰比法，却始终未能盗走灵芝，据说因药王菩萨孙思邈及时显灵，神鹰才赠送一株灵芝与白素贞，拯救了许仙的性命。

这便是峨眉山脍炙人口的"神鹰护仙草"的传说。

三

　　中峰寺一带海拔较低，气候温和，坡地平缓，雨量丰沛，土层深厚肥沃，阳光与云雾交替，月亮与雷电辉映，因此不仅十分适宜各类药材的生长，而且也利于对珍稀药种的驯化。

　　孙思邈在峨眉山收集的草药有上千个品种，全部种植在他的药圃中，他在这里开始了观察、培育、分析、比较、研究的工作。为了便于观察、鉴别以及研制丹药，他在中峰寺旁最奇异的"温凉泉"边的药圃中搭建茅棚居住下来，白天种药、采药、尝药，同时还要为求诊之人治病，晚上则经常到中峰寺附近的牛心寺山洞中炼丹修持。

　　牛心寺旁孙思邈炼丹的洞口。洞口高约 5 米，宽约 3 米，洞口和洞顶有明显的烟熏火燎的痕迹，岩石呈碎裂状。原来洞深 5 米多，洞内还有一岔洞，现已坍塌不见，洞外的碑文石刻亦荡然无存。

　　温凉泉堪称中峰寺的一大奇观，两个泉眼紧挨在一起，一个泉眼的泉水四季温暖，热气腾腾；另一个泉眼的泉水清凉甘洌，馨香弥漫。这两眼泉终年流水潺潺，浸润着中峰寺的万物生灵。这种奇特的自然景观是怎样形成的，至今仍然是个难解之谜。

关于温凉泉的来历，有一段鲜为人知的动人故事。

相传，左慈成仙之前曾在中峰寺结茅修行。一年遇大旱，峨眉山久未下雨，溪水断流，泉水干涸。一日他信步来到经常取水的泉边，看见成千上万只小动物在那里汲水，可是泉水流量太小，远远不够这些小生灵饮用，这种状况如果继续下去，过不了多久，这些动物都将遭到灭顶之灾。想到这里，左慈急忙回去拿出工具，紧挨这个泉眼举锄便挖。约莫几个时辰以后，一股暖流喷射而出，把左慈全身淋透。左慈伫立良久，任凭泉水洗涤，仿佛香汤沐浴一般。他感到十分惊奇，遂用手去触摸旁边的那眼旧泉，泉水冷凉清爽，而新开的泉眼则温暖无比。左慈赞叹道："一温一凉，真是神奇无比啊！"动物们蜂拥而至，汲饱水后心满意足地离去。此后，这里成了动物的天堂。左慈发现，鸟类喜欢汲取凉泉，而兽类则喜欢饮用温泉；受伤的动物用凉泉疗伤，幼小、病弱的动物用温泉擦身。见此情形，左慈便如法炮制，饮用凉泉而用温汤沐浴，以消除妄念。

孙思邈在中峰寺为人治病的消息像春风一样迅速吹遍了方圆百里。人们扶老携幼，结伴而行，前来求诊问药者络绎不绝，数不胜数。由于孙思邈医术高明，用药独到，病人痛苦地来，药到病除后满意而归。久而久之，人们便争相传说峨眉山住着一位药王菩萨，专门治病救人。继而，人们便将孙思邈画成像或者将药王菩萨的牌位供奉在神台上，一遇病痛和灾祸便香汤沐浴，烧香跪拜，请求药王菩萨显灵保护。据说，这一求诊问药之法在峨眉山一带流传很广，对民间风俗影响甚大。至今，峨眉山民间仍有一种风俗，即将家中病重之人或希望得到保佑健康的家人的姓名刻在木牌上，供奉在药王菩萨塑像前或牌位下。

自此以后，孙思邈开始进入炼丹修行的阶段。初时，孙思邈对选配各种药物炼制金丹十分着迷。他对照古人留下的大量丹方，一一研究筛选，然后用峨眉山的各种药材加以配伍，并在洞中设置丹炉数口，日夜炼制。

中国炼丹之术起于春秋战国时期，兴盛于秦初。秦始皇曾听信方术道师之言，迷信世间存在一种能使人长生不老的药，认为自己身为帝王，真身是天皇的儿子，受天旨下凡人间统领万物；天皇一定为自己准备了返回天宫或者永驻人间的"金丹"，只不过需要经过各种磨难方能求取。晚年的秦始皇对此荒谬的说法深信不疑，曾命全国的方士、真人遍寻仙丹良方，然后加以炼制，结丹成丸，朝廷给予重赏。此令一下，全国炼丹之术盛行，巫医方士大行其道，被奉为神灵。既然皇帝都在求取长生不老之丹药，百姓何不效仿？此风愈演愈烈，民间各种炼丹坊应运而生，一时闹得乌烟瘴气。

数年之后，秦始皇始终未能求得他为之梦牵魂绕的长生不老仙丹，因此终日不快，耿耿于怀。在连杀数位重臣之后，他仍然不能消除心头之怨。此时，大臣徐福投其所好，同时也是为了保全自己和全家性命，向秦始皇上奏，称在梦中得到仙人指点迷津，长生不老之丹在东方之海中的一处仙岛上，此岛遍长奇珍异药，地下有神泉仙石，用此配制炼丹方能大功告成。秦始皇听信徐福的妖言，按徐福提出的要求，派徐福率战船一百艘，军士五百人，同时船载三千童男童女和一年的给养，出海寻找仙岛，求取仙丹。徐福临行前在秦始皇面前立誓，愿用全族人的性命换取仙丹，如未能达到目的，全族人将投海自尽以谢皇恩。秦始皇准奏。徐福遂将全家老小及族人尽数装入船中，随船出海。

数月之后，徐福的船队抵达日本岛。大家欣喜若狂，一则如果寻觅到仙草良药炼制成仙丹，回去后定能获取重赏，大家都能高官厚禄，光宗耀祖，一生荣华富贵；二则如果仙丹炼成，大家近水楼台，先尝仙丹，可随始皇长生不老，福寿无量，永享富贵；三则如果未能找到仙草炼出仙丹，还可以永不还朝，留在日本岛，既可以免遭灭族之灾，又可以在此传宗接代，永续香火。

自然，实现的是后一种设想。

据说，徐福很早就听闻远离大陆的东海上有一座仙岛，那里居住着一群"倭人"（矮小的人）。此岛气候温和，物产丰富，是士大夫们向往的世外桃源。当徐福得知残暴多疑的秦始皇听信奸人的谗言，已经准备派他总督全国配方炼丹之事时，内心十分害怕。一日，徐福在床榻之上将他担心的事告诉了他最宠爱的小妾媪娘。媪娘是一位饱读诗书、通晓历史、足智多谋的奇女子，自幼随父亲骠骑将军媪同瞿征战沙场，养成了处变不惊、多谋善断的性情。媪娘的父亲参与荆轲刺杀秦始皇失败以后，全家九族遭到诛杀，唯年幼的媪娘因父亲的仆人以自己女儿冒名顶替，换得性命，后为徐福收养。因此，媪娘对秦始皇株连媪家九族的血海深仇铭记在心，发誓要报仇雪恨。徐福得知媪娘的遭遇后，十分同情，渐渐地，他发现此女子聪明绝顶，不但琴棋书画、诗词歌赋的造诣达到一定的境界，而且遇事沉着、足智多谋，让徐福很敬佩。久而久之，他俩产生了恋情，徐福遂取媪娘为妾。婚后，两人十分恩爱，相敬如宾。徐福大小事都要告诉媪娘，请她出谋划策，自己便依计而行。为此，徐福躲过了许多灾祸，徐福及全家人都非常感谢媪娘，对媪娘言听计从。那夜，媪娘听完夫君的话以后，沉思良久，然后微启朱唇，说道：

"监督炼丹是奸人设计害你，此路绝无生还之可能，结果是全族人遭灭顶之灾。但暴君主意已定，难以躲避，如果此时称病解甲归田或者装傻扮痴，虽能躲过一时，却终究躲不过奸人的连环计。但如果借机主动请缨，投其所好，然后设计避之，便能逢凶化吉，遇难呈祥。"

徐福忙问第二步棋该如何走。娼娘对着徐福的耳朵如此这般，悄语半响，徐福脸上阴云全无，笑逐颜开，连忙说道："爱妾计谋深远，老夫一定依计而行，家难可消矣！"遂十分缜密地上演了上面这出戏。

数年后，秦始皇得知徐福一去不复返，才知上当受骗，因而怒火攻心，病体更加沉重。但为了掩饰真相，免使朝廷蒙羞，秦始皇倒命人为徐福出海求仙之迹歌功颂德，以励后人。

纵观中国早期历史，不难发现，上至帝王将相、达官贵人，下至文人学士、庶民百姓都对炼丹之术十分推崇。在中国的传统文化中，始终充斥着对神仙的美好向往，把得到神仙和佛祖的保佑作为毕生的追求，将成仙成佛视为人生的最高境界。在中国漫长的历史发展进程中，不同信仰、各大流派兴起并不断发展壮大，正是这种文化背景下之必然产物。当人类抗御自然灾害的能力与大自然神奇的破坏力相比显得微不足道时，人们便觉得还有一种比人间帝王更具威力的上天在控制着世间万事万物，而天上必然存在着类似人间帝王将相及官吏组成的天廷。天廷之中的诸位神仙主宰着人们的命运以及人间的一切。人类的本性当中都存在着希望长生不老、与天地共存、与日月同辉的想法，古人认为这种超越自然的境界只有成为神仙、佛、菩萨才能达到。中国自春秋战国以来，炼丹术盛行不衰，便是源于对神仙的崇拜。虽然历代帝王、士大夫、方士、真人历尽千难万险寻觅仙丹都以失败而告终，但越是得不到的东西，诱惑力越大，这种神奇的诱惑力引发出根深蒂固的精神崇拜，以致人间代代相袭，锲而不舍地追寻炼丹成仙之道。

作为士大夫的孙思邈自然也不可能超越时代。一段时期，孙思邈曾沉溺于炼丹成仙之道，终日痴迷在筛选配方、炼制丹药的研究中。他将前人留下的各种丹方重复试验，同时根据自己多年以来对药理的研究，拟定了数百种丹方进行炼制。每一种丹药炼成以后，他都要亲自尝服，用自己的身体去验证丹药的效力。炼丹必须用雄黄、汞石做配料，峨眉山一带这两种原料十分稀缺，孙思邈只好求助于唐太宗李世民。太宗皇帝见到孙思邈的奏折后，立即委派两名宫廷御医率军士数十人、骡马百匹，送雄黄、汞石五十石上峨眉山。

现代科学已经证明，雄黄和汞石（水银石）因含有大量的重金属元素，对人体危害很大。

两名御医率领的马队自长安出发经成都，过嘉定，前往峨眉山，一路风餐露宿，疲惫不堪。他们走进峨眉山原始森林后，不辨东西，渐渐迷失了方向。正当他们准备原路返回，待寻找向导后再上山时，忽然发现前面的一块大石头上面站着一位鹤发童颜、神情飘逸的老道。御医们从老者仙风道骨的神韵上判断，此人肯定是孙思邈。二人遂上前施礼，道明来意，并送上皇上圣旨和带来的物品。孙思邈还礼道："二位大人一路辛苦了，贫道孙思邈感谢皇恩浩荡，还烦劳二位大人把雄黄和汞石放在大石头上，贫道有谢词在上，请熟记于心，面奏皇上。"

御医令众军士将雄黄、汞石放在石头上后，青色的石面上果然出现了金色的字迹，一读，乃是对皇上感恩戴德之词。他们读一句，字迹消失一句，读完全文，字迹全无。这时，孙思邈对着北方连拜三拜，然后拱手对二位御医说道："二位满载而来，绝不能空手而归，再劳烦二位给皇上带回贫道在峨眉山采集的奇珍异草，可保皇上安康。其服用的方法，已刻于骡马的背上，二位可以回去复命也！"

说毕，一阵清风过后，孙思邈和青石上的雄黄等物消失得无影无踪。众人回头一看，只见每一匹骡马皆驮了两大包药材，马的背上都刻有一个字，五十匹马共五十字，合起来刚好是一剂药方。此番皇命可复，二位御医大喜。可转念一想，孙思邈乃隋代人，算起来至今已二百余岁，据说他已经在峨眉山得道成仙，后悔没有向他乞求一粒仙丹，不然也可以长生不老，永享荣华富贵。想到这里，他俩捶胸顿足，长吁短叹，追悔莫及。

如今，那个存放过雄黄的大石头还伫立在中峰寺附近的森林中，放过雄黄的那一面，色如雄黄，山民们叫它"雄黄石"。

孙思邈历经数年配药炼丹以后，有一天终于大彻大悟。他发现洞中炼丹的熊熊大火将洞口数丈之内的所有植物全部熏死，多年寸草不生，一物不长；用所炼之丹长期喂养猴子，猴子不但身上的毛发全部脱落，而且不再繁衍后代，猴群呈现衰退的迹象。因此，他推测：炼制以后的丹药，是一种对生命有危害的慢性毒物。通过多年的实践，孙思邈没有发现丹药对人体产生好的效果，反而有害无利，所以，要依靠服仙丹长生不老是根本不可能的。

在经过痛苦的反思之后，孙思邈终于放弃了炼丹求仙之道，转而一心一意诵经修行，虔诚悟道，最后终成正果。

晚年的太宗皇帝派使臣前来峨眉山中峰寺向孙思邈求取仙丹，孙思邈要使臣转告皇上："世上没有能使人长生不老的灵药仙丹，生命永驻不是靠吃灵丹妙药可以实现的，而只能以修持之法，锲而不舍，虔诚悟道，方可能达到功德圆满的彼岸。"使臣将此话转呈耳顺之年的唐太宗李世民，一代明君感慨地赞叹："孙思邈真乃神人也。"

关于唐太宗向孙思邈请教炼丹之法，还有另外一种传说。据《道教神仙传》载：

太宗听闻孙思邈在峨眉山中炼丹修行日臻精进，除应孙思邈之求赠送大量雄黄、汞石外，还想亲睹孙思邈的神韵，并向孙思邈求取仙丹，于是遣使到峨眉山迎请孙思邈进宫。太宗见孙思邈年事已高，却鹤发童颜，仙风道骨，双目宛如童子，不禁由衷叹道："看来世间传说修炼长命之道并非妄传呀！"太宗继而向孙思邈请教炼丹之事。孙思邈说："世人学丹，或者因一时兴趣，或为追求名利，当然难有所成。我本山野之人，岂敢奢望羽化成仙之事？炼丹制药，只为治病救人，免遭外患，以尽天年。所制丹药，各有养魂魄、理腰膝、治脚气、镇心热等效果。至于起死回生、延年益寿的神功，那不是一朝一夕所能求得的。"太宗听完，大为叹服，从此打消了求取仙丹之念。

孙思邈当年用于炼丹的山洞如今垮塌淤塞了大半，人们代代相传，称之为"药王洞"。峨眉山目前为人知晓的山洞有上百个，洞中的石

相传孙思邈就是在这里炼成"太乙神经丹"的。炼丹用的雄黄把岩石熏成锈红色。清代蒋超在《峨眉山志》中写道："……方士多取此石煮服，以为能助精神。"下方坍塌的巨石，阻塞了另一岔洞。

头皆为青色，洞口四周草木丰润，唯有药王洞色泽红黄，岩石碎裂，不但寸草不生，连苔藓也难以繁衍。山民们说：祖上曾经留话下来，说这是因为孙思邈在洞中炼丹，这里长年被雄黄烟熏火烤。现在，不少到此探奇觅胜的游人都喜欢在药王洞中捡几块岩石或抓几把土带回家去，说是可以沾点药王菩萨的灵气，保佑家人健康平安。

据《峨眉山志》载，当年孙思邈用过的炼丹炉原存放在牛心寺内作为镇寺之宝，到了明代，被游山到此的川南道人李一鳌骗去，至今下落不明。

历代文人雅士来峨眉山都喜欢造访药王洞，并且怀着对孙思邈的崇敬之情，欣然提笔题诗留句。大文豪苏东坡当年探访药王洞，就写下了诗句："先生一去五百载，犹在峨眉西崦中。自为天仙足官府，不应尸解坐虻虫。"

四

话说孙思邈在中峰寺采药、炼丹时期，另外两位尊者相继来到峨眉山中峰寺附近结茅修行。这两位尊者，一位是茂真大师，另一位是智颉大师。

茂真大师与宋代在万年寺的另一位大师同一法号。他平日少言寡语，从不告诉别人自己姓氏名字，来自何方，年纪几许，几时出家，皈依在谁的门下。如果不是遇到孙思邈，也许他的身世永远是个谜。茂真经课之余最大的爱好便是独自长时间观棋对弈。围棋黑白两子在经纬之间的无穷变化，似乎蕴藏着宇宙、人生、佛学的真谛。茂真经常像入定般盘坐在棋盘前，两眼微闭，身体纹丝不动，远远望去，仿佛一尊雕像。有时，只见棋子在棋盘上飞来飞去；有时半晌才挪动一子；而更多的时候，几个时辰过去了，棋盘仍然原封不动。更为奇特的是，茂真下棋从不见其动手。棋盘是一块五丈见方的巨石，离他数尺之遥。棋子大如圆盆，黑子黑如碳精，闪耀着幽暗的冷光；白子白如凝雪，温润如玉。后来，地质学家们找遍峨眉山的所有矿藏，都没有发现传说中那种色泽的矿石。那么，茂真所用的棋子到底来自何方？那么重的石块如何搬运至峨眉山中峰寺的后山？棋子是加工后运来，还是运来后再加工？

茂真下独棋，仿佛从不需要与人过招。中峰寺的僧人每次路经茂真的茅舍前，都要伫立良久，十分好奇地观看他旷世难睹的对弈。有时，他们只能看到凝如雕像般的画面，有时却能见到整齐排列在棋盘两边的黑白棋子，神奇般地飞入棋盘，落下时竟然悄无声息。有好事僧人唤来两三人合力搬抬棋子，棋子却如落地生根，稳若磐石。大家争相传说，中峰寺后山居住着一位神奇的大德高僧，棋艺旷世未闻，神功十分了得，纷纷猜测他是从佛祖身边下界现身的菩萨。消息不胫而走，传遍全山。久而久之，中峰寺的僧众都尊称茂真的茅舍为茂真庵，将后来茂真在庵前修建的寺庙称为棋盘寺，将茂真弈棋的巨石改名为棋盘石。

如今，棋盘寺早已坍塌，而棋盘石依然立于寺前，仿佛在不断地向世人倾诉过去那一段神奇的经历。据说，那最珍贵的棋子被一伙流窜于南方丝绸之路的劫匪盗走，至今下落不明。有一位八十多岁的山民告诉笔者，他的曾祖父在清朝雍正年间向缅甸贩丝绸的途中，曾在云南大理一位富商的家中见到过被盗走的棋子。富商当时向他们炫耀，说是用重金购得峨眉山棋盘寺一位大德高僧——茂真尊者用过的棋子，黑白各一枚。他们在富商家中堂的神台上看到一白一黑大如磨盘的棋子，棋子的外沿清晰地刻有"峨眉山中峰寺茂真""孙思邈""智颛"等字迹。

至今，茂真曾坐过弈棋的石凳还温暖如玉，仿佛茂真刚刚离去。该石凳现存于中峰寺后山的茂真庵前。

智颛大师又称智者大师，祖籍颍川（今河南许昌），后迁至荆州华容（今湖北监利县）。有史记载，智颛生于 538 年，是佛教八大宗派之一天台宗的实际创始人。

智颛的父亲是隋代梁武帝时的一位将军。据说智颛七岁时随父母去寺院烧香拜佛，听寺僧读一遍《观世音菩萨普门品》便能一字不漏地背诵下来，智颛父母见其对佛经有如此慧根，便应允他长大以后随缘让他自己选择所要走的路。于是智颛在十八岁那年到长沙果愿寺出家，经过十多年的刻苦修行、学佛，后被金陵瓦官寺请往住持，深受僧众的敬仰和朝廷的器重。几年以后，智颛认为京城太过喧嚣，应酬繁多，不宜于继续向佛学更高层次精进，经过几次实地考察和对比后，他选中了离南京较近的天台山住锡。陈宣帝（569—582）敕留不住，为智颛的威德所折服，便将天台山划归智颛管辖，并赠给他五千两黄金用于修建天台山庙宇，后又赐两千亩良田作为寺庙的庙产，征用数百户百姓作为寺院的役户。有了这些庙产和人力以后，天台山的僧众可以得到充足的粮食和蔬菜供应，大家不再为衣食住行担忧，便可以静下心来修行。多年之后，陈后主曾多次遣使来天台山，敦请智颛大师回金陵讲经说法。智颛感到弘传佛法如果能不断地得到帝王的重视和支持，普度众生也就更加广泛。于是，在使臣第七次前来天台山敦请时，智颛随使臣返回南京。陈亡以后，智颛大师隐入山林，潜心修佛，云游四方，传经讲佛。当他云游到风景秀丽、神奇静谧的峨眉山时，听说原金陵妙相寺副住持淡然大师也曾在峨眉山中峰寺修行，便在此停留。智颛初在峨眉山中峰寺附近的白岩峰左侧结茅建庵，后又在圣水阁住下，潜心研究佛经。当时，中国的佛门中，南方偏重义学，北方偏重修持。智颛则将南、北佛教之所长结合起来，熔于一炉，首次把中国佛教的止、观、教合为一体，讲求止观并重、定慧双修，在中国佛教史上构成了一个完整的佛教宗派，智颛也因此成为佛学的一代宗师。

不奇难成史，无巧不成书。孙思邈、茂真、智颛这三位大师在隋朝末年都聚集到了以峨眉山中峰寺为中心的方圆两公里范围之内，这便使中峰寺在峨眉山佛教史上具有重要的地位。

天台宗创始人——智颉大师的衣钵塔。

一天，孙思邈专程到棋盘寺拜访茂真，见茂真正独自在棋盘石上下棋，半晌举棋不定。孙思邈一看盘中的棋势，才知黑白双方均已走入绝境，胜负非常微妙，稍有不慎，总有一方要输掉一半的子，而最好的结局是平局。看来茂真苦思冥想就是为了得到这个圆满的结局。孙思邈凝神静气，展开奇思异想。半个时辰以后，只见深爱手谈的孙思邈把手一扬，一枚白棋轻轻地飞落在茂真凝视的黑棋的一个劫上，顿时满盘皆活，胜负不分。茂真开怀大笑，站起身来说道："只有孙真人才有如此的奇招异术，想必这位定是药王菩萨孙思邈吧！"

孙思邈哈哈一笑："贫僧早已听闻茂真尊者棋艺高强，独步天下，今天有缘相识，真是幸会！幸会！"

这时，从他俩的身后响起洪亮的声音："妙！妙啊！妙！"孙思邈与茂真回头一看，同声叫道："智颉大师。"三人不由得朗声大笑。原来他们三人互相仰慕已久，不期在棋盘寺前相遇，也是缘分。随即，他们互道仰慕之情，均感相见恨晚。从此，他们三人经常在一起，不仅谈禅说偈，交流诵经学佛的感悟，而且连接经纬，切磋棋艺。不久，三人便互引为知己，成为莫逆之交。

孙思邈少时，父亲教他下过围棋，由于聪慧好思，棋艺迅速胜过其父。以后他又在长安与很多高手过招，胜多负少，渐渐再无对手，被誉为棋坛神童。孙思邈到峨眉山后，一直没人敢与他对弈。当他听说中峰寺后山住着一位棋坛怪杰，便有心结识，相互切磋，同时，也想检验一下自己的棋艺在持戒守定后有无长进。这样，他便抽空来拜见茂真，不期又遇到了神交已久的智颛。孙思邈一见到围棋便心痒、手痒起来。当三人寒暄过后，孙思邈提出要领教领教茂真的手段。茂真请智颛坐在棋盘石的旁边，请孙思邈坐在对面。孙思邈请茂真执黑先行，茂真也不客气，含笑用手轻轻一抬，一枚黑子悄无声息地落在天元上。孙思邈想：茂真布了一子初学者的阵法，也许想同自己下对子棋。连初学围棋的人都知道金角、银边、草肚皮，茂真在中间布子，有违围棋高手之争的忌讳。孙思邈一边想一边动心念，一枚白子飞出，稳稳当当地守住棋盘一角。双方你来我往，数手棋后，孙思邈感觉到不对劲，茂真的下法看似轻描淡写，其实是步步设陷，招招罗网。孙思邈使出浑身解数，力图摆脱困境。偏偏这时茂真又走出许多匪夷所思的怪招，孙思邈沉思的时间愈来愈长，可再怎样奇思异想也难以奏效。孙思邈抬起头来看了一下茂真，只见茂真双眼微闭，全身松弛，面目慈祥，仿佛入定一般。孙思邈心想：茂真竟然同自己下起了盲棋，全凭记忆和落子声来断定全盘棋的走势，自己已经是先输几招了。再低头看看棋盘上，自己的活子越来越少，棋才到中盘，自己的败局已定。孙思邈从茂真的棋路中看出茂真的智慧、涵养和性格，知他处变不惊、泰然自若的雅量，不仅具有大德高僧的修养，而且棋艺高深，非常人所能及。虽然自己当年被称为京城圣手，但在茂真面前也不堪一击，真是浪得虚名。想到这里，孙思邈对茂真的棋艺心悦诚服，准备推子认输。这时，坐在旁边的智颛对孙思邈说道："药王菩萨不必客气，认输尚早，茂真大师已为你留下活路，照此下去，这盘棋应该是一盘和局。"

孙思邈心里一惊，没想到智颛大师的棋艺也如此高深莫测，竟然能预知结局，真乃神人也！听到智颛的话，茂真睁开双眼说道："我们三人的棋术均在伯仲之间，思邈不必过谦也！"孙思邈定下心来，继续弈棋，结果基本应了智颛的判断，最后仅以一又二分之一子负于茂真。

此后，他们三人在修行之余，经常结伴弈棋或出游。晴天在棋盘寺前手谈，阴雨天则到棋盘寺后山洞中对弈。后来，人们将这个山洞称为"三仙洞"。这个洞现在仍然保持原状。由于三人不分彼此，经常由一人站在山峰上呼叫另外两人，被呼者一定回应并到约定的地点，后人为纪念他们之间的友谊，将中峰寺后面的那座三人经常站在上面互相呼叫的小山峰取名为呼应峰。

孙思邈、茂真、智颛经常相约于中峰寺谈经说法，不时在孙思邈的药圃中察看，了解药材的药性、长势，傍晚歇息在棋盘寺，品味孙思邈烹制的药膳，真可谓其乐融融。

当时，茂真患有一种病，每逢天气阴湿或雨季就周身疼痛、两腿红肿、关节僵硬、行动不便。其实，孙思邈从一开始见到茂真就不由自主地通过望诊知道他患有风湿病。

孙思邈开始为治疗茂真的风湿病采药配剂，精炼炮制。他采用各种方法让药物能够到达治疗的器官和部位，再辅以针灸、穿刺、浸泡、蒸疗排毒等方法。但是，辨证施治在茂真身上收效甚微。孙思邈惶惑起来，不断地琢磨，依自己的医术和峨眉山的奇草异药，应该疗效显著，可是，两个多疗程过去了，茂真的病症并没有像设想的那样明显好转。这里面一定还有疑点。想到这里，孙思邈打坐入定，慢慢地进入一种更加静谧的境界。冥冥之中，只见一只白象鼻卷一盒锦匣放在孙思邈的面前，然后悄然而去。这时，锦匣自动打开，上书"一心解难，一草除垢"八个大字。孙思邈恍然大悟。茂真的顽疾，病灶已在心灵深处郁结多年，只要打开顽障，再辅以一味草药，便能够收到奇效。同时，这八个字也是对自己的点化：自己修行多年，假如连佛门中的兄弟都不能救度，何以面对天下苍生，又何以实现普度众生之愿呢？这也是自己修行必须要逾越的一道屏障。那么，与其说是为茂真除疾，不如说是为自己参禅悟佛再开一扇法门。

孙思邈将自己的感悟向茂真和盘托出，并转达了普贤菩萨的开示，请求茂真大师成全。

茂真其实也在等待这一缘分的到来，因为多年以来的顽疾让他遭受了许多心灵上、精神上、肉体上的磨难和痛苦。他到峨眉山中峰寺结茅修行，就是为了拜会孙思邈。起因是一次入定中，目犍连（佛祖的十名常随弟子之一，被称为"神通第一"）告诉他，如要功德圆满，修炼成佛，必须要到峨眉山寻找孙思邈，既点化孙思邈，又消除自身的顽障。通过这一段时间同孙思邈的相处，他发现孙思邈已经达到菩萨境界，离修成正果不远了。他愿意用自身度化孙思邈精进，同时也使自己得到佛佑，使修行的航船能够顺利地到达彼岸。

一个月华灿烂的夜晚，茂真在中峰寺向孙思邈敞开了尘封已久的心扉。

茂真本姓陈，名品高，父母给他取这个名字含有希望他品格高雅的意思。茂真的父亲陈泰光原是隋代开皇年间的进士，在任翰林院编修期间，因学问高深和为人谨慎，被封为太子太傅，也就是太子的老师，专门教太子的文史经学。由于他的教学方法比较灵活，太子越来越喜欢这几门学问。太子被古代帝王将相的治国术、御人术、政治权谋等吸引，经常把现实与历史相比较，与陈泰光讨论治国大计。太子与老师陈泰光的友谊和感情也与日俱增。太子经常将自己的一些奇思异想告诉陈泰光，而这时的陈泰光也开始得意忘形起来。殊不知这件事让太子的另一位老师胡崇礼看在眼里，记在心里，因为太子在学习博物学课程时经常注意力不集中，有时甚至一边听课一边翻看史料札记。说来也凑巧，一日，皇帝悄悄看太子读书，见此情形，对胡崇礼大为不满，当面训斥起来，认为如此放纵太子，必将误国害民。在送走太子后，胡崇礼向天子告了陈泰光的歪状，道：

"陈泰光经常蛊惑太子提早掌权，导致太子行为十分不谨慎，随意褒贬时弊，狂妄地指责和讥讽当朝大臣。如此下去，今后谁还愿意辅佐太子治国？尤其让人担心的是，陈泰光经常将朝野之中擅长玩弄阴谋诡计的年轻学士带入皇宫，太子与他们谈得十分投机，大有相见恨晚之感。群臣中早已传开，太子为了提前掌权，在陈泰光的唆使下竟然拉帮结派，结交异人，发展下去必然会结党营私，使皇权受到挑衅，皇威受到影响。更为严重的是，太子过早插手御林军和朝廷军机事务，在军中安插亲信，培植党羽，试图将军队掌握在自己手中。一旦太子羽翼丰满，时机成熟，就可能危及皇权，其后果不堪设想。"

听到这些，皇帝心中大为震惊，没想到他赏识的陈泰光竟然提前做起了皇太师的梦。但转念一想，此事不能偏信，有可能此人妒贤嫉能，恶意中伤。皇帝不露声色，只对胡崇礼说道："朕知道了，不得传与外人，下去吧！"

胡崇礼知道光凭自己的上奏是难以让天子相信的，于是苦思冥想，终于想出一条毒计。他到皇帝最宠爱的李贵妃面前诉说，皇帝近来对太子大为不满，曾经产生过废旧立新的想法。李贵妃为皇帝生了一个儿子，是六皇子。孩子一生下来，众人皆说极像其父，有帝王之相。皇帝也十分喜欢这个排行第六的皇子，视为掌上明珠。六皇子长大后高大魁梧，英气逼人，皇帝让他习武从军，虽年纪轻轻却屡立战功，在军中享有较高的威望。后来，皇帝令他率军镇守北方。李贵妃曾抱怨说六皇子生不逢时，被太子埋没，犹如阴霾蔽日。李贵妃听了胡崇礼的蛊惑后十分高兴，随即请教如何才能将太子废除，立自己的六皇子为太子。胡崇礼献计说，他已经串通好了兵部的一名侍郎，此人是自己的门生，十分可靠，只要利用他抓住太子干预军机的把柄，就会大功告成。李贵妃于是同胡崇礼狼狈为奸，密谋陷害太子。

一日，皇帝收到军机处一份奏折，称太子擅自调动军队，准备起兵包围皇宫，实行兵谏，逼皇帝提前让位于太子，如果皇帝执意不交出皇权，则强行登基，将皇帝软禁起来。奏折上还说太子已在自己的宫中让人备好了登基用的皇袍、皇冠以及相关物品，随奏折还附了一份太子为调遣军队写给军中几个亲信的密信。

皇帝大怒，随即下令刑部查抄太子府。当御林军从太子宫中查出只有皇帝登基才能使用的物品时，太子茫然不知所措。在御林军将太子党羽押入刑部大牢时，太子才如梦初醒，明白是有一股庞大的势力在陷害自己，目的是争夺皇位。太子后悔没有听信陈泰光的劝告，在对方阴谋尚未得逞时抢占先机，先发制人。如今木已成舟，怪自己心慈手软，后悔晚矣，只能听天由命，任人宰割。只可惜这一大批跟随自己将来准备治国创业的贤臣良将，只因自己一时的优柔寡断，葬送了身家性命和美好前程。

庭审时，太子据理力争，竭力为自己和相关之人鸣冤叫屈，无奈人证、物证俱全，太子等人最后以篡逆之罪受到最严厉的处罚。据史料记载，太子被废黜以后流放并软禁于闽江一个废弃的行宫中，一年过后断了音信，下落不明。这便是隋代太子党争的一段惨淡历史。

茂真的父亲陈泰光被拘后泰然自若，在牢中写下了三万多字的申诉奏折。只可惜，当狱吏将陈泰光的奏折几经周折交到皇帝手中时，陈泰光已在五天前于京城西市的十字街头被斩首。

皇帝亲阅陈泰光的奏折后，终于明白这是一起自他当朝以来最大的冤案，而且是自己的亲生儿子之间为争夺皇位而上演的一出人间悲剧。他再也经不起这种沉痛的打击，禁不住泪雨滂沱，失声痛哭。

为了弥补过失，皇帝传旨赦免太子党，不再株连九族。

茂真在父亲遇难时只有八岁。母亲看到京城暗藏杀机，实在住不下去，为了保存陈家唯一的血脉，只好去投奔在湖北长江边的一位远亲。茂真的母亲带着全家老小十多口人，经陆路到巴州，然后乘船下行。当船行至瞿塘峡时，船底突然漏水，迅速下沉。母亲眼疾手快，抓住一块船板，一只手拉住茂真，说道："船定是被奸党派人凿坏，高儿一定要牢记娘在途中给你讲的话，发奋读书，求取功名，清除奸党，报仇雪恨。"茂真点点头。仇恨的种子已经深埋于茂真幼小的心灵中。这时，一个大浪打来，船顷刻沉没。母亲将船板推给茂真，在汹涌的急浪中挣扎着，高声呼喊："高儿牢记家仇……"话未说完便被翻滚的激流吞没。

茂真死死地抱住这块船板，在江水中不知漂流了多长时间，在又冷又饿、快要失去知觉时，被江边打鱼的渔民救起。渔民见茂真是一个孤儿，便将他收养了。

茂真跟随养父母靠打鱼为生，长年累月住在船篷之中。由于江边十分潮湿，过惯了北方生活的茂真很快患上了渔民常见的风湿病，而且症状逐年加重。

养父母没有文化，见茂真知书达礼、聪慧俊雅、勤快能干，而且十分孝顺，都非常喜爱他，视如己出。闲暇之余，茂真经常给养父母背诵诗文，讲历朝历代的故事，给老两口平淡的生活增添了许多乐趣。每当太阳西下，茂真都要望着遥远的天空发呆，一言不发。养父母见这么聪明的孩子长期漂泊在江上，也不是个办法，遂省吃俭用，将茂真送入当地一家书院读书。

由于天资聪颖，勤奋好学，加上亲生父母悲惨的遭遇，立志雪恨的信念在激励着他，茂真很快从湖北的士子间脱颖而出。在二十岁那年通过层层考试，中了进士，被御笔钦点为中枢院郎中给事。

茂真见养父母年事已高，体弱多病，尤其是严重的风湿病导致二老行动不便，十分痛苦，遂将他们接到京城家中，颐养天年。

京城的许多王公大臣见茂真少年得志，料想他今后必将大展宏图，便纷纷前来巴结他。一些皇亲国戚派人向茂真提亲，想招他为乘龙快婿。这时，茂真的风湿病越来越严重了，全身的关节经常疼痛难忍，中枢院郎中主事见状，便劝其上太医院诊疗。但他不知道在茂真的心中有着一个坚定的信念，那就是"家仇不报，奸党不除，决不疗病"。心灵的煎熬、肉体的折磨时刻提醒着茂真不忘生母的重托！

久而久之，这种身心顽疾便固化下来。如果不是后来遇到孙思邈，恐怕这个顽障将会伴随茂真一生。

茂真在供事中枢院后，兢兢业业，勤勤勉勉，深受郎中主事蒋和的赏识，蒋和经常设家宴款待茂真。在你来我往的接触中，茂真发现蒋和为人正直，疾恶如仇，在京城中是一位难得的清官。并且，蒋和也是进士出身，除人品正直难能可贵之外，对诗词歌赋、琴棋书画亦造诣颇深，堪称一代大师。不久，他们便成了忘年之交，仕途知己。每次茂真到蒋和府中，都见到摆在棋盘中的围棋，好似蒋和刚同什么人对弈过留下的残局。蒋和见茂真疑惑，便对他说："这是老朽在独自琢磨古代大师们留下的珍珑棋局。"

茂真随即兴趣盎然，与蒋和手谈起来。但茂真以幼时跟父亲学棋的那点底子，根本不是蒋和的对手，数个回合便败局已定。茂真深感惭愧，发誓要苦练棋艺，以便有一天能与蒋和抗衡。一天，茂真在回家的路上，见一个戴着斗笠、身披蓑衣的老者在他家左侧一处僻静的墙根下席地而坐，看上去像乞丐，只是不看往来行人，仅专注面前一盘围棋的残局。茂真这段时间正对围棋十分着迷，见此情形便走过去观棋。棋盘的边缘有四个小字，细细辨认是"以棋会友"。茂真十分好奇，便蹲下来与老者对弈，谁知没一会茂真便大败。两盘棋以后，老者收起棋，迅速离去。自此，每天茂真办完公务回家，老者都在墙根处等他下棋，风雨无阻，但是只下两盘，从不多下。茂真见老者一直不开口说话，也不便询问，只是觉得老者的棋艺深不可测、变幻无穷，远在蒋和之上。每当茂真同老者下完棋后又到蒋和府中对弈，蒋和都会发现茂真的棋艺突飞猛进。蒋和甚为奇怪，心想自己虽然号称京都棋王，照此下去恐怕不久也会与茂真打成平手。数月之后，茂真与老者手谈渐渐得心应手，在老者让子的前提下也偶有小胜。一次对弈，茂真在老者不让子的情况下胜一场、负一场，老者站起身来，开口说道："后生可畏，棋道已成，望好自为之。"说完从怀中掏出一本手书棋谱，连同地上的棋子、棋盘一并赠给茂真。不待茂真称谢，老者一转身便消失得无影无踪。茂真怅然若失，直到这时也没有完全看清这位老先生的尊容——他的脸总是藏在斗笠的阴影之中，当然更无从知晓这位老者的真实身份。

茂真闭门谢客，在家中潜心攻读老者给他的棋谱，只觉得受益良多，对围棋的感悟有了质的变化。终于有一天，茂真到蒋和府中下棋，十分轻松地获胜，令蒋和百思不得其解，心里十分纳闷。才半年时间，茂真按现在的水平，完全称得上顶尖高手，其中肯定有非常特别的原因。见蒋和疑惑不解，茂真便将经过和盘托出。蒋和闻言失声大叫：

"此人肯定是消失多年的'棋圣'！快领老夫速速相见。"

他们在茂真与老人平时下棋的地方连续等待多日，却始终不见老人露面。蒋和赞叹茂真德行不浅，连素昧平生的归隐之人都要现身点化茂真，真乃奇事。

一日，蒋和与茂真在蒋府后花园饮酒，情不自禁地吟诗唱和起来。这时，走来一位神秘的蒙面之人，仆人说他指名道姓要与茂真切磋棋艺，茂真乘着酒兴欣然应允。蒋和拿来围棋，居中观战，两人在石桌两边坐下，来人斗篷黑纱蒙面盖脚，将手也藏于袖中，以纸扇扇柄代手，在盘中布棋。一经交手，茂真发现来者不善。这位蒙面者棋路虽平淡无奇，但是陷阱重重，罗网密布，下手看似绵软无力，布局却巧夺天工，有四两拨千斤的功夫，总能化解茂真的奇招妙术。茂真不敢懈怠，全神贯注，全力拼杀，最后却只获小胜。茂真不胜感慨，站起身来正待拱手致意，却见对手除去面纱斗篷，一位绝色女子亭亭玉立地站在面前向他施礼。茂真看得呆了，手足无措，窘得语无伦次，不知怎样称谓。这时，蒋和在一旁说道："此女是老夫的独生女儿蒋雯，因仰慕你的棋艺和人品，化装前来拜会，以期公平对弈，印证老夫时常在她面前的赞许之言。"

原来，蒋雯天赋甚高，自幼学习诗词歌赋、琴棋书画，尤其喜爱围棋。她的棋艺很快胜过父亲。她的书法文章亦十分出色，曾瞒过父亲，化名化装混入考场，会试居然考取前二十名，只是未去接旨，朝廷便也不了了之。父亲后来知道此事，感叹说："青出于蓝，胜于蓝，可惜你是女子，否则应成为朝廷的栋梁之材。"蒋雯才貌双全，傲视当朝年轻学子，因此，直到二十五岁仍然待字闺中，闭口不谈婚嫁。蒋和在与爱女下棋的过程中，时常谈起茂真的为人和学识，蒋雯倾慕不已。她曾在茂真与父亲对弈时躲在书房内详细地观察过茂真，见茂真仪表堂堂，一身正气，儒雅端庄，举止得体，便动了心。在其父的撮合下，她以自己的终身大事为赌注，如果茂真的棋艺能够胜过自己，便以身相许，如果自己战胜茂真，则再等待下去。

茂真全然不知其中奥秘，只是看到蒋雯如此美丽，棋艺如此之高，仿佛天仙下界一般，仰慕之情油然而生。正当踌躇之际，只听蒋和又说："爱女至今尚未婚嫁，如不蒙嫌弃，望茂真与之结为秦晋之好。"茂真大喜，连忙拜谢蒋和成人之美。

茂真与蒋雯婚后相敬如宾，琴瑟和鸣，相互交流切磋共同的爱好，双方都沉浸在无比的幸福之中。人们称赞他们天造地设，是前世修来的福气。

话说蒋和为人刚直不阿，厌恶奸人当道。他看到国家衰败，庶民遭罪，便经常在上朝时当着皇帝和群臣的面，慷慨陈词，针砭时弊，被奸党们视为眼中钉、肉中刺，意欲除之而后快。在一件考场舞弊案中，身为副考官的蒋和遭奸人陷害，被贬去所有官职，在流放去北方的途中含冤客死他乡。茂真在这个案子中也无辜受到牵连，被朝廷充军发配至南方边关。茂真眼看旧仇未报又添新恨，怒火攻心，从此一病不起，加之旧疾发作，整日痛苦不堪。

蒋雯遭此巨大打击，身心憔悴。为了洗清父亲和夫君所遭的不白之冤，她到处托父亲生前好友帮忙。但世态炎凉，过去趋炎附势的同僚为了保全自家不受连累，纷纷拒绝为蒋和与茂真说情。蒋雯连日奔波，疲惫不堪，感染风寒后，沉疴泛起，不几日便含恨离世。

茂真亲眼看到身边的亲人一个个离去，母亲的遗志还未及实现，自己又陷入党争，无缘无故成了牺牲品。他深深地感到自己是如此的渺小，仕途是如此的险恶，国家是如此的破败，民众是如此的柔弱，要靠个人的抗争来锄奸灭害、匡扶正义，在这种奸臣当道、皇帝昏庸的时代里犹如以卵击石，痴人说梦，遂看破红尘，拄着拐杖悄然离开长安，出家为僧。

茂真离开京城之后，过着一钵千家饭、孤身万里行的生活。一套僧衣，一双僧鞋，涉水登山，风吹日晒，走遍大江南北，像闲云野鹤一样，有时在大丛林挂单，有时在山间路边露宿。身心的痛苦都在磨炼他，是佛的指引使他得到精神上的超脱。他虚心参访各方大德高僧，向他们求道问真，也随缘在各地说法，向众生普施法雨。

茂真像一个修头陀的苦行僧，但不少僧人见他气宇不凡，学识渊博，对他的身份表示怀疑，认为他是不愿显行的高僧。有好些寺院想请他做住持，他都婉言谢绝，最后历尽周折来到峨眉山。

当茂真向孙思邈讲述完自己的身世后，只见一轮红日在窗前冉冉升起，将整个中峰寺照耀得金光灿灿。朝阳的窗口这时突然闪现出一道佛光，圆形的彩虹中，普贤菩萨端坐其中，仿佛向孙思邈和茂真颔首示意。顿时，一股暖流传遍二人全身，不知不觉中他们盘腿腾空而起，慢慢地飘向窗外。当他们目送着佛光远去之后，回头一看却发觉自己竟坐在呼应峰上。孙思邈望着此时茂真孩童般纯真的脸，发现过去灰白、蜡黄的脸色已经荡然无存，光洁、红润的脸庞表明内心的郁结已经打开，心灵的顽症也已消除。接下来，便该孙思邈寻找一味用于除湿的良药，治愈茂真身体的顽疾。

一天，孙思邈上山采药，只见一只鹳歪歪斜斜地飞来，站在离他很近的岩石上，停立片刻后又步履蹒跚地沿岩石的边沿不停地寻找起什么来。鹳的羽毛由灰、白、黑三种颜色组成，嘴长而直，形状像鹤。孙思邈从这只鹳的飞行动作和行走神态判断，这是一只患病的鹳。这时，鹳在岩石缝中不断地啄食一种不知名的草。孙思邈见状甚为惊奇。这种鹳长年生活在江河、湖泊、沼泽附近，以鱼、虾、螃蟹等水生物为食，而这只鹳怎么会带病从水边飞到森林中来寻食一种草？他猛然想到，许多飞禽走兽生了病，都是自己找药吃的，这是自然界的智慧。鹳常年栖息在江河、湖泊之畔，它们是怎样抵御湿气的侵袭而不患风湿病的呢？难道它们就是靠寻食某种草药吗？世间的动物都是非常具有灵性的，这只鹳是否在向自己昭示着什么呢？于是，孙思邈在鹳飞走后，将它啄食过的这种草采集起来熬成汤，先在自己身上试验。孙思邈喝下一碗药汁后，打坐入定，感受其在体内的走向，以判断疗效。不一会儿，孙思邈明显地感到筋通脉活，一股酥麻之气在全身弥漫开来；过后，又有一股暖气冲向七筋八脉，并沿着骨骼回旋；最后全身开始燥热，皮肤表面的毛孔张开，排泄出一层如雾状的体液。孙思邈知道，此药正是自己寻找多时、可治疗茂真寒湿病的一个单方。

孙思邈重返山林，采集了很多这种草药回中峰寺熬制成汤，让茂真每天服用多次。不久，茂真筋骨舒展，关节疼痛完全消失，身手灵活自如，脚力矫健，体魄完全如健康的年轻人一般。

病好以后的茂真持戒守定，诵经学佛更加虔诚、勤勉，修行更加精进，德行达到更高的境界。为了纪念他和孙思邈的奇缘，也为了实现他的夙愿，茂真又开始云游四方，设坛讲经说法，用化缘积攒的银两，重新修建了已经十分破旧的中峰寺，并在寺中铸孙思邈塑像一尊，供奉于后殿的正堂前，上书"药王菩萨殿"，以便更多的信众拜谒药王菩萨孙思邈，也让孙思邈的威德度化、保佑众生。如今，虽然茂真所塑的孙思邈佛像已经毁于明代的大火，但现存的中峰寺大殿内还存有药王菩萨的宝盖，宝盖下印着"药王菩萨"四个字，殿内还供有后人重塑的药王菩萨像。

在现今的佛教体系中，药王菩萨又称"药师佛"，亦称"大医王佛"。其典型形象为左手持一个盛甘露的钵，右手以拇指和食指持一药丸。左胁为日光菩萨，象征光明；右胁为月光菩萨，象征清凉，合称"东方三圣"。药师佛就是要解众生灾病，保佑众生一生平安，吉祥康泰。

茂真在重建中峰寺以后，突然去向不明。有两种说法至今还流传于民间。其一，茂真在中峰寺重建竣工的那一天对孙思邈讲，普贤菩萨要他赶去佛国，他得马上离开，特向孙思邈告谢。说完，茂真的肉身坐在蒲团上气息全无，安然圆寂，而他的真身却归去了佛国。孙思邈双手合十，默默诵经，为茂真尊者送行。其二，茂真于中峰寺重建竣工的那一天悄然离开，继续云游四海。若干年后，还有他在贵州、云南、两湘等地传佛的足迹和记载。茂真在人世间究竟活了多少年，谁也无法考证。

孙思邈为治疗茂真顽疾采集的草药，后经人们改制成膏剂和丸药，用于治疗风湿，已成为峨眉山独特的中药，现在依然非常受欢迎。

再说孙思邈见年长的智顗大师经常彻夜研究佛经，著书立说，恐他积劳成疾，便在圣水阁的泉水池四周种植多种草药，嘱咐智顗用池里的泉水熬制，平时当茶饮用。这眼泉周围遍布草药，久而久之，泉水逐渐变得碧绿青幽，晶莹剔

圣水阁的泉水。孙思邈曾在这眼泉周围遍植仙草，让智顗大师饮用。此泉清凉甘甜，饮后唇齿留香，神清气爽。据载，唐人吕洞宾饮用此水后之大加赞赏，题写"大峨"两字。北宋时著名神仙陈抟题"福寿"两字。侧面还有"云外流春"，为苏东坡所写。

透，清香扑鼻，沁人心脾。智顗无论用其熬制药茶，还是立取即饮，都能在服用之后遍体清爽，周身舒坦，倦怠之感一扫而光。方圆数百里的

乡民闻讯后纷纷前来取水用于救治病人，将之奉为神泉。后来，圣水阁又被人们称为神水寺。

智颉大师在峨眉山修行数年后，回到湖北省玉泉山，在东汉普净和尚结茅庵的地方创建玉泉寺。传说智颉有一次在玉泉寺病倒，当地数位良医诊疗很久，丝毫不见起色。后来龙女得知此事后，专程到神水寺取来泉水予智颉饮用，才使智颉病好如初。这便是佛教历史上非常著名的"神水通楚"的故事。

孙思邈在茂真和智颉相继离开峨眉山后，收了两名徒弟，一名是中国历史上著名的金丹大师孟诜，另一名是"初唐四杰"之一卢照邻。这两名徒弟在中峰寺跟随孙思邈修行数年，据说其医术和丹道深得孙思邈真传，在历史上声名显赫。

卢照邻是幽州范阳（今河北涿州市）人，未满十岁便善写诗文，二十岁调往益州（今成都）任新都尉，在任期满后专程到峨眉山中峰寺正式拜孙思邈为师，与王勃等人过往甚密。后来，卢照邻为其师校印出版医学名著《千金方》《千金翼方》等。

孙思邈一生到底活了多少岁，至今都各说不一。在不同的史料记载中，有的说活了两百多岁，有的称活了一百多岁。据宋代僧人撰写的《湘山野录》记载，在宋代，孙思邈还在成都一带现过形，神助慈悲的有缘之人。宋徽宗曾封孙思邈为"妙印真人"。按此推算，孙思邈竟活了四百多岁。这些传说之中自然是寄托着人们美好的愿望，有神化的成分，但仍能表明孙思邈为传统医术、药学做出的贡献和为广大民众所造之福、所行之善。

传说，孙思邈成仙以后，曾多次在峨眉山现形。峨眉山的药农口耳相传，说他们的祖先在峨眉山采药途中遇到过白发、白须、白衣、白衫的孙思邈，每当他们遭遇生死之难时，孙思邈都会显现在面前，救苦救难。因此，峨眉山的药农世世代代家中都供奉着孙思邈的塑像或牌位。

药王菩萨孙思邈在中国佛教史上名垂千古，彪炳史册。

旷世神僧——别峰禅师

从成都昭觉寺传来令人十分震惊的消息，十年前昭觉寺派往印度热那寺讲经说法途中圆寂的别峰禅师，已经从成都启程，不几日将回到峨眉山中峰寺。

当别峰禅师的师父、中峰寺住持密印大师手捧成都昭觉寺送来的信件，确认这一传闻的真实性后，立即召集全寺众僧，宣布了并非讹传的消息。众僧交头接耳，议论纷纷。一时，大家心中充满了巨大的疑惑。从湖南到中峰寺出家修行的圆融和尚忍不住向密印大师提问："请问师父，别峰禅师十年前就已经圆寂，当时成都昭觉寺传来别峰圆寂的信件就是由弟子送到师父手上的，众僧在师父的带领下，为别峰连续作了七七四十九天的法事，为何十年之后，别峰依然健在？莫非他已经转世？请师父开示！"

此话一出，佛堂内鸦雀无声。大家翘首看着密印大师，希望他们的住持能将这个谜底解开。这时，只见密印双手合十，双眼微闭，面带慈祥，口中念念有词。约莫半个时辰以后，密印睁开双眼说道："我佛慈悲，让别峰从西天归来，天机不可泄漏，大家歇息去吧！"

众僧云里雾里，面面相觑，不知住持大师究竟讲的是什么意思。只有密印的几名常随弟子若有所思，仿佛领悟到什么。

不管怎么说，别峰禅师的肉身死后十年又复活，并且很快将回中峰寺，这确实让众僧感到非常神奇和不可思议。

一

引起中峰寺众僧惊疑的别峰，是南宋时峨眉山中峰寺一位著名的禅宗大师。据史料记载，他博采禅宗五家——沩仰、临济、曹洞、云门、法眼各派之长，将临济、曹洞这一刚一柔两个最适合中国人思维方式的禅宗流派在峨眉山与净土宗、天台宗融合，使佛教在峨眉山进一步弘扬，远播四方，形成流传不息的法脉，至今长盛不衰。

别峰是四川龙游（今四川乐山市市中区）人，俗名李宝印。其父李法儒在宋朝是乐山的一名秀才；祖父李汝昌做过嘉定（今四川乐山市，唐朝时称嘉州，宋朝称嘉定，明代后又称嘉州）盐政使的师爷，后又操持过淘金业。李家家中殷实，堪称嘉定一代富商。

李汝昌不仅涉足淘金业，而且还在乐山苏稽一带购置大量田产，雇用当地村民为其栽桑养蚕，用运盐船捎带茧子，顺江而下销往宁、沪一带，有时还转道销往日本和欧洲。李汝昌的生意越做越大，他希望儿子李法儒继承家业，给李家子孙后代留下宏大的基业，光宗耀祖。但李法儒从小喜欢舞文弄墨，厌恶经商。他常引用学堂老师的话对父亲讲："世上最奸诈之道莫过于经商，古有无商不奸、无奸不商之说。历代士大夫们都唾弃从商，认为商人与盗匪如出一辙，差别无外乎前者是暗夺，后者是明抢。所以，孔孟之徒应崇礼学，厌铜臭，对商事不屑一顾。"

李法儒原名叫李银来，其父取此名是希望儿子拥有更多的财富，银钱像洪水一般滚滚而来。李汝昌虽然十分富有，但对人很悭吝，整天都在打小算盘。李银来的同窗经常讥笑他财迷心窍，为富不仁。懂事以后，李银来对父亲给他取的这个俗不可耐的名字感到羞耻，但又不敢对威严寡言的父亲直言他的苦恼，只好经常悄悄拿些家中的东西接济穷人，以多做善事来排解胸中烦恼。久而久之，龙游一带的人都称他为"李善人"。

一日，李银来课学之余，到城隍庙里去玩，见几个流浪儿又冷又饿，紧紧挤在墙角瑟瑟发抖，他摸遍全身没找到一文钱，便独自跑到岷江边上钓鱼，想弄几条鱼给几个孩子熬一锅鱼汤暖暖身体。隆冬时节的岷江，岸上积了厚厚的一层雪，江面上结成了一片连绵不断的薄冰。李银来捡起一块鹅卵石投入水面，只听得"咔嚓"一声，清澈的江水从凿开的冰洞中涌上冰面，迅速地弥漫开来。不一会儿，只见几尾小鱼在冰洞中探头探脑地游来游去。李银来挂上蚯蚓，轻轻将鱼竿一弹，鱼饵连同浮漂准确地落入冰洞。鱼饵尚未沉底，一条一尺来长的鲤鱼迫不及待地咬钩了。李银来赶紧用力一提，鱼顺着线跃出了冰面。鱼儿拼命挣扎着想回到水中，左蹦右跳，无奈被钩得牢实，仍被拉向岸边。李银来满心高兴正准备取鱼，突然背后响起清晰悠长、发自丹田的声音：

"救人一命，胜造七级浮屠，鱼，与人同焉！请小施主慈悲为怀，放此鱼一条生路吧！"

李银来顺着声音看去，只见一位老僧双手合十站在岸边，棕黄色的僧衣在寒风中飘动，面容慈悲祥和。老僧的旁边放着一只木桶。老僧见李银来停手，便提着桶走到水边，用石块在冰面上凿开一个大洞，接着将桶中所装的东西慢慢地倒入江中。李银来定睛一看，无数条鱼儿、螃蟹、虾和几只鳖正沿着倾斜的木桶跃入江中。当江水平静后，有一只碗口大小、青色的鳖又爬上冰面，对着老僧点了几下头。老僧轻轻地连声说道："去吧！去吧！"李银来听着老僧的声音，感觉那仿佛是对自己亲人的依依不舍而又十分关爱的嘱咐。老僧的举动拨动了李银来的心弦，他突然意识到这是他生命的旋律。李银来感到老僧不是在对那只鳖说，而是在对自己说。李银来被一种巨大的幸福感笼罩着，一股暖流从心灵深处传遍全身，好半晌才回过神来，迅速将鱼钩从鱼儿口中拔出，双手捧住鱼儿送回刚才老僧放生的冰洞中。转身时,已不见那老僧,四顾茫茫,空无一人。李银来怅然若失,只好默默地提着鱼竿往家走。走着走着,发现路有些异样,原本非常熟悉的房屋、树木竟然不见了。他继续走,越来越陌生,冰河渐渐成为一条流动的小溪,溪边绿草茵茵,树木葱郁。他穿过树林,只见面前一条石板路,平整干净,顺路走到尽头,是一座非常幽静的寺院。李银来十分好奇,不由自主地推门而入,这时一个小沙弥走上前来施礼,轻声说道:"玉禅大师正在佛堂内等你,请随我前往。"

李银来跟在小沙弥的身后来到大殿内,只见刚才在江边放生的老僧盘坐在蒲团上,诵读经书。小沙弥走到老僧前耳语了几句,然后起身告退。直到这时,李银来才真正看清了老僧的容貌:一张圆润的大脸上双目炯炯有神,一双异于常人的耳朵,耳垂硕大、红润,直达颈部,鼻梁挺直,嘴唇薄而细长。李银来觉得这张脸似曾在哪里见过,但一时又想不起来。正当李银来仔细地打量老僧的容貌时,老僧站起身来对他说:"施主与老衲有缘,不想半日之中两次相会,善哉!善哉!"

李银来也学老僧双手合十还礼,然后说道:"请问大师,这里是什么寺院,为何过去未曾在回家的路上见过?"

老僧朗声说:"这座寺院是峨眉山下的玉瞻禅院,建于北宋年间。当年东坡居士与老衲十分投缘,常在这里谈禅说偈,共同探讨佛学经典,切磋书法技艺。东坡居士考中进士入朝为官以后,曾将三年俸禄积攒下来,用于扩修这座寺庙。由于老衲法号玉禅,东坡号子瞻,老衲为了纪念这段善缘,遂将此院取名为玉瞻禅院。"

"敢问大师,一个读书之人,何以效法苏东坡而达到大彻大悟、大智大勇、大慈大悲、大威大德的境界?"李银来脱口而出,把自己心中多年来的疑惑和追求不假思索地一一道出。

老僧沉思片刻，说道：

"施主的慧根很好，悟性甚高，却不能走苏轼那条应试科举、入朝为官的仕途，更不能继承家业，弃文从商。老衲夜观天象，见有一位大德高僧正在寻找与他有缘的人家转世，当老衲在江边上见到施主时，便断定此缘在施主身上，遂引入寺中告知，望施主好自珍惜，一生只为秀才、贡生，在龙游之地教化学子，二十年后，你的儿子必成大器，李氏家族将出一位大德之人。"

李银来听罢拜谢："感谢大师指点迷津，晚生谨记教诲，今后一定从善如流，用自己的智慧教化众生，以清净之身，迎接大德之人。"

李银来拜谢完毕站起身来，眼前的景象更是让他呆若木鸡。他发现自己站在家里的佛堂中，刚才自己对着下跪的老僧竟变成了观音菩萨的塑像。再仔细辨认，观音的相貌竟然与老僧十分相像，难怪一见到老僧觉得那么眼熟。李银来心中一阵惊喜，心想自己何德何能，竟然得到观音菩萨的开示，真是善有善报啊！李银来五体投地，再次拜谢菩萨的点化。

不久，李银来在乡试中一举考中秀才，父母满心高兴，心想儿子不愿从商，如果能走科举之途也是一件好事，遂勉励银来继续发奋攻读，争取有朝一日像苏轼那样，入朝为官，光宗耀祖。

李银来考中秀才以后，不久顺利升为贡生。完成这段考试后，他便放弃科举，向父亲借钱办学。李汝昌听完儿子的想法，非常失望。儿子既不愿为官，也不愿经商赚钱，偌大的商号谁来继承？但信佛的李汝昌又想，既然是菩萨的意见，自己也不能违抗，何况自己时时都在求菩萨保佑生意兴隆、出入平安。古代圣贤有言在先，"人各有志，不能相强"，于是李汝昌只好顺了儿子的心愿，出资修建了龙游最大的书院，交由儿子打理。

李银来将自己的名字改为李法儒，意为效法孔子，为龙游培养更多的学子。李法儒在龙游标高山下办起了龙游书院。书院一改传统私塾的教学方式，李法儒除自己开门授课外，还聘用成都、眉山以及当地最有名的秀才贤士为师，欢迎有才学及不同观点的人到此交流，形成了十分活跃的学风。书院学费很低，只相当于官府开办的学校的三分之一，前来求学之人络绎不绝，书院受到朝廷的重视和推举。

　　李法儒的书院越办越好，但父母又为他的婚事担忧起来。亲朋好友、达官贤士以及远近媒人都来向李法儒提亲，均遭他拒绝。李汝昌算起来为儿子提亲已有一百多次。这些大户人家的姑娘大都端庄美丽、贤淑温柔，无奈儿子用心办学，根本不把成家立业放在心上。俗话说"三十而立"，李法儒已经过了而立之年，再不成家，李家的香火怎么延续下去？因此，在父母及家族的干预下，由父母做主为李法儒聘娶眉山苏东坡后世、名门闺秀苏琴为妻。

　　李法儒婚后发现妻子苏琴不但美貌如玉，而且才思敏捷，深受苏家遗风的熏陶，便暗自庆幸自己受菩萨保佑，娶了一门好亲。

　　一日，苏琴告诉李法儒说昨晚梦见峨眉山中峰寺金光灿烂，最后化成一束云彩，扑入自己怀中。李法儒大喜。不久，苏琴怀孕了。李法儒心想菩萨已经显灵，李苏之后必将如玉禅大师所预言的那样，出一位大德之人。

　　传说，别峰出生时祥云缭绕，整个李宅紫气腾腾。别峰脱离母体的一瞬间，一道虹光冉冉升起，左邻右舍大惊，皆误认为李家遭了火灾。一个时辰后，百鸟来朝，站满了李家的房檐屋顶，叽叽喳喳欢叫不止。别峰出生以后没有一声哭啼，当接生婆剪断脐带时，婴儿睁开眼睛便笑起来。那笑声非常动听，使等待新生儿的人都受到感染，仿佛人世间的一切都是那么美好，根本不存在烦恼与忧愁。这时，有位算命先生路过

由道观改建的佛殿

此地，说李家有如此祥瑞之气，一定是有贵人降临。这一说法被大家添油加醋，说成别峰是真龙天子转世，长大以后必定成为帝王，龙游将要出皇帝了！很长一段时间，这个传奇故事在龙游城里广为流传，家喻户晓。

父母为这个孩子取名为李宝印，其意为前世积善成德得到善果；孩子一岁时又取字号为观佑，意思是观音菩萨的保佑。宝印儿时聪慧异常，反应敏捷，非常人所及。相传，宝印三个月便能开口说话，半岁开始下地行走，一岁便能将父亲在学堂上讲的典故复述出来。一日，其父在课堂上出了一个上联："山峰别有洞天出"，要求众学子当堂联对，话音刚落，只听窗外一个稚嫩的声音说：

"水流自为空海来。"

众学子大惊，面面相觑。听这声音，他们都知道这是老师的孩子，年龄不足三岁，此时大概正独自在窗外玩耍。此联看似简单，实则不然。上联的含义悠远，而且联首又是由两个"山"字组成的词，要想对仗工整，又要在意思上相得益彰，颇要费些神思。一个不足三岁的幼童，在不经意之间随口对出，实在令人难以想象。再加上下联的含义比起上联更加深刻和空灵，堪称妙对。众学子心里顿觉惭愧，遂立志更加刻苦读书，早成功名。

宝印五岁时，一天便能背诵上千字的文章。父亲见他博闻强记、悟性甚高，便让他广泛阅读四书五经、诸子百家之说，并辅以诗词歌赋、琴棋书画陶冶情操。所以，宝印十岁时就已文史经学了然于胸，诗词文章灵秀于心，琴棋书画挥洒自如，成为苏东坡之后的又一灵童书仙。

宝印十二岁考上秀才，名列巴蜀第一，士子称他为巴蜀第一才子。十六岁便被朝廷甄选为贡生，只等有朝一日中举参加殿试，就可以金榜题名。但宝印生性活泼好动，并且乐善好施，小小年纪，身后总是跟随着一帮比他年长许多的文人雅士。这些平日里喜欢舞文弄墨、自我标榜的年轻学子见宝印聪慧异常，生性豪爽，出手大方，经常接济周围穷苦书生，而且举手投足之间有一种王者之气。大家回忆起过去的传闻，都认为宝印终将成就一代霸业，如果跟随其左右，一旦宝印黄袍加身，大家都会得到封妻荫子、高官厚禄、光宗耀祖的福报。因此，他们与其说是景仰宝印，倒不如说是巴结宝印，以图将来享受荣华富贵。一时间，龙游聚集了一大批趋炎附势的人。

宝印凭着过目成诵的天资，对三年以后进京应试胜券在握，毫不在意，每天除背诵一本书、写一篇文章以外，其余时间常邀一帮志趣相投的朋友四处闲游，或搜寻野史逸闻，或穿行于深山密林，或出入寺庙禅房，谈古论今，抒发胸中豪情。峨眉山德山禅院一年一度的大型讲经法会按例在八月十五那天召开。据说，月圆那天人的心情会特别舒坦、平和，圆月还容易让信众想到功德圆满的意思。德山禅院每年都要在本山或外地聘请非常有名望的大德高僧设坛讲经说法，明果、淡然、孙思邈、茂真、智颛等大师都曾在德山禅院讲过经。每一年的法会又是朝山会，是峨眉山最盛大的佛事活动之一，方圆数百里各大寺庙的僧众、居士、信众和百姓都会提前赶来参加。有时，如果请到了全国著名的法师，就连巴蜀周围的各省都要派出僧人前来朝拜和参学。法会和朝山会期间，峨眉山人山人海，有时多达两万人，仅德山禅院准备的用稻草编制的圆形蒲团就有六千余个，斋饭准备了一万多份。可见法会规模之大，人数之多，香火之旺，堪称巴蜀第一。

宝印绝不愿意错过一年一度的法会。一来觉得很好奇，因为他的父母每年八月十五前的一周都会戒荤吃素，香汤沐浴，天天晚上到家中的观音菩萨像前诵经。尤其是父亲，那么威严一个人，也要十分虔诚地跪在菩萨面前。父亲曾给宝印讲过他原来见到皇帝时也不过是三叩九拜，而面对佛像，父亲只要在家，每天晚上都要长久地跪在前面，那种顶礼膜拜的神态，仿佛李家能有今天，全靠佛的保佑。因此，在宝印幼小的心灵中，佛恩远远大于皇威。二来觉得很好看，那么多人聚集在一起，热闹非凡自不必说，成千上万人在德山禅院的大殿前正襟危坐，纹丝不动，全神贯注地听讲，有时七八个时辰竟无一人走动，宝印觉得不可思议。那么多人端坐大半天，目不斜视，双眼微闭，专心致志地听大师开示，悄无声息，看上去犹如泥塑一般。就连自己的母亲在德山禅院坐着听经，也跟其他信众一样，大半天有时甚至一整天不吃不喝。宝印曾问过母亲那是什么感受，母亲说连自己都感到惊奇，那么长的时间，仿佛全身已经空空荡荡，除了心神还在，身体好像不属于自己，哪里还有吃喝拉撒的知觉。宝印百思不得其解，觉得这件事情很神秘。三来觉得很好玩，借此机会可以结交许多远方来的朋友，多种习俗交织在一起，多种语言交融在一起，多种穿着交汇在一起，宝印感到非常新鲜，比成天埋头书斋要好玩得多。

父亲在参加法会的头一天告诉宝印，这次德山禅院请来了当今著名的大德高僧密印大师。这个法师的德行十分了得，据说是当朝天子所拜国师的弟子之一，经常出入皇宫为皇帝讲经，主持朝廷重大的佛事活动。此人的身世十分神秘，就连他的常随弟子也仅知道师父的师祖是从印度到中国弘传佛法的达摩祖师。

说起印度僧人菩提达摩，父亲便如数家珍，娓娓道来：

菩提达摩原来是印度南天竺国香至王的儿子，自小立志效法佛祖释迦牟尼，不愿继承王位当一国之君。在古印度，释迦牟尼不愿继承王位，选择出家修行，终成正果，成为创立佛教的一代宗师和僧众敬仰的佛祖，对古印度的历史文化影响甚大。可以说，佛教是印度古代文明的一个结晶。随着佛教的弘传，佛文化在东方诸国开始兴盛。渐渐地，佛教以其境界深远、气韵超脱、逻辑严密，在宗教领域占据了相当重要的地位。一个君王的影响力和教化的范围毕竟有限，然而，如果出家人能够修炼成菩萨境界，他所能够度化的众生就不会受到国界的限制，天下苍生都会顶礼膜拜，虔诚供奉。这种度化天下的气度和宏业，帝王岂能与之相提并论？在这种思想的影响下，古印度各国的皇族、王公大臣都愿意自己家庭中出现一位大德高僧。所以，菩提达摩自小出家修行，放弃皇位，不仅整个皇族不会反对，相反，他的父母非常高兴，他们大力支持达摩从小学佛修持，希望他长大以后能够像佛祖那样大慈大悲，普度众生，受到天下崇敬，这要远比做一位国王崇高得多。

菩提达摩出家后悉心研究大乘佛教，同时专心致志地学习汉语，熟读中华典籍，准备在机缘成熟以后到中国弘传佛法。相传，菩提达摩四十岁时（约 420 年）渡海到达中国的南方，以后辗转渡江北上，在中国北方传禅授徒。菩提达摩曾在河南嵩山少林寺面壁九年，眼皮上都积满了厚厚的一层尘土，其身影深深地刻入对面的石壁。这块石壁至今还保存在少寺林内。达摩用这种独特的方法，在中国不仅开示了许多僧人、信众，而且就如何将大乘佛教与中国的历史背景、本土文化、民风民俗融和进行了更加深入的思考。最终，一种与中国文化相嵌合的佛教宗派——禅宗诞生了。

达摩提出了"理入"和"行入"的修禅方法。"理入"即舍伪归真，是修禅的理性认识，主要解决思维上的问题。"行入"是按佛教的某种规定修行，是修禅的感性认识，即参禅悟佛的实践。他强调把佛教经典作为手段，自证自悟佛理，通过修心禅观，达到真如实相的境界。

达摩创立的禅宗符合中国民众和统治阶层的精神需求，修行方式简单易行，持戒守定比较容易进入忘我的状态，而且还能够开发出修行者的潜能，因此，当达摩在少林寺面壁时，神光为向他求学而立雪断臂。

由道观改建的佛殿

神光从小精读《老子》《庄子》《周易》诸书，后阅读佛家书籍，才感到收获甚多，遂到少林寺出家。神光拜达摩为师，希望朝夕参承，但达摩老是端坐面壁，神光无从受诲，于是在大雪之夜立于达摩的洞外，一直到天明，积雪过膝。达摩为他的精诚所感动，问他所求何事，神光泣求达摩传法，达摩未答应，神光便以利刀砍断自己左臂，置于达摩面前，表示学法的决心和意志。九年以后，神光得到达摩的真传，达摩为他取法名为慧可。在达摩众多的后世弟子当中，涌现出了许多禅宗大德高僧，为禅宗在中国佛门中成为最受欢迎、修行者最多的宗派之一奠定了坚实的思想基础和人才基础，被称为禅宗六祖的慧能大师便是其中之一。

父亲讲到这里，转过头来问宝印："你知道六祖慧能大师吗？"

宝印答道："我知道，我读过父亲书房中的《六祖坛经》。"

父亲问："能看懂多少？"

宝印说："《六祖坛经》字面上的意思基本能弄明白，只是一些修持方法还没有机会去尝试。"

父亲又说："那么你讲一讲六祖慧能吧！"

宝印略加思索道：

慧能生于贞观十二年（638 年），禅宗在六祖慧能时代发扬光大，流传不绝。慧能俗姓卢，祖籍范阳（今河北涿州市），其母亲在父亲贬官到岭南新州（今广东新兴县）时生下慧能。慧能父亲早亡，生活在异乡的孤儿寡母艰难度日，家境十分贫寒。慧能从小勤快，体恤母亲，每日上山打柴挣钱养家，母亲则替富人家浆洗缝补以补贴家用。一天，慧能上街卖完柴后回家，路过一个大户人家，看见里面正在作法事，便十分好奇地进去看热闹。这时，僧人正在诵读《金刚经》，慧能立即被深深地吸引，心中感觉茅塞顿开，怔怔地站在那里悉心聆听。当佛事活动结束后，旁观者已经散尽，慧能不由自主地走到刚才诵经僧人的面前，恭敬地请师父给他讲解《金刚经》。僧人打量着这个孩子，见他眉宇间露出天然的聪慧和洁净之气，遂问："你能识字断句吗？"慧能摇摇头。僧人又问："你能将刚才贫僧所念的《金刚经》记下来多少？"慧能答曰："大部分。"

"那么你背给贫僧听听。"

慧能清了清嗓子，一口气将半部《金刚经》背了个一字不漏，就连声音也学得惟妙惟肖，只不过比较稚嫩，背诵速度过快而已。僧人大惊，想不到这个不识字的孩子记忆力那么强，慧根那么好，如果能得到高僧的度化，今后定能为佛门积德。想到这里，僧人对慧能说："达摩祖师的再传弟子弘忍大师正在黄梅传法，这是天赐的良机，你千万不要错过。如果弘忍大师能够传法给你，如果你皈依在弘忍大师的门下，则是你的大造化！"

慧能回家说服母亲跟随他一起去黄梅。弘忍大师见到慧能母子二人时，对身边的常随弟子们说："老衲到黄梅来传法，就是为了度化这个孩子，真是我佛慈悲，佛门之造化也！"

慧能皈依在弘忍大师的门下开始参禅悟佛，母亲则被安排在寺里专为女居士们做些杂务，后来也皈依佛门，成为居士。

弘忍大师自从收了慧能这个关门弟子后，每天单独为他讲经说法。慧能虽不识字，但智慧超群，每次听师父讲经后不但能完全复诵，而且还能加上一些个人的感悟，令弘忍大师十分欣慰。

后来弘忍大师指定慧能为禅宗的传人。慧能在长期的参禅悟佛中创立了新的佛学禅理。由于慧能对佛学的巨大贡献，众僧尊他为"六祖"。

当宝印讲到这里，父亲高兴地打断他的话说："你刚才的叙述比较完整，但那只是照本宣科而已，谈不上有什么见解，一般记性好的人都能讲出来。但是对禅宗深刻的内涵，还应当从慧能大师创立的学说上加以感悟。"

不等父亲说完，宝印便道："孩儿试一试看能不能将所感悟的禅宗要义归纳起来。"父亲点点头，并以鼓励的目光望着宝印。

宝印慢条斯理、轻言细语地说：

六祖慧能倡导的禅宗主张顿悟。传统佛教讲究读经坐禅，而禅宗讲求以心传心，不立文字；传统佛教讲出家修行，而禅宗讲佛法在世间；传统佛法讲坐禅的功夫，而禅宗讲行、住、坐、卧皆是禅。通过顿悟，达到精神自由，内心清净无染，就可脱离以往充满迷雾的境地。这种成佛之路广受欢迎。六祖慧能大师还认为不必去西方求佛，不必在所谓的理想环境中成佛，只需在现实生活中成佛。因此，禅宗不仅是学佛修行的一种方法，而且是一种人生哲学，同时，也更具有平民化、世俗化的特征。禅宗将烦琐的佛教简易化、中国化。慧能大师创立的禅宗，与传统的老庄思想相呼应，融入了其精华。在中国各大佛教宗派中，禅宗最具中国特色，最易被广大信众接受，因而渐渐兴盛起来。慧能也因此成为佛教的一代宗师，被誉为禅宗六祖。

禅宗的最大特点是：不立文字，教外别传，直指人心，见性成佛。

父亲听宝印删繁就简地将禅宗的深刻内涵表达得那么透彻，心里暗暗吃惊。这种对佛学的大慧根，不要说十几岁的孩子，就连修行数年的僧人恐怕也难以具备。父亲赞许地点点头，随即补充说道："慧能七十六岁圆寂，唐宪宗赐谥号'大鉴禅师'。他死后身体不坏，由门人裹上用苎麻制成的布，然后涂漆上金，供奉在殿堂内，称为肉身像，至今还保存在广东南华寺。"

父亲接着告诉宝印，这次来德山禅院讲经的密印大师便出自六祖慧能大师后世弟子圆悟克勤大师的门下，据说深得真传。虽然密印的身世无人知晓，但有消息说他曾在峨眉山中峰寺出家，还与德山禅院有着说不清的因缘。

为什么密印大师要选择在德山禅院建成五十周年的法会时，专程从皇帝身边赶来讲解《坛经》呢？

父亲的一席话让对什么都好奇的宝印兴奋起来，他在心里发誓，一定要借这次法会将密印大师神秘的身世和使命弄个明白，也解开父亲心中的疑惑。

八月十五那天，宝印邀约了平时最要好的几个秀才，于三更天便启程，赶到德山禅院时才刚刚黎明。他们见德山禅院门外空无一人，听里面悄无声息，便暗自庆幸提早到达可以占据前排有利的座位，既可以看清大师的尊容，也可以专心致志地听大师开示。他们推开禅院大门，却不由得倒抽一口冷气。只见那偌大的院坝内早已密密麻麻地坐满了僧众和信众，可以说宝印从来没有见过德山禅院的法会有那么多的人，而且那么早就将整个院坝占满。莫道君行早，更有早行人哪！宝印一行几人只好坐在门槛里面的石阶上。宝印看到一些带干粮和背包的人，便暗自思忖，恐怕有好多人是昨天下午就赶到了，禅院没有更多的禅房供人居住，只好露宿在院坝内。一打听，果然绝大多数信众都是头天傍晚入场的。这个密印大师真是了不得，一万多名信众慕名赶来，有许多人甘愿风餐露宿，为的是得到密印大师的点化，由此看来，密印大师肯定是位德行很高的禅师。

这时，只见十多乘软轿鱼贯而至，第一位走出轿子的竟是嘉定知府，第二位是眉州知府。后面的轿子里走出的人宝印虽然全不认得，但从他们之间寒暄的礼仪上分辨，恐怕官位也相当。那么多名流前来听经，可见这个密印大师绝不是浪得虚名。官员们在一位僧人的带引下，从侧门进入院内，在第一排蒲团上就座。

德山禅院的钟声响了起来，那浑厚、悠长的声音震撼着在场的每一位听众。大家随着铜钟的敲击调整好坐姿，仿佛是在等待一位圣人的驾临。宝印环视四周，见听众一个个正襟危坐，偌大的一个院坝内整整齐齐地席地坐着一万多人，全场鸦雀无声，人们秩序井然地挤坐在一起，竟然丝毫不混乱喧嚣。这种静穆庄严的气氛让宝印从心底感到宁静祥和。宝印想道，如果大家等待的是自己，那将是多么崇高而又神圣的事，自己也不算枉度此生了。

一阵奇异的香味随着轻风渐渐弥漫开来，连空气也变得那么明净。清晨的阳光穿透高大的树木，将整个德山禅院照射得流光溢彩，人们的头上、脸上、身上好像涂了一层薄薄的金粉。

随着缓慢的鼓声"咚、咚"地敲响，大殿正中的蒲团上出现了一位盘坐着的身披红色袈裟的中年僧人。宝印远远望去，僧人的脸庞饱满，额际光亮，双目深邃，熠熠生辉，整个身体像罩在光芒四射的光环中。

莫非他就是密印大师？

当宝印还在神思遐想之际，一个亲切慈祥的声音飘然而至。密印大师向众人问好致礼。这时，只见万头攒动，僧众、信众向着密印大师跪拜三次。宝印也不由自主地跟随大家叩拜。

密印大师开始讲经了。首先，他介绍了什么是禅，什么是禅宗，怎样悟禅。他开宗明义，将从达摩师祖到六祖慧能创立禅宗的整个过程和佛家修行的各种方式讲清楚，让听众们懂得悟禅的真谛、修禅的要诀。然后根据自己修行的体验和认知，对《六祖坛经》进行了全面的释义。密印讲经深入浅出、娓娓动听，整部《六祖坛经》让他诠释得淋漓尽致，精彩纷呈。听众们听得如痴如醉，全身心沐浴在佛佑的境界中，忘却了人世间的病苦、烦恼、纷争、哀愁，完全沉浸在参禅悟佛的极乐世界里。

宝印的思维和意识早已不由自主地融入其中了。突然，坐在身旁的同科秀才对着宝印的耳朵说："刚才大师讲的一段经文我似懂非懂，趁现在有人正在提问，你给我讲讲这段经文。"

宝印对着秀才悄声解释说："这段经文的主要意思是：在'无念''无想''无住'中，'无念'是个总概念。'无念'不是什么也不想，什么也不念，而是照样生活在现实的环境中，无论对什么事物、什么对象，都不产生贪取或舍弃的念头，没有刻意的好恶美丑观念。把'无念'分开来讲，'无者离二相（有无断常为二相，都为不二法门所不许），诸尘劳，念者念真如本性。真如是念之体，念是真如之用'。这是说'无念'所要否定的是把事物的两个方面绝对地对立起来的念头，而并非连真如本性也不念，这种念是以人心本来具有的真如本性为基础的。像有人理解的那样，什么也不思，什么也不想，这是根本错误的。所谓'一念断绝即死'，'一念断绝，法身（指灵魂）即离开身体'也就是指的这个意思。"

一席话说得秀才连连点头。正在这时，一丝声音轻轻地飘进宝印的耳中："后生可畏！能将这段经文的原话复述出来吗?"

宝印环视左右，不知道是谁在对他讲话，回头问秀才听见过什么人在问话没有。秀才茫然不知。宝印不敢怠慢，赶紧正襟危坐，调息入定，用心念复述道：

> 善知识，我此法门，从上以来，先立无念为宗，无相为体，无住为本。无相者，于相而离相。无念者，于念而不念。无住者，为人本性。……念念之中，不思前境，若前念今念后念，念念相续不断，名为系缚。于诸法上，念念不住，即无缚也。……若只百物不思，念尽除却，一念绝即死，别处受生，是为大错……所以立无念为宗。……

宝印还在继续往下背诵。刚才那种声音又响起来："好！好！一字不

由道观改建的佛殿

135

差。老衲与小施主有缘，今晚禅房相见吧！"

宝印恍然大悟，原来密印大师虽然在讲经，却能眼观六路，耳听八方。方才宝印那么细微的声音也传入了密印的耳朵，就连自己用意念诵经，密印大师也能听得到。不仅如此，密印大师与自己对话，而旁人竟然不知分毫，真乃菩萨也！

晚上，宝印只身来到德山禅院的禅房，刚推门进去，密印大师的声音便至："身是菩提树，心如明镜台。时时勤拂拭，莫使染尘埃。"宝印随口唱和："菩提本无树，明镜亦非台。本来无一物，何处有尘埃？""施主请坐，老衲有缘与施主相会，真乃佛门幸事！"密印大师诚恳地说。此言一出，宝印诚惶诚恐，赶紧上前跪拜，道："大师智慧高深，学养深厚，慈悲为怀，慈航普度，晚生有缘单独拜见大师，聆听教诲，真乃前世积下的功德。还望大师赐教，指点迷津，让晚生早一点得到开示，早一点归入正途。此乃晚生的造化也，福报也！"

密印大师躬身扶起宝印，亲切地说道："宝印不必过分自谦，老衲与你本为同道，前世的缘分未了，此番前来就是为了与你续缘。今见到你，才知吾师爷的先见之明，才顿悟了佛法的无边与博大精深。来，请坐下说话！"

宝印这时才抬起头，仔细端详着他心目中十分崇敬、被人们传说得十分神秘的密印大师。密印十分慈祥、和善，让宝印感到仿佛是自己最亲的亲人一样。看着密印那张慈眉善眼的脸，宝印的鼻子一酸，真像迷途的羔羊历尽艰险后重又回到母亲的身边，再也不愿离开一样。密印看在眼里，喜在心里，深深地感到自己师爷和师父的佛学造诣何等高超，威德是何等宏大。

原来，密印大师的师爷圆寂时，师父圆悟克勤还在西藏参学，不在身边，密印便代替师父聆听了师爷最后的嘱咐。这位六祖慧能大师后世真传弟子对自己的徒孙密印吩咐道："禅宗传到你们手中也算得上后继有人了，对上可以告慰六祖，对下可造福禅门信众。为了让禅宗盛传不衰，老衲交给你两个神圣的使命，其一是将禅宗的佛理归纳、整理，以便传灯续焰，让禅门弟子修成正果；其二是要在峨眉山德山禅院建寺五十周年的法会上，由你亲自登坛讲经说法，主要是为了寻找一位十六岁的名叫宝印的少年贡生，将禅宗悉数传授给他，此人是继你师父和你之后禅宗的又一继承人。切记！切记！"

所以密印其实早就知道了宝印的一切，只是从未见过面。宝印一进德山禅院的大门，便被密印慧眼看清。密印见宝印小小的年纪长得灵秀俊逸，清澈无染，在一万多名信众中脱颖而出，心中便十分欢喜。后来在讲经的过程中，又见宝印无比虔诚，听得专心致志，加上对经文有独特见解和领悟，对宝印更是赞赏无比。密印看出宝印的心灵被菩提的甘露浇灌，灵魂深处浸润着慈悲，这种具有大根器、大福报的年轻人，密印还是第一次见到，心里不禁赞叹天地造化、佛缘之神奇。

想到这里，密印情不自禁地对宝印说了如下偈语：

愚人修福不修道，谓言修福便是道。

布施供养福无边，心中三恶原来造。

若将修福欲灭罪，后世得福罪原在。

若解向心除罪缘，各自性中真忏悔。

若悔禅示真忏悔，除邪行正即无罪。

学道之人能自观，即与悟人同一类。

吾我今世传尔道，愿你学之同一体。

若欲当来觅本身，三毒恶莘心里说。

努力修道莫悠悠，忽然虚设一世休。

若遇禅宗顿悟法，虔诚合掌终身求。

宝印听完密印大师的偈语，两行热泪滚滚而下。他万万没有想到，密印大师一见面就点化他，心中那种惶惑已经荡然无存。宝印纳头便拜，说："蒙大师不弃，晚生立志终生拜在师父门下，潜心修行，一世悟禅，望师父成全！"

密印双手合十，朗声说道："为师秉承禅宗之真传和先师爷的训诲，终生参禅悟佛。禅宗非大根器之人难以传承发扬。今受先师爷的重托，特来峨眉德山禅院讲经说法，为的是度化你继承禅宗衣钵，使禅门佛法发扬光大，使佛教弘传四方救苦救难，度化更多苍生。你我师徒的缘分已早有安排，这也是天意！还望徒儿牢记为师的一片苦心，随缘皈依吧！"

宝印大喜，哽咽着说："弟子谨记师父教诲，摒弃仕途功名，终生追随师父诵经学佛，持戒修行，弘传佛法，普度众生！"说毕向密印行了拜师之礼。

密印见宝印立志坚决，志向高远，满意地点了点，头说："徒儿请起，今晚为师先授你一种佛家秘法——龟息之法，待你回去处理遗留之事的时候，你就会知道为师的良苦用心了。这一劫，你是无论如何也躲不过的。"密印随即向宝印秘传了他潜心几十年修炼的秘法，要宝印在此地密练三天三夜，待掌握要领之后方可离去。

当宝印离开德山禅院的时候，密印大师亲自送他出峨眉山界，师徒二人边走边叙，两人心中都感到经过短短几天的相处，已经情同父子了。在分别的地方，密印对宝印说："为师斟酌了几天，你的法名就叫'别峰'吧！一来，也是缘分凑巧，这个法名与其说是为师为你取的，还不如说是你自己五岁的时候悟到的，那句'山峰别有洞天出，水流自为空海来'其实充满了禅机。二来，为师也愿你峰上成峰，将禅宗推向一个更高的境界。你了断尘缘以后，为师在中峰寺等你！"宝印跪拜告辞道："弟子铭记师父的开示！"说罢起身依依不舍地离去。密印仁立良久，直到宝印的身影完全消失才原路返回。

话说宝印回到家以后，满心欢喜地将皈依之事告诉了父母。母亲边听边掉泪，哽咽着说不出话来。父亲沉思良久，然后对妻儿说道，宝印出家修行是前世注定的因缘，这一点菩萨早有点化，说李家要出一位大德高僧，普度众生。看来已经应验了！天命难违，只好随缘让宝印去吧！只是李家独此一脉，恐怕今后将要绝后！这是天意，无法抗拒，那就听天由命吧！只是宝印出家一事还要征得嘉定知府的同意，这个比较麻烦。嘉定知府对李汝昌的商号及李法儒的书院多有关照，宝印作为巴蜀第一秀才，是巴蜀重点推荐的考生，名册已上报京城，听说朝廷几大要员都在明争暗夺，想要招宝印做门生。前几天，供职于宫中的好友传话来说，天子准备为十四岁的公主招驸马，一旦宝印状元及第，依人品和才貌，极有可能入选。那时，李家将成为皇亲国戚，荫及子孙后代。友人说，这是千载难逢的机遇，望宝印好生把握。甚至朝廷的一些大员都想拉拢李法儒和他的儿子李宝印。在这个关键时候出家，恐怕难。其一，如果走漏了风声，李家或将遭到灭顶之灾，李氏家业也可能因此而毁于一旦。其二，如果宝印在应试时有意退让，又会遭到主考大人、巴蜀地方官、士子以及乡邻的轻视，李家今后难以做人，宝印也只会落得个声名狼藉的下场。其三，如果宝印状元及第，被皇帝招为驸马，则更不可能出家，况且这也并不是坦途，稍有不慎就会成为宫廷斗争的牺牲品。

李法儒分析完后又说，与其入仕为官，还不如出家修行！可是怎样才能既不得罪朝廷，又不得罪地方，还能给世人和李氏家族一个无可挑剔的说法呢？

李法儒的妻子苏琴长吁短叹，也拿不出主意。

这时宝印轻轻走到父亲的面前，对着父亲的耳朵悄悄地说了两个字，父亲顿时被吓得六神无主，好半晌都回不过神来。妻子苏琴见状，连忙给李法儒捶背，问是怎么回事。李法儒不吭声，站起身来，慢慢地向里屋走去。宝印搀扶着父亲一直走到卧房的门口。

三天后的清晨，女佣来叫宝印吃早饭，见平时很早就起床读书的宝印仍然躺在床上，只好走到床边叫醒宝印，哪知连叫数声，宝印一点反应都没有，女佣忙用手去拉宝印露在被子外面的手，感到冰凉浸手。用力拉动，宝印还是没有醒来，女佣再用手探鼻息，只觉鼻息全无。女佣惊恐万状，赶紧呼叫老爷和太太前来。苏琴闻讯随女佣急步奔到宝印的房间。宝印手脚冰凉，脉搏细如游丝，心跳十分微弱。苏琴忍不住大哭起来，一边痛哭，一边诉说："宝儿，你到底怎么了呀！昨天还好好的，一个晚上竟然成了这个样子，天呐，这究竟是怎么回事啊！"苏琴哭着，叫着，不一会儿，昏了过去。这时，李法儒随同龙游名医数人走进房内。老大夫把脉，看眼睑，详细地检查一番。半个时辰以后，老大夫对着呆若木鸡的李法儒摇摇头，轻声说道："老朽行医数十年，尚未见过这种病症，恕老朽无能，难以扭转乾坤，生死有命，李大人赶紧准备后事吧！"

突如其来的巨大打击让李法儒悲恸欲绝，放声痛哭。

巴蜀第一秀才、贡生，最有希望状元及第的龙游神童李宝印暴病而亡的消息传开后，轰动了整个嘉州，大家议论纷纷，都为李宝印英年早逝而扼腕叹息，都为龙游这一家好人遭到如此厄运而深表同情。李法儒平时人缘极好，许多人都来李宅悼念李宝印，李宅内外一时人来人往，挽联、祭帐挂满了整个墙壁和房梁。

下葬那天，嘉定府的大小官员、各商号掌柜、书院先生、李氏家族全部亲戚、宝印生前的同窗好友都来送行，加上围观的市民，共有几千人为李宝印送葬。据说，这是嘉州有史以来最盛大的一次葬礼，是为了一个十六岁的少年！

几天后，一个细雨霏霏的傍晚，在进峨眉山的必经之路上，密印大师只身站在寒冷的风雨中看着远处，一动也不动，仿佛一尊雕像。雾蒙蒙的夜色中，迎面走来一位身穿灰色僧衣，头上满是尘土，体态轻盈的少年僧人。少年僧人走近密印大师时，轻声说道："师父，弟子姗姗来迟，不想惊动师父大驾，罪过！罪过！愿受师父处罚！"说罢，纳头便拜。

密印向前一步，一伸手抓住少年的胳膊，亲切地说道："地下潮湿，这次就免礼吧！老衲推算你应该于三天前到达这里。为此，老衲已经在这里等候三天三夜矣！别峰，不必多言，随师回中峰寺吧！"

他们走进中峰寺的大门时，已经是三更天了。

宝印睡下后做了一个梦，梦见自己在棺材内怎么也打不开盖板，空气正在快速减少，正常的呼吸已经非常困难，只好再次运用师父授予的龟息之法。渐渐地，宝印的头脑越来越清醒，体力开始恢复，心中依稀记得父亲在他入棺之前的耳语。脚下一方的棺木是松动的，用力一踹，果然应声而开。待爬出棺材以后才发现，原来留下的通道已被填上，可能是下葬时预留通道的盖板脱落，填埋的土层过多并涌进了暗道。这个意外，他和父亲根本没有想到。如果外面没有人搭救，待空气完全耗尽，纵然有龟息之法，也不能脱离困境，结局则无异于被活埋。想到这里，宝印心里开始恐惧起来。但是，这种想法很快被理智取代。一定要去见师父，要到中峰寺去参禅悟佛、持戒修行，以后还要弘传佛法，普度众生，绝不能坐以待毙！意念已定，宝印遂开始用十指挖土。不知过了多久，宝印手指的皮被磨破了一层又一层。当一丝清新的空气进入肺部以后，宝印知道自己得救了。宝印取出藏在棺材底下的僧衣，爬出洞口，随后又用泥土石块将洞口填封好，这才穿上僧衣向峨眉山走来。

宝印将此番经过讲给师父听后，密印沉吟道："劫数已定不能避免，宝印已经逝去，而别峰重新诞生，这就叫否极泰来，遇难呈祥。别峰，你好福报啊！刚刚遁入空门，佛就给了你这么厚重的见面礼，你将受益终身啊！"

别峰早上醒来，若有所悟。莫非昨晚师父怕影响我休息，用梦境与自己神通？肯定是了！不然为什么梦中的境界竟同亲身经历一样。太神奇了！别峰暗暗发誓，一定要将师父传授的佛法及各种神功学到手，融会贯通，将来更好地救苦救难，普度众生。

别峰开始跟随师父密印大师参禅悟佛，持戒修行。由于别峰悟性很高，智慧超群，密印除给别峰讲解禅宗各派的经典以外，还将大乘佛教的诸种经书逐一进行详细讲解，也将自己对大乘佛教经典经文研究的心得传授给别峰。密印经常反复告诫别峰，除传承本宗佛法外，更重要的是借鉴，比较其他各大宗的精华，再根据修持者的觉悟，将禅门佛法推陈出新，发扬光大。一是要用自己所悟的真知灼见去教化信众，二是要用修行造就的威德去

"中峰古刹"的匾额是几次大火后幸存下来的文物，据说是南宋别峰大师的手迹。

度化众生，三是要用至高无上的智慧去启迪迷途者的心灵，四是要用大慈大悲的善举去救护众生，五是要用激发身体潜能所修成的神功奇术去救苦救难。要拥有这五个方面的造诣，才能真正算得上实现了以菩萨之心去实现无量功德的目标。

密印看到别峰少年老成，修行刻苦，参禅悟佛与众不同，而且经常举一反三，创造性地提出各种问题，对禅宗的领悟日益精进，于是提前密传了禅门的全部功夫给他，并开始用藏语、梵文给别峰讲经说法。

别峰在密印大师的精心培养下参禅悟佛，讲经说法、持戒修行、佛门武功、佛门医道等都突飞猛进。到二十多岁时，别峰在峨眉山禅门中已小有名气，德行日增。

一日，密印告诉别峰，自己的师父圆悟克勤不日将从成都昭觉寺来中峰寺，有要事相商，要别峰为迎接克勤大师提前做些准备。密印接着便给宝印讲了圆悟克勤的故事：

"吾师圆悟克勤是四川彭州人，生于世代书香之家，自小迷恋佛门，自愿出家后就离开四川，曾遍游全国名山大川，名刹古庙，四处参学，拜谒大德高僧和世外高人，最后皈依在禅宗六祖慧能的真传后世弟子法演门下，潜心参禅悟佛，经过数十年苦行僧式的修行，终成正果。其师法演派他回四川成都做昭觉寺的住持，在讲经说法、随缘普度众生的过程中，深得僧众和信众的崇敬，追随者超过十万。他广施佛法，救苦救难，因功德超群，成为当代禅宗真正的传承者，也是禅门五宗之一临济宗的掌门大师。传统的禅宗主张不立文字，至简至要，而后世的禅宗却大立文字，绕路说禅。这种禅风的转变就是由圆悟克勤大师倡导并加以推行的。他认为要有文字记载，后世才便于学习、继承和发扬光大。他身体力行，曾在荆州碧岩寺以《雪窦颂古》为原本，加引申、注解、评论和阐述，写成《碧岩录》十卷。《碧岩录》对整个禅宗的影响很大，成为禅门三大著作之一，为后世学禅者必读的经典。圆悟克勤大师先后住持南京蒋山、镇江金山、江西云居等寺，学养深厚，著述颇丰。宋高宗经常召圆悟克勤大师进宫为朝廷王公大臣们讲经说法，盛赞其佛学造诣和德行，称其为'佛学泰斗'，赐号'圆悟禅师'。圆悟克勤有七十五位非常有影响的弟子，老衲是最后一位，俗称'关门弟子'。由于圆悟禅师年事已高，高宗皇帝便请他推荐一名亲传弟子进宫讲经，于是吾师便推荐老衲前往，这样为师在京城一住就是十多年。直到为了完成师爷的宿愿，才借峨眉山德山禅院建院五十周年法会的时机告别宫廷，回来与你续缘。"

别峰好奇地问："想必师父也有非常传奇的身世吧？"

密印沉思良久，追忆着往事。

原来密印也是四川龙游人，曾随圆悟禅师徒步沿长江而下，师徒二人若遇寺院便挂单参学，若无庙宇便行乞化缘，风餐露宿，一路苦行僧似的修行，先到荆州（今湖北江陵）、澧州（今湖南澧县），住夹山灵泉寺。夹山雅称"碧岩"，密印在此陪师父写作《碧岩录》，并承担誊抄文稿、刊校刻印之杂务。政和末年，圆悟禅师奉旨南下，密印又跟随师父到金陵蒋山、镇江金山寺等地。密印陪伴圆悟克勤游历过南方许多地区，深得圆悟禅师真传，对禅的理解独树一帜，让圆悟克勤欣慰不已。

一日，师父问密印："佛法在何处？"

密印回答："如一滴水投入大海，殊不知大海源于一滴。"圆悟称赞弟子对禅的认识别有新意，遂派他到峨眉山主持修建保宁寺和德山禅院，后又推荐密印做了中峰寺的住持。

密印在中峰寺讲经说法，最擅长用说偈的方式。第一堂经课结束以后，有僧人问密印："修行如什么？"密印唱偈："众卖花兮我卖松，青青颜色不如红。算来终不与时合，归去来兮翠霭中。"

144 又有僧人问："何时修成？"

密印唱答："但等雪消去，春天就到来。"

密印每次讲法，僧众、信众都觉得通俗易懂，具有很强的感染力。加上密印的声音洪亮而圆润，唱偈动人，因此在禅门中威德日渐升高。密印为了提高自己的学养，又自学藏语、梵文，并对自达摩祖师到六祖慧能所创立的禅宗佛法、经文进行了系统的研究，感悟很深。同时，密印博采各家所长，对佛教功术也进行了修炼，因而世人又称密印为神功禅师。

据传，有一次，一伙武功高强的贼人到中峰寺盗窃明果大师杀蟒用过的宝杖。这根宝杖的顶端嵌有珍贵的夜明珠四十九颗、猫眼石二十八颗，是中峰寺的镇寺之宝，价值连城。十几个强盗拿着明晃晃的砍刀冲进中峰寺的大门，见空无一人的大殿上供奉着那根宝杖，便蜂拥而上，准备抬起来便跑。哪知那根宝杖竟如生了根似的黏在架子上，十几个人一齐上前用力都难动分毫。强盗们感到奇怪，头天看盗口时，亲眼看见一个僧人轻轻拿在手中拂拭灰尘后又放回原处，现在怎么十多个武功高强的人合力竟然纹丝不动？强盗们束手无策，准备用手中的兵器将夜明珠和猫眼石撬走。就在众贼刚刚举起刀时，突然，手中的武器脱手而飞，不知去向。贼人惊呼："有鬼，赶快逃命！"话还未说完，一个个便像喝醉了酒似的瘫倒在地，动弹不得。这时，从佛像后面走出密印禅师，一伸手便轻轻地取下了宝杖，说道："如此蟊贼也敢前来对佛门无礼，回去痛改前非，放下屠刀，立地成佛吧！"

说毕，将手中的宝杖一挥，一阵旋风将十几个强盗卷到了中峰寺山门外的空地上。过了好半晌，强盗们的手脚才从酥麻中恢复过来。大家这才知道，中峰寺这位住持神功盖世，如果下手狠一点，不要说十几个人，就是再多的人也会命丧黄泉。他们便决定今后再也不干此勾当，就此金盆洗手，改邪归正。

传说后来这伙贼人真的弃恶从良，在嘉定府开了一家镖局，专门为客商护送来往南方丝绸之路的货物。几年以后，他们曾结伴到中峰寺感谢密印禅师的点化之恩，密印还点拨了他们几招功夫。

关于密印禅师的传奇故事，别峰也是后来在圆悟克勤禅师那里听到的。

圆悟克勤禅师往峨眉山中峰寺来了。接到消息，密印同别峰率中峰寺众僧近百人到峨眉山脚下迎接。

圆悟克勤身着黄色僧衣，脚蹬圆口布鞋，脸颊色如古铜，眼睛大而明亮，他那对耳垂特别肥大，正面望去，超过了下嘴唇。禅师很清瘦，年近九旬的他身子骨犹如中年人那么硬朗，腰背挺直，臂长近膝。

别峰在给大师下跪时，已经详细地将他从头到脚观察了一遍。

圆悟克勤看着别峰，对密印说："这位便是你常在信中提到的弟子别峰吧？"

密印答道："正是。师父有何吩咐！"

圆悟禅师一边继续打量着别峰，一边同密印说道："看了你随信附来的对禅门五宗的辨析，为师万万没有想到此文出自你弟子之手，真是教徒有方啊！"

密印赶紧谦虚地说："岂敢！岂敢！弟子时刻谨记师爷与师父的嘱咐，全身心地弘传佛法，不敢有半点松懈。如果要说别峰有所成就的话，主要是深得师父您的威德和著述的点化，同时也是他自己的慧根和前世的福报。弟子唯恐上对不起禅门历代师祖，对不起师父您的教诲；下对不起禅门众僧，对不起天下信众。"

圆悟克勤朗声大笑，随后赞誉道："士别三日刮目相看，徒别三载胜过为师，这真是禅门之幸也！"

回到中峰寺，圆悟不顾疲劳，要密印将别峰所写的各种文章和学佛摘要与心得全部交给他批阅。密印猜想，师父到中峰寺来的"要事"肯定与别峰有关。

圆悟用了整整两天时间才看完别峰的手稿，马上令人传来密印。圆悟抑制不住内心的兴奋，对密印说道："没有想到，真没有想到，你又为禅门造福了。这个别峰的悟性、学识、慧根均在你我之上！今后临济宗乃至禅宗的发扬光大，非别峰这样的人难以传承，禅门后继无忧也。为师这次来中峰寺，就是要同你商量，看看能否按原来你与师父的约定，将别峰作为下一代掌门人来培养。如果时机成熟，则可以将他带到成都昭觉寺，一来可以与全国各地来昭觉寺的僧众一起听经讲法；二来通过相互交流参学，可以拓宽别峰的眼界，开阔他的胸襟；三来在那么多学有所成的高僧面前可以展示别峰的才华和对禅宗要义最新的认识，让别峰脱颖而出，以德服人；四来可以多给别峰锻炼的机会，让他承担禅门的特别使命，这个使命非他不可，目前再也找不出第二个人来。"

圆悟克勤不等密印插话，接着又说："为师知道这种朝夕相处、情同父子的感情难以割舍，这难为你了！"

密印心里确实不是滋味。他与别峰十来年从没有分开过，他将自己的平生所学毫无保留地传授给了爱徒，师徒之间的情义早已胜过父子。按佛门规矩，别峰一旦去了成都便身不由己，不知哪一年才能相聚。但转念一想，这一天不是自己所希望的吗？只不过来得早了一些而已。师爷圆寂之前当面嘱咐过自己，肯定也给远在西藏的师父神通过，说不定师父正是冲着这个来的。还有，为了整个禅宗的兴旺发达，别峰也应该早日"出山"亮相，完成禅门也就是师父圆悟禅师交给他的神圣使命。想到这里，密印微笑着对师父说："师命难违，这不也和当初师爷将弟子派到峨眉山中峰寺来，后来又推荐弟子到宫廷给皇室讲经说法的时候，师父您当时的心情一样吗?"

圆悟克勤忙说:"好! 好! 好!"

别峰就这样随圆悟克勤禅师去了成都昭觉寺。

一天,圆悟克勤在讲经说法中发问:"举上诸圣,以何法接人?"

众僧争先恐后,纷纷引经据典,陈述己见,其中也不乏惊世之言。但圆悟连连摇头,众僧不得要领,皆请大师开示。

圆悟克勤回头问别峰有何见解。

年轻的别峰举拳相示。

圆悟克勤说:"此是老僧用者,孰为从上诸圣用者?"

别峰再次举起拳头,圆悟克勤亦举拳,别峰将自己的拳头与大师的拳头相加。圆悟禅师大惊。随即,两人不由相视而笑。圆悟对着众弟子感叹道:"是子他日必胜吾也!"众僧心中开始对这位从峨眉山中峰寺来的晚辈敬重起来。

别峰在成都昭觉寺开始了新的修行生活。寺里的大小事务圆悟克勤都交由别峰处理。对内对外的佛事活动,迎来送往,居士、众僧的衣食住行以及协调官府、社会贤达,别峰都处理得有条不紊。昭觉寺在善男信女的眼中更加瑞祥,因而香火也就更加旺盛。

别峰每天在经课之余除了悟禅,还要将师爷所讲的详细记录下来,并加以注释。同时,他对自己每天的感悟也要悉心地整理记载。晚上则调息入定、静心坐禅,并不间断地习练师父密印传授的峨眉功术,早晨四更起挑灯晨读,休息和睡眠的时间很少。逐渐,别峰以他的勤奋和德行在众僧中赢得了赞誉和敬仰。平时众僧参禅悟佛遇到疑难问题都愿来向别峰请教,修行以外的其他事务也来请别峰解决。圆悟克勤见时机已经成熟,便宣布由别峰替代他讲经说法。从此,别峰在禅门声誉鹊起,影响很大,慢慢地赢得了愈来愈多信众的追随。

是年，一场春雷将昭觉寺大榕树上挂着的铜钟震落在地。执夜的僧人报告别峰，说已经召集了十名工匠、二十名僧人准备用滚木和楔子慢慢地将铜钟重新挂在树上，请别峰前去定夺。别峰随僧人来到巨钟旁边，看到三十个手持工具的人已经准备动手，就是不知往哪里移动。别峰见铜钟太重，恐伤及大家，便对大家说："不必有劳诸位，贫僧自有办法，请歇息去吧！不要耽误明日早课。"众人半信半疑，不知别峰要用什么办法将三十个人才能移动的大钟挂回树上。有好事者躲在暗处想看个究竟。只见别峰请小沙弥搬来一个蒲团，端坐其上，双掌合十，闭目打坐，像是调息入定一般。几个时辰过去了，别峰纹丝不动，铜钟也未移分毫。躲在暗处的僧人实在疲倦之极，觉得也看不出个名堂，便轻手轻脚地溜回房内歇息去了。

第二天同一时间，当浑厚的钟声将大家叫醒时，不少僧人连衣服和鞋子也顾不上穿，径直跑到树下。他们看到昨晚还陷在泥里的巨钟已经又挂在大榕树上了，而且比原来更加牢固。几位好事者更是目瞪口呆，好似在梦中一般。大家议论纷纷，都说别峰一定是一位神僧或者是菩萨转世。

圆悟得知此事后，知道别峰一定是运起峨眉功术，将巨钟嵌入了古榕树。别峰的峨眉功术好生了得，看来比他的师父密印还高出一筹。再说，古钟从树上掉下来，预示着很快将有贵客来访。圆悟克勤入静冥想。

二

别峰圆寂已有十年，或说销声匿迹已有十年。当峨眉山的僧众、信众心中已逐渐淡忘了这位佛学奇才、禅门神僧的时候，别峰却神奇地回到了峨眉山中峰寺。

迎接别峰这天，密印禅师亲自率领本寺七十余僧人，向峨眉山下走去。当一行人走下峨眉山时，不知是谁走漏了风声，在山界处聚集了两千多名信徒和围观的人。密印看到峨眉山各大寺庙的住持和许多僧人都自发赶来，内心十分感动，便逐一给大家施礼。围观信众从来没有看到过峨眉山有如此宏大的场面，上百位住持、近千名僧人，加上如此众多的围观者汇聚在山界，比峨眉山的佛事活动还要壮观。山界处一时人声鼎沸，热闹非凡，大家都有一个共同的心愿，就是要亲眼看看这位传奇的中峰寺神僧，这位传说死了十年又活回来的菩萨。有的人纯粹是受好奇心的驱使，有的人是来凑热闹，还有的人是为了证实传闻，然而更多的人却是怀着一颗崇敬、虔诚的心来寻求点化和开示，以便今后的修行更加精进。

大家正在相互寒暄，互致问候之际，一位精壮僧人远远地朝着界碑健步走来。起初大家并不在意，心想肯定是中峰寺派去打探消息回来报告的人，可能别峰的大队人马离峨眉山也不远了。大家翘首以待，专注地盯着远方，期待着别峰一行人进入视线。

这时，只见这位僧人如旋风一般眨眼而至，跪在密印禅师面前，朗声说道："恩师在上，请受弟子别峰叩拜！"这个声音是那么的悠长而洪亮，就连站在最远处热烈谈论的人，耳膜都受到震荡。人们受到震慑，全场顿时安静下来，上千双眼睛一齐落在正向密印禅师叩拜的别峰身上。

密印畅然大笑，躬身扶起地上的别峰，说道："我佛慈悲，为师终于盼到相逢这一天！"接着又说："别峰你好福报啊！峨眉山所有的大德和僧众都来迎你回山，你知道该怎样来感谢大家！"别峰抬起头来向大家施礼。

直到这时，人们才真正看清楚了别峰面容：一张古铜色的脸泛着光亮，头顶一团白露，仿佛祥云缭绕，眼睛大而深邃，满蕴慈悲，鼻梁挺直，嘴唇丰润，两耳长大，耳垂齐肩，气质中展露出大智大慧的威德。众人惊叹，别峰那么年轻却修出了那么慈善和庄严的妙相，真是天造神助，地就佛佑！

众人端详着别峰，赞叹之声此起彼伏。突然，有人大声叫道："为别峰大师普度众生致谢！"大家这时才回过神来，发现自己的手中不知什么时候多了一个玉制的佛像，僧人手中各执一卷黄色锦缎，展开来看，上书一段《六祖坛经》。信众和僧人都十分感动，僧人合掌施礼，信众跪拜叩头致谢，场面非常感人。

在密印的介绍下，别峰一一拜见了峨眉山各大寺院的住持。大家互道倾慕之情，言谈之间都表示非常想知道别峰神秘的经历。

一行人回到中峰寺的当天，密印专门吩咐为别峰准备了一间与他并排的禅房，别峰坚辞不受：

"恩师在上，弟子能有今天，完全是恩师的全力点化，弟子尚不能报效于万一，弟子的德行与恩师相比差以万里，怎能同恩师相提并论！如是这样，弟子无地自容。"

密印正色道：

"按照佛门之规，凡被天子钦点以国师的身份出使外邦的僧人，无论到达哪个寺庙，住持都要专辟一间禅房与之并排而住，以示对皇权和佛门同契的尊重。这个规矩在佛门中已经实行多年，沿袭至今还无人犯戒。你我虽为师徒，但也不能违背朝廷和佛门的规定，否则，有损老衲及峨眉山声名！请徒儿不要推辞。"

别峰见恩师情真意切，实在找不出拒绝的理由，只好接受密印的安排，但仍当着全寺僧人的面约法三章：其一，只能叫别峰师父，而不能称大师；其二，经课和劳动与众僧一样，不得特殊；其三，斋饭同众僧一起在五观堂食用，而不能跟住持一样单独用斋。密印见弟子严于律己，其佛学造诣已经达到很高的境界，深感自己有缘教化这样的弟子乃一生修行之造化，怕别峰还要推辞些什么，急忙当众宣布："别峰在中峰寺期间，对内对外讲经说法、一切佛事活动概由他担当。"

别峰深知恩师的用意，谦恭地说："恩师要弟子担当如此重任，弟子实在是诚惶诚恐，今后只有继续在恩师的扶助和教化下，倾全力精进修行。同时还望众师兄共同协助，才有可能不辱使命，弘传佛法。"中峰寺众僧心悦诚服，皆称别峰真乃一代宗师！

晚上，别峰来到密印的禅房内，将背上的包袱解开，双手捧着一尊金光灿灿的释迦牟尼佛的坐像交给师父，说道："这尊用纯金铸造的佛像，是天竺国王赠送给恩师的，现在弟子将佛像呈上。"

密印接过这尊佛像放在佛台上，仔细地端详起来：佛祖端坐在莲台上，栩栩如生地注视着整个人世间的修行之人和一切生灵。密印知道，这尊金佛像只有功德圆满之人才能幸受，其意为"佛佑'今生'，功德无量"。密印在金佛莲台的基座上发现用梵文刻着："南宋密印尊者追随佛祖，重塑金身，天竺国赠。"密印看到这里，被特殊的幸福感笼罩着。这个来自佛教诞生之地的佛祖金身像，是天竺对各国修行、弘传佛法有巨大贡献之人的一种奖励，也是对其功德圆满的一种认可。如今，自己的爱徒亲自将金佛像从天竺带回，莫非别峰近十年销声匿迹是为了隐姓埋名在天竺学佛修行，抑或弘传佛门禅法？因为，密印知道，金佛像只能本人到天竺幸受，不能由人转授。为何这次破例？想到这里，密印转身说道："别峰，你也应该将这十年来的秘密告诉为师了！"

别峰先请恩师在蒲团上坐下，然后自己再坐在密印的下首，娓娓地向师父讲述了这十年自己神奇的遭遇。

别峰在成都昭觉寺跟随圆悟克勤修行期间，替代圆悟讲经说法，主持大小佛事活动，深得师爷的喜爱和众僧的赞誉，加上他运用峨眉山禅门独创的功术挂好巨钟，维护道场，因而声名远播，慕名前来昭觉寺烧香拜佛、听经说法的信众愈来愈多。不想这件事情传到了印度热那寺住持摩罗凡谛大和尚那里，高僧立即派使者到成都昭觉寺迎请别峰去讲经，交流禅宗独创悟佛修行之法。数年前，摩罗凡谛高僧也曾派遣使者前来成都昭觉寺，准备迎请圆悟克勤禅师去印度传法，但是，当时圆悟克勤正接到了从京城快马传来的天子诏书，要他迅速动身，为朝廷主持祈雨法事活动。圆悟临走时修书一封，请使者带回，承诺几年以后推荐一名能懂梵语的大德高僧去印度传法参学。圆悟克勤到峨眉山中峰寺将别峰带到成都来，也是为了有朝一日履行当初的诺言，未曾想别峰在昭觉寺的各种逸事这么快就传到了印度。摩罗凡谛高僧牢记圆悟克勤的承诺，很快遣使前来，这次是再也没有什么理由婉拒了。

圆悟克勤其实心中早有预感。成都平原在早春二月便春雷滚滚已是稀有，而恰好这雷就将昭觉寺的铜钟震落在地。当时，圆悟正在坐禅，入定中见一行人从西天而来，为首的一名僧人吩咐随从提前告知昭觉寺。随从取出身上的一个铃铛执在手中施法，铃铛越转越快，一会儿便旋转着飞上了天。圆悟看着铃铛向着昭觉寺飞来，只一眨眼的工夫，就落到了古榕树下。圆悟刚刚坐禅完毕，就听执事僧人来报，说雷将钟震落在地。圆悟知道，这是昭觉寺将发生重要事情的预兆。

使者一行十五人，领队的一位僧人能讲一口半生不熟的汉语，交谈中圆悟知道此人是摩罗凡谛身边的常随弟子莫西多，此人幼年曾随父母在西域生活过几年，因而有一些汉学基础。莫西多将摩罗凡谛大和尚写给圆悟禅师的信交给他，提出要拜会别峰，因为听说别峰的禅门功夫不同凡响，想亲自领教。莫西多也是一位武功高强的僧人，常在修行之余跟随师父摩罗凡谛练习瑜伽术，而且深得师父真传。当师父要他出使中国迎请别峰来印度的时候，他非常兴奋。一来他可以到中国的富庶之地成都领略古代蜀国都城的风貌；二来听说别峰的峨眉神功盖世，想与之切磋交流，显示一番自己高强的功夫。因而他一见到圆悟克勤禅师就说明了来意，提出要见别峰禅师。圆悟知道，能万里迢迢从印度前来成都的使者，一定都个个身怀绝技，武功高强，否则，一路上艰险重重，强盗匪徒出没，不要说完成使命，恐怕自身性命都难以保全。他有心要考一考莫西多功力深浅，便指着面前的铁香炉说道：

"别峰刚把这只香炉打扫完后端来放在这里，老衲正准备将它搬到大殿的后面，那就有劳你了！"莫西多看着这个香炉足有半人高、两米长，周身光秃秃的，没有可着力之处，用手一摸，只听滋滋作响，冒出青烟，可见它刚被烧红过。看来要用手端起来，得用平生之学了。莫西多站在香炉前运气发功，突然蹲下将两只手托住香炉的底部，运足真气慢慢地把香炉端起来。炉身滚烫，炽热熏人，直烤得他脸和胸前的皮肤灼痛，沉重的炉身压得手臂的骨骼咔咔响。莫西多缓慢地移动脚步，脸憋得通红，青筋鼓胀，每走一步都十分困难。刚走到第五步，实在难以负重，想把香炉放下来。这时，莫西多犯起难来，放下香炉时如果手上、腰上稳不住，香炉迅速落下，轻则将铺在地面的青石板砸坏，重则将香炉摔裂。但依自己现在的功力，要想强行稳住放下香炉，又恐腰部受伤，如果要众人前来帮忙又大失面子。正在为难之际，突然，香炉被另外一双手接过去，只听"咚咚咚"的脚步声，香炉飞快地向着大殿门前移动，然后被轻轻地安放在平台上。为莫西多解围之人直起腰、抬起头，大家定睛一看，原来却是圆悟克勤大师。莫西多见圆悟如此高龄尚能轻松搬动香炉，气不喘、脸不红、心不跳，心里实在是佩服得很，忙向前施礼道："感谢大师解围，想必别峰还没有如此的功力吧！"

圆悟微笑着说："别峰在峨眉山中峰寺习练禅门独家的天禅神功，只是老衲也不知道到底如何。平时别峰就在这个大殿的石蒲团上禅坐练功，这块圆形的石头会随别峰升起数尺高。"

莫西多一行人向圆悟指着的地方看去，只见一块丈余见方的圆形青石镶嵌在佛像前的地面上，巨石的边沿有很细小的接缝，人坐在上面要能运用内力将它抬升数尺，真乃匪夷所思！莫西多招呼随行僧人一齐向前，十五双手同时按在巨石上，一起运功，好半晌，青石纹丝不动。僧人们脸红筋胀，对着巨石无可奈何。这时，只听见圆悟说道："请别峰前来见客！"

一会儿，一位中等身材、神情庄严的年轻僧人飘然而至，先向莫西多一行人合掌施礼，再对圆悟说道："师爷有何吩咐？"

圆悟克勤先对别峰——介绍了印度僧人，然后又对莫西多等人说道："这便是别峰禅师，还是由他向你们讨教吧！"别峰心领神会，脚尖轻轻一点，在空中盘腿，慢慢地落在巨石的中央，随即调息入定。顷刻间，只见圆形的青石开始旋转起来。一阵薄雾弥漫，石蒲团越转越快，向着空中升腾。当巨石托着别峰上升到约一米高左右，便悬浮在那里一动也不动，上面跌跏禅坐的别峰的周围似有一团云雾将他托起。众僧于朦胧之中看到这块圆形的青石约有一米厚。大家百思不得其解，心中甚为惊讶。

莫西多简直不敢相信自己的眼睛，他怀疑别峰施用了什么法术，使他们都产生了幻觉。莫西多躬着腰从石盘下面走过，用手到处摸索，想看看能不能找到什么东西在支撑着圆石，结果下面空空如也。莫西多运足全身真气集中在两掌上，向圆石的边沿推去。只听"嘭"的一声巨响，石盘除了有一点轻微的震动外稳如泰山。倒是莫西多"啊"的一声被反作用力弹出十米之外，摔在地上起不得身。这时，他感到有一股引力很大的热气逼上全身，迅速打通他的七经八脉，然后轻轻地将他拉起。这个动作一气呵成，一点痕迹都没留，让他挽回了面子，随行的僧人还误认为是莫西多运功自救。莫西多脸色一红，内心惭愧。他知道，这股内力发自别峰。他心悦诚服。但是，身负的使命让他一点也不能感情用事，随即拉下脖子上的一串佛珠，一撒手朝对面数十米开外的古榕树打去。说时迟，那时快，只见一道虹光从石盘上飞出，一闪便追上了佛珠。几十声"砰砰"的撞击后，佛珠像仙女散花般掉下，深深地嵌入了地面的石板中。远远望去，形如一朵盛开的莲花。莫西多走近观看，用上乘的瑜伽功试图把佛珠吸出来，重新挂回脖子。无奈佛珠就像落地生根一样，与石板融合在一起。

别峰走上前来，对莫西多施礼，用梵语说道："贫僧雕虫小技不足挂齿，如有得罪大师的地方，还望多多包涵！"

莫西多看着神采奕奕的别峰，站在面前比自己还矮半个头，身板远不如印度僧人壮实，并不像常练武功之人那样肌肉发达。但就是这样一个貌不惊人的别峰，却身怀绝技，无人能敌。只是自己的一串佛珠为师父摩罗凡谛所赠，如今嵌在石板上，如果不能取回，怎么有脸回去再见师父？

别峰看出了莫西多的心思，亲切地说道："莫西多大师不必自谦，佛珠不是已经挂在脖子上了吗？"莫西多伸手一摸，佛珠果然已完好无损地挂在自己胸前。莫西多这时才真正地感到，别峰的确名不虚传，无论德行还是武功都是佛界奇才，世间少有。

莫西多扑通一声跪在别峰面前，口称："承蒙大师点化，如不嫌弃，愿向大师拜师修行。"

别峰大惊，望着圆悟师爷，不知如何是好。莫西多跪在地上虔诚地说，如不成全他跟别峰做学徒，他就永远不起来。紧接着，其他印度僧人也都跟着莫西多跪下。

见圆悟克勤闭口不言，别峰不敢擅作主张。这件事非同小可，涉及两国佛界的交往，涉及印度热那寺与成都昭觉寺的历史渊源以及师承关系。此外，禅门秘传的天禅神功有着非常严格的规定，不要说是外国僧人，就连本国佛教其他宗派也不传授。这一点，别峰心中十分明白。连圆悟克勤都在思考这件突然发生的意料之外的事要如何处理为妥。这时，别峰真希望师爷站出来给他解围，打消莫西多的念头，而圆悟偏偏一言不发，静观其变。忽然别峰感悟到，这是师爷有意在考验自己，如果连这一关都过不了，还怎么能出使西域呢？别峰的思维敏捷起来，随即慈祥地对莫西多说："要想拜师，必须答应一个条件。"

莫西多见有了希望，便赶紧承诺道："不要说一个条件，就一百个条件都会答应。"

"如果你能将热那寺随行僧人以及本寺托带的物品毫无损失地带回印度，并征得摩罗凡谛大师的同意，贫僧愿意收你为徒！"别峰说。

莫西多心想，回印度的路虽然比来时更加艰险，冰雪已经开始融化，可能会遭遇雪崩和泥石流，还有十几伙盗匪，也许会纠集更多的人，再次袭击他们，但是只要同别峰在一起，这些难题不是小事一桩吗？至于师父摩罗凡谛会不会同意我莫西多拜你为师，那更不成问题。既然热那寺派吾等专程来成都迎请你别峰前往印度讲经说法，那就已经说明别峰是令他敬重的大德高僧了；加上别峰神功卓绝，为了提高热那寺的名声，更好地弘传佛法，普度众生，师父一定会赞成自己向别峰学练武功。想到这里，莫西多纳头便拜，口称感谢师父的教化之恩云云，如果不能完成师命，情愿永远被埋在雪峰之下。

别峰后来一直都后悔没有阻止莫西多发这样的绝誓，因为意想不到的磨难正等着他们。

别峰就要启程了。临行前的一个晚上，圆悟克勤将别峰叫进自己的禅房面授机宜，要别峰在昭觉寺挑选十五名武功高强的僧人随行。圆悟叮嘱别峰为每一位前行的僧人准备四匹马，其中两匹作坐骑，两匹驮用品，好在途中轮换，以免牲口过度劳累，影响行期。最后圆悟克勤飞身从房梁上取下布包，打开外面几层，露出一个十分精致的盒子。盒子的表面用宝石镶嵌着释迦牟尼在菩提树下得道成佛的画面。宝石五彩缤纷，耀眼夺目，在烛光的衬托下显得那么尊贵。别峰思忖道，这个价值连城的宝盒一定是宫廷中收藏的宝物，只有天子才配拥有这种天下无双的绝世珍宝。圆悟克勤对别峰说道："这个盒子有一个暗道机关，如果盲目打开……"

刚说到此，别峰和圆悟同时听到了房顶上有轻微的瓦响，别峰冲出门外，脚尖轻轻一点，飞上了房顶，趁着夜色极目远望，只见数十米外一个蒙面黑衣人一闪便不见踪迹。别峰运起神功紧追不舍，并用禅门心法四面吸纳，不一会儿，空中迎面飞来一把尚未出鞘的宝剑。别峰抓住剑身，抽出剑刃，见剑柄上刻着"巴蜀第一剑"。别峰搜寻未果，便带着缴来的宝剑回到禅房，只见师爷正在案前秉笔疾书。圆悟告诉别峰："宝盒乃老衲在宫廷做国师时高宗皇帝亲赠，内装释迦牟尼涅槃后的舍利子两颗，据说是唐朝京城长安法门寺珍藏，天子将这两件稀世珍宝交给老衲保管，并嘱咐在适当的时候让它回归印度。"

别峰直到这时才猛然记起，这一"国宝"自己早在童年的时候就听父亲讲过，里面隐藏着一个未解之谜。据说当时佛祖的舍利子连同宝盒不翼而飞，天子震怒，连杀几名校尉和与之有关的两名朝廷大员，被株连者不计其数。想不到这天下第一奇案，竟然是皇帝本人亲自导演的；更想不到天子却将这个万世瞩目的国宝，暗中委托圆悟克勤禅师秘密送回印度。这里面一定还隐含着什么重大的玄机。想到这里，别峰不寒而栗！这么重要和神圣的佛门使命竟要自己去完成，怪不得密印要度我遁入空门，又秘传天禅神功，独授禅门心法，还另教梵语和藏语。圆悟师爷带自己来成都，好像他们之间是心有灵犀，默契自然。到成都以后发生了一连串的怪事，说不定都是事先精心策划好的。

圆悟克勤看到别峰怔在那里，庄重地说道："此项任务想必你已经悟透，一路艰险当道，但只许成功，不许失败。弘传佛法、振兴禅宗，这个重任也要由你承担，好自珍重吧！"说着又递过来一张手札，上书口诀若干，是开启宝盒的秘诀。别峰看完以后，借蜡烛烧毁，然后在圆悟的面前发誓："别峰承蒙师父和师爷的教诲与点化，不才之年便担当如此重任，实乃造化，此番出使西域，绝不辱使命，请师爷放心！"

圆悟克勤动情地点点头，朗声对别峰说："承诺之期只有五年，还等着你回来率领众僧更好地传承禅法。切记！切记！"

别峰将缴获的剑交给圆悟。

"这是密探的剑，从此人的功夫来看，绝非等闲之辈！只是为什么偏偏在这个时候有人窥探？"别峰心里充满了疑问。

圆悟注视着这把剑若有所思。此剑的剑鞘系纯铜打造，两面都刻有一只金钱豹，豹眼用两颗宝石镶成，在烛光下闪着幽幽的荧光。剑鞘的挂钩已断裂，定是被内力所毁。剑把用金丝网线包裹起来，一边编织一个"文"字，另一边则编织一个"武"字。抽出剑刃，只听"噌"的一声响后剑尖不停地颤动，发出一阵嗡嗡之声。剑刃在昏暗的烛光下闪耀着冥冥青光，映射出锋利无比、削铁如泥的威力。剑柄上清晰地刻着几个字——"巴蜀第一剑"。

看到这里，圆悟大惊，这不是巴蜀镇远将军所佩之剑吗？

据说打造这把剑的是一位武功盖世的江湖独行侠，后来为镇远将军收服，做了军中的总教习，深得镇远将军的赞赏和信任。镇远将军奉命南征时，这位大侠曾两次救过将军的性命。得胜回朝以后，镇远将军准备重赏这位大侠，哪知再也未能找到其踪迹，只留下了这把由大侠亲自铸造的宝剑。圆悟在应召入宫前，专程到镇远将军府上辞行，将军设素席为他饯行，席间向他谈起了这件往事，并将宝剑取出来给他看，请他指点迷津。圆悟详细地检查了这柄剑，然后对镇远将军说："这把宝剑尚未见过血，看来这位隐士赠送将军宝剑的意思是想让你尽量减少血光之灾，以仁义之心慑服众人，使巴蜀百姓免遭涂炭，这'巴蜀第一剑'寓意深远啊！"

将军沉吟半晌才对圆悟说道："此剑珍贵异常，将它赠送给太子如何？"

"不可！切忌！如此一来倒可能让太子心生疑惑，也会让天子对将军产生怀疑，还是将军留着作为传世之宝吧！"圆悟恳切地说。

镇远将军这把宝剑在这个时候出现于江湖，难道当时天子给自己的秘密使命已走漏风声？

想到这里，圆悟对别峰此行担忧起来。

话分两头。

却说蒙面黑衣人跌跌撞撞地穿过小巷背街，从后门悄悄进入一座豪华的大院，径直向着里屋走去。卫兵打开房门，屋内灯火通明，太师椅上坐着一位身着二品官服，十分威严的老者。黑衣人上前几步，在老者面前跪下，毕恭毕敬地说："果然不出公公所料，圆悟已经将宝盒与舍利子交到了别峰手上，只是打开宝盒的秘诀未能探听到，还望公公恕罪！"

老者站起身来踱着方步，猝不及防地走到黑衣人面前，一把撕开其胸前的衣襟，黑衣人胸前密密麻麻地布满了青紫色的斑点。待全身衣衫脱下以后，老者定睛一看，紫色的斑点刚好组成盛开的莲花，前后各一。这时环伺的众人走过来，面面相觑，好久都说不出话来。

黑衣人说道："这个别峰，不知道练的是哪路功法，人隔我数百步之遥，竟让我受到如此重创，宝剑也被他的内力吸走，看来要对付此人还得另想办法!"

老者这时才开口:"别峰的功夫是禅门独创的'天禅神功',圆悟克勤传给密印,密印又传给别峰。当年在宫中,高宗皇帝十分赞赏圆悟的功夫,曾让圆悟露一点绝技给他看看,也不过是一些隔墙取物、运气点烛的小技,算不上绝世奇功。但从这次别峰发功的劲道来看,在追击之中还能有如此巨大的杀伤力,连手中的宝剑与挂在腰上的剑鞘都被吸走,要不是相隔遥远,你老三是绝难逃出他的掌心。"

这个被老者称为老三的人连连点头,接着说道:"公公所言极是,我们三兄弟号称御林军中的高手,但恐怕联手对付这个别峰都很难取胜!"

老大、老二很不服气,齐声奚落老三说:"三弟不要长他人志气,灭自己威风!我们跟随公公打遍天下无敌手,一个别峰就把你吓成这样,岂不让人笑话。"

老三争辩说:"你们不要小看别峰,武林中曾有传闻,说别峰在峨眉山中峰寺练功时随心所欲地让呼应峰上的巨石飞来飞去,这种功法旷古未闻!"

老大、老二还想争论,老者用手制止道:"你们既不能麻痹轻敌,也不能悲观畏惧。自古就有'英雄难敌众手'之说,只要我们调用巴蜀守军一千余人追杀,再用计谋让别峰一行无法补给粮草,到时你我四人一齐上阵,何愁国宝不到手!"众人皆说此计甚好,愿听调遣。

这一伙密谋在别峰西行的路上抢劫宝盒、舍利子,暗害别峰的"盗贼",正是当今天子身边的人。

说来话长。

传说,宋高宗的母亲在生高宗之前,做了一个奇特的梦。梦中的她大着肚子,跪在观音菩萨塑像前祷告:一来为顺利分娩;二来为生一个儿子，今后继承皇位。正当她叩头之时，一阵奇香弥漫，在云雾缭绕之中听观音菩萨开口说道：

"你将生一个皇子，此子后将贵为天子，统领天下。但是，你儿子登基二十年以后要派大德高僧西行去印度热那寺还愿。到时，必须带上佛祖的舍利子两颗连同盛装舍利子的盒子。如果你答应并能实现，则能如愿以偿；否则，一切将不会灵验，生下的就是女婴……"

她忙在菩萨面前发誓说：

"如果不能履行诺言，天诛地灭！"梦醒后阵阵腹痛，生下了当今的高宗皇帝。当生下男孩的消息传开后，大家都认为出乎所料，因为她怀胎时仙士和御医都说将生一个女孩。

直到高宗登基后的一天晚上，皇太后才将此事告诉了宋高宗。太后要高宗履行诺言，免遭到恶报。

高宗深信不疑，又怕此事张扬，便秘密派出心腹太监董明到全国各大寺庙去探听释迦牟尼舍利子的下落。董明临行之前专门拜访国师圆悟克勤，请求开示。圆悟告诉董明，先师曾对他说起过佛祖涅槃之事，说舍利子与长安法门寺有着不为外人所知的关联，建议董明先从长安查起。

董明深受启发，通过暗中周密的调查，终于如圆悟所讲，在古都长安的法门寺找到了宝盒及其中所盛两颗佛祖的舍利子。董明怕其中有诈，后又多方秘访大德高僧，包括从印度来传法的僧人。大家都确认无疑，但皆说佛祖的舍利子不止两颗，应该是近百颗。董明不敢妄下定论，只好带着宝盒与舍利子回京面奏皇上。高宗请来圆悟鉴别。一见到这个盛装舍利子的宝盒，圆悟便心中有数了。再打开盒子详细观看一翻后，圆悟肯定地说，宝盒与舍利子皆是原物，只是还应该有更多舍利子才对。

高宗因太后梦中之事应验了三件，故越发相信这是观音菩萨的保佑和点化，便召集首辅大臣入宫，要他选二十年后能够前往印度完成此项使命的大德高僧。大臣们极力反对，认为仅靠梦中之言就将国宝轻易地送往印度是极不慎重的。这些话惹得高宗皇帝很不高兴。

有的大臣怕皇帝受到太监和国师的蛊惑，做出有失国体尊严的决定，因此在下面鼓动其他人不断给天子上书，请皇帝放弃这个想法。高宗不予理睬。此事愈演愈烈，甚至有两位大臣上书说天子不理朝政却听信巫术，这样下去总有一天会断送大宋江山，如果皇帝还要一意孤行，众臣只有集体告老还乡云云。

高宗大怒，令刑部将这两个小题大做的大臣以犯上作乱的罪名处以极刑，并满门抄斩。

事态平息以后，高宗考虑到如果再公开操办"还愿"之事，恐怕引起更大的风波，遂将圆悟国师找来商量。

圆悟献策说："还愿之事以朝廷出面用天子的名义公开进行，可能还会遭到群臣及世人的反对。表面上不要再提此事，此事还要等待多年，不如完全交由佛门来办。这便是民间往来，与朝廷和国家并无多大关系。"

高宗问："谁能担当此任？"

圆悟答："老衲如何？"

高宗道："朕也有此意！但谁又能代替禅师？"

圆悟再答："老衲有一名弟子，法号密印，在峨眉山中峰寺做住持。"

"此人德行如何？"高宗又问。

"密印是禅门继老衲之后的掌门。此人不仅参禅悟佛达到很高的境界，而且讲经说法也不在老衲之下，同时修炼禅门武功也有所建树。因此，老衲推荐密印不光因为他是老衲的弟子，更重要的是他还将在皇上还愿之事当中担当培养使者的要务。还有，让他到宫中来可以随时将皇上的旨意传给老衲，以免惊动他人，惹出不必要的麻烦。请皇上决断！"

由道观改建的佛殿

圆悟胸有成竹地陈述。

"既然如此，朕就放心了。想必国师对还愿之事已深思熟虑了吧？请国师讲给朕听听！"高宗步步紧逼。

圆悟克勤埋头沉思，半晌不语。

高宗催促着说："国师不必多虑，但讲无妨。"

圆悟推却道："老衲尚未考虑成熟，请皇上容老衲思考三天吧！老衲一旦有了比较稳妥的方案，一定面呈皇上。"

"那就照准吧！"高宗知道圆悟克勤是个办事非常精细之人，今天一定有什么难言之隐，还是让他回去反复斟酌后再定也不迟。

当圆悟克勤回忆到这里时，心里面已经隐隐地感到，一定出了什么意外！自己和皇上的秘密谋划怎么会有第三者了解内情？记得自己将密折面呈皇上后，皇上当面拆开细细地审阅，一篇千余字的奏折，竟花了两个时辰御览，可见天子心中对这件事情的处置是何等的审慎。最后，皇上抬起头，两眼注视着圆悟，好一会儿才说："此事可靠吗？"

圆悟回答："老衲的师父圆寂时，曾当面交代密印，也给老衲神通过。老衲从西藏回来后，曾派人秘密前往龙游，得知确有一个名叫李宝印的男孩。此儿一生下来就与佛有缘，聪慧异常。据老衲观察，这个李宝印是一个具有大根器的人，前世本就是一位大德高僧。如果适时加以点化，今后必然超过老衲与密印的威德与功夫。此人定能不负圣望，担当还愿之重任。"

"为何不让密印西去？"高宗面露疑惑。

"密印到那时年事已高，不再适合长途跋涉了。加上路途艰险，可能还要在印度热那寺讲经说法许多年，然后再回到峨眉山。恐怕密印难受此重托！"圆悟向高宗解释道。

"还有比这个更好的办法吗?"皇上始终心存疑虑。

圆悟摇摇头,无可奈何地说道:"其他方法,老衲也考虑和比较多时,最后还是认为这是最上乘的办法。"

高宗沉思半晌后果断下旨:"准奏!"

圆悟清楚地记得,这两次皇上都是在同一间密室中召见自己的。当时,除了高宗和自己,再无他人在场。皇帝本人绝不可能泄漏,那么问题又出在哪里呢?

董明!莫非又是这个董公公?

圆悟记得第二天高宗派心腹太监董明送来一个用黄绸缎封好的包裹,董公公当面向圆悟说:"皇上交给大师的圣物都在里面,请大师清点。"

圆悟解开包裹,打开宝盒,验收了上次董明请自己鉴别过的舍利子,然后对董明说:"请董公公回禀皇上,老衲已经幸受圣恩。"说毕交给董明一封密封好的回折。

董明这时开口说道:"宝盒的暗道机关可以自行设置,他人均无法知晓,请大师好自珍重吧!"

除了皇上,就只有这个董公公才知道宝盒和舍利子由谁密藏,如果要泄密,只有他这个唯一的渠道。看来,这件事情变得复杂起来。

不出圆悟所料,正是这个董明后来导演了一场生死搏杀。

原来,董明在长安找到释迦牟尼舍利子后,认为自己功高盖世,一定会受到天子的特别赏赐,至少也应该做宫中的太监都知。却不料高宗听信谗言,仅晋升董明为太监副都知,未有其余赏赐。一打听,才知是太监都都知在背后说了许多坏话,导致高宗对他生了疑心,因而才落得个明升暗降的下场。董明气得咬牙切齿,发誓要撵走自己的顶头上司,让其终生饥寒交迫,以解心头之恨。

由道观改建的佛殿

于是，董明找到高宗最心爱的张贵妃煽动说："小人愿为娘娘统领后宫效犬马之劳，只要满足小人一件事，则可大功告成。"

张贵妃做梦都在想登上皇后的宝座，无奈当今皇后贤淑端庄，又无过失，要想让皇上废黜皇后，一时还抓不到什么把柄。

听了董明的一席话，张贵妃怦然心动。她知道这董明在宫中是一个手眼通天的人物，加上宫中的许多太监都是由董明甄选出来的，因此如果与董明联手，宫中的许多事情都能了若指掌，到时再串通外臣，制造一个皇后欺君罔上的罪名，不愁皇后不倒。想到这里，张贵妃对董明说："董公公的事就是我的事，愿闻其详。"

董明明目张胆地说："如果娘娘助小人当上太监都知，则废旧立新成功一大半也。"

张贵妃问："你有何良策？"

董明回答："小人有一个一箭双雕的主意，不知贵妃娘娘感兴趣否？"

"说来听听！"张贵妃饶有兴趣地吩咐道。

董明遂献计道："皇上准备送佛祖舍利子和宝盒前往印度热那寺还愿，近期就要启程了。宫中知道此事的人只有皇上、皇后、都都知和小人。而皇后和都都知也曾经劝阻皇上，因此，皇上在这件事情上对他们两人大为恼火。我们可借题发挥，制造一个都都知串通巴蜀镇远将军劫持舍利子的罪名。一来都都知必然落得个欺君罔上、身首异处的下场，而都都知是由皇后娘娘推荐的，必然会牵扯到皇后。荐人失察，欺上瞒下，阳奉阴违，妄图据佛祖舍利子为己有的罪名一旦成立，则罢黜皇后必成定局。二来，所劫得的舍利子和宝盒，娘娘可尽悉据为己有。此物不仅能保佑娘娘逢凶化吉，一生平安吉祥，而且还会荫及子孙后代，同享荣华富贵。"

"此计甚好，但怎样才能变为现实？"张贵妃迫不及待地问道。

"此事只能由娘娘和小人知道，其余任何人都不能了解内情。其一，小人近日将亲赴巴蜀去督办一件朝廷之事，借此机会带上武林高手，劫杀去西域的僧人，夺回舍利子。其二，到了巴蜀以后，制造镇远将军也参与此事的假相，然后令娘娘的心腹——也就是巴蜀督军，以叛逆之罪诛杀镇远将军，让事情死无对证。其三，小人临行之前，谎称要去拜访镇远将军，请都都知修书一封，到时将信的内容篡改，作为他串通之把柄。这个镇远过去投靠在都都知的门下，是靠都都知的推荐才坐上巴蜀将军之位的，他们之间的关系世人皆知。其四，娘娘必须亲自修书一封，由小人带上面见巴蜀督军，要他秘密地全力协助小人，事成之后论功行赏。上述四件事，如能一一办妥，则大功告成指日可待。"

张贵妃听得出了神，好半晌才问道："公公哪里去寻找武林高手？"

董明回答："小人人宫前曾是武林中人，当今武林三位顶尖高手均被收服于小人的门下。平时小人待他们不薄，关键时候是能够舍命相拼的。请娘娘放心！"

一场阴谋就这样开始了。

却说别峰的马队一路西行而去，开头十几天风平浪静，沿途并没有引起多大的注意。一天，马队进入荒无人烟的原始森林，突然一伙劫匪拦住去路，要马队留下买路钱。

别峰对着一位书生模样的匪首说道："贫僧远道而来，准备西去，出家人四大皆空，以佛法普度众生，哪里还有银钱济人！"

匪首仰天大笑："你们的行踪我们已经打探多时，如果不交出行李和马匹，明年的今日便是你们的祭日。"

别峰坦然道："罪过！罪过！看你相貌堂堂像个读书之人，怎么也来干这个打家劫舍的勾当，实在可惜也！"

这时，印度僧人莫西多对别峰说道："师父不要给强盗论理，待弟子率领众僧打开一条通道保护师父前行。"

别峰制止道："不得无礼，我佛慈悲为怀，不得妄开杀戒！"

"我们三百多人，个个英雄好汉，不是当今世道混乱，民不聊生，谁愿意落草为寇？为生计所逼，为官府所迫，是不得已。请你们留下行李和马匹，我们不会滥杀无辜！"匪首说道。

莫西多接口道："尔等聚众抢劫，已触犯律法，贫僧劝你们放下屠刀，不然将追悔莫及！"

匪首对着旁边的手下说："看来不给他们一点颜色瞧瞧，是不会拱手交出行李的，但是，只能将僧人赶跑，不得坏了我们不开杀戒的规矩。"

匪首转过头来对别峰说："吾等众人一齐上前拼杀，实在是以强欺弱，不够公平，不如双方各派几名高手单打独斗，如果你们胜则放行，如吾等胜则留下行李和马匹，大师认为如何？"

"恭敬不如从命，那就请便吧！"别峰客气地回应。

这时，两方各派出二人对垒。莫西多面对的是一位牛高马大的匪徒，手提狼牙棒迎面打来。莫西多举棍相迎，双方你来我往，一战便是一百多回合，不分胜负。另外一对也旗鼓相当。

匪首大惊，心想自己的两位弟兄也算得上武林豪杰，却丝毫占不到便宜；相反，对方还要略胜一筹，如此下去，最多也只能打个平手。

匪首正在暗自思忖应对之策。这时，只听别峰说道："大家住手，这样打来打去也不是个办法，不如换一个比法。尔等如能将行李、马匹全部拿走，我方则毫无怨言；如果不能尽数搬动，则皈依佛门，弃恶从善吧！"

匪首大喜："此话当真？不会反悔？"

"贫僧不打诳语！"别峰镇定自若。

匪首喝一声"上"，只见三百多名喽啰蜂拥而上，三四人围住一匹马，有的合力抬行李，有的去牵马、赶马，可是，任凭匪徒们用尽力气，马和行李却稳如泰山，仿佛生了根似的，难以移动分毫。

这样僵持了很长时间，众匪无可奈何地对匪首说道："大哥，这位和尚不知施了什么法术，我们束手无策！"

这时，匪首及十几个武功高强的兄弟才知道他们面前的这位僧人的功力十分了得，举世无双，单凭这种神功，不要说三百之众，就是再多的人也不是对手。如果和尚真要伤他们，则易如反掌。他们与其落草为寇，还不如皈依佛门，至少能善终。想到这里，匪首当着众匪的面说道："今天我们众兄弟有缘结识一位大德高僧，受其点化，幡然醒悟，不再干打家劫舍的勾当，随缘皈依佛门是唯一的选择！尔等意下如何？"

众人皆答："愿随大哥皈依佛门出家修行，以求来世得好报。"

匪首对着别峰纳头便拜，口称："请大师指点迷津。"

别峰吩咐莫西多取出一匹白绫，撕成数百片，然后运功在每一片白绫上刻上一个"禅"字。

别峰对匪首说："尔等手持一片丝帛，随便到哪一座寺庙，住持都会收留。"说毕，双手一抬，只见马队冉冉向空中升起，飘然越过众人的头顶，在数十米之外落下，继续往西而行。

据说，匪首后来取名为"正觉"，自称皈依别峰禅师门下。十年后别峰重回中峰寺，正觉闻讯和几名亲信前来正式拜师剃度，成为别峰禅师的常随弟子，深得别峰真传，最后皆修成正果。

却说别峰一行收服拦路抢劫的盗匪以后，加快了前行的步伐。为怕招惹麻烦，别峰令马队避开大道，每日风餐露宿，绕道西行。一日，他们来到甘肃境内，面对大漠孤烟，长河落日，大家心中有说不出的惬意。

正当准备安营扎寨时，却听远处一阵马蹄声由远而近，十分整齐的节奏震得大地都在微微颤抖。别峰骑在马背上，强烈地感受到这种震动的能量，顺耳一听那滚滚向前的气团中夹杂着金戈铁马划破空气的尖啸声，令人不寒而栗。从马队的阵容和行进的队形以及隐隐可见的旗号不难判断这是一支训练有素的军队，有千人之众，正奔赴战场，处于亢奋的临战状态。这支朝廷的正规军急急忙忙地驰向哪里？去和谁交战？别峰一时还看不出个究竟来。

就在别峰一行还在揣测之际，但见队伍的前面并排跑着枣红、藏青、黄骠、雪白四种颜色的高头大马，后面跟着举着旗和幡的骑军，帅旗上赫然绣着"镇远大将军"的名号。别峰知道，这是巴蜀镇远将军的军队。常听闻镇远治军有方，在清除巴蜀异人叛乱的战争中屡立奇功，深得朝廷的倚重，但是，这支威武之师越过巴蜀边境，跑到甘肃来干什么呢？

在离别峰一行百步远的地方，军队的行进戛然而止。前面四匹马上的汉子都身着将军服，其中，骑在枣红马上的那人虽然只有中等身材，但眉宇间露出目空一切的威严，两眼透射出冷冷的寒意。别峰一看就明白，此人是统率这支军队的首领。难道是镇远手下的一名勇士？不像！因为就连镇远本人也没有那种气度。

别峰还在猜测。只听这位首领用非常尖厉的声音说道："别峰！吾等千骑是镇远将军派到这里专程等候你们到来的，为的是不让释迦牟尼的舍利子流落他乡。尔等务必立即交出宝盒与舍利子，否则即刻叫你们去见地府阎王！"

别峰冷静地思索起来：这次秘密使命，圆悟克勤反复交代，此事知情者甚少，在任何情况下都不得向外透露半点风声，否则有违圣命，后果不堪设想。却没有想到刚出巴蜀就遭到了重兵的伏击，不仅来人对还愿之事了如指掌，而且竟然动用朝廷的军队前来阻截。这里面一定隐藏着巨大的阴谋！来者不善，善者不来！

"别峰！休想抱有任何侥幸！快快献上舍利子，否则刀箭绝不留情！"那个声音又威严地响起来。

"贫僧皇命在身，不敢有半点疏忽，临行之前早已将个人的安危与生死置之度外，况且佛祖的舍利子送还本土，这是修行之人所期待的善果，也是佛的旨意。天命难违，出家人岂能苟且偷生，置佛的威德于不顾？"别峰正色道。

"尔等不怕死于千名勇士的刀箭之下吗？"首领见别峰不惧，又厉声斥道。

"倒是你们竟敢违抗皇命，拦路抢劫朝廷的使者，追杀僧人，就不怕遭到天谴吗？！"别峰大义凛然地回答。

"董公公，不要跟他啰嗦！待我们三兄弟一齐上前，将别峰立斩于马下，抢了背上的包裹，然后再将这些和尚杀他一个片甲不留。"那个骑在藏青马上的彪形大汉急切地说。

"放肆！"被称为公公的首领呵斥道。

随着这一声呵斥，一股气浪向别峰袭来，强大的冲击力竟然让空气也嗡嗡作响，身边的僧人除莫西多外，顷刻被掀翻在地，连马匹也被震得倒退数步方才停下。

好功夫！别峰心中暗暗称赞。事不宜迟，别峰的峨眉神功随手挥出。一阵闷雷般的轰鸣声过后，千余人的军队所有的旗杆全部折断，人骑在马上被巨大的推力逼得倒转方向，不由自主地顺风跑起来，直到数十米之远才稳住阵脚。一时，董公公的军队被一阵劲风吹得七零八落，士兵个个头皮发麻，耳膜疼痛，全身仿佛被冰冷的寒风刺穿一样，禁不住都打起哆嗦来。

董明心中大骇！千余铁骑，在别峰面前如此不堪一击，真乃千古奇闻。可见别峰的峨眉神功确实非同凡响，一上来就轻而易举地占了上风。董明内心恼恨不已。

董明重又整顿好军队，令百余名弓箭手呈弧形排列，在离别峰一行百步之处乱箭齐发。一时，箭如飞蝗，撕开空气，嗖嗖地向着别峰及僧人们袭来。

只见别峰从坐骑驮载的包裹中用手一抽，一条白色缎带如蛟龙一般腾空而出，在僧人们周围旋转，犹如一道白色的屏障将别峰一行罩在中间。飞矢还未接近这个屏障，便软若无力地掉在地上。约莫半个时辰以后，离别峰他们一米多远的地方，上千箭翎插在土中。弓箭手已经将箭袋里面的箭全部射出，别峰一行却毫发无损。

见此情形，别峰双手一抬，将地上的箭翎全部吸到空中，再用缎带轻轻一扫，一股劲风挟着上千支箭向董明的军队射去。军士们吓得心惊肉跳，转身便逃。霎时间人马相撞，阵形大乱。这时，不知是谁说了一句："这位神僧一定是得到了菩萨的保佑，再与之交战，恶报加身！赶快逃命要紧！"士兵们听见后惊恐万状，个个争先恐后拼命地奔逃，四处溃散。

董明见自己的人马已经溃不成军，便纠集平时豢养的三个号称武林圣手的门客，一起联手向别峰攻来。四骑闪电射向别峰，在距离别峰不到二十步的地方，四人腾空而起，居高临下，将手中暗器对着别峰的要害穴位打去。在如此近距离的地方，用全身力道发出的暗器可谓疾风劲雨，防不胜防。

这时别峰不得不迅速收回驱箭的内力，脚尖轻轻一点，人已经腾向空中，躲过了暗器，同时头一摆动，套在脖子上的那串佛珠散射开来，分别向董明四人打去。只听到"啪、啪、啪"数声碰撞后，除董明以外的三人已被佛珠击中了要穴，从空中掉到地上，一点也动弹不得。

董明在空中翻了一个跟斗才避开佛珠。借助惯性，他的右手凶狠地推击别峰的前胸，左手以掌变爪闪电般地伸向别峰的喉头。这两招并用，一气呵成，董明想：如果得手，别峰非死即伤。

别峰仿佛并不知道这大力鹰爪功和催心掌的厉害，竟然不避不让，坐以待毙。

董明大喜，全身真气凝聚为十成功力一齐集中于掌心和指端，同时击中别峰的前胸和喉头。令董明大惑不解的是，他明明打中了别峰的要害，但双手的感觉却好像是击中了一团棉花，软绵绵的，自己的神力消失于无形。董明心中一惊，一股酸麻之气从任督二脉会结点弥漫开来，全身各大要穴如针刺一般，之后便什么也不知道了。

莫西多目睹了这场力量如此悬殊的斗法。对方千军之众竟然败在别峰一人手下，而且输得是那样迅速，那样彻底。官兵争相溃逃的情形让莫西多真正看到了兵败如山倒的景象。尤其让莫西多叫绝的是，数千支箭在空中追逐溃散的军队，仿佛长了眼睛一般，又如同几只牧羊犬追赶一只羊一样。不一会儿工夫，士兵们已逃得无影无踪，只剩下领头的四人还在同别峰缠斗。莫西多想上前助师父一臂之力，刚一迈步，却听到别峰吩咐："保护好行李，不得乱动！"这时，只见对方四人腾空而起，背对着阳光将手中的各种暗器用足劲道向别峰打来。别峰迎着光，暗器迎面飞来，很不容易看清。莫西多惊得倒抽一口冷气，疾呼："师父当心！"说时迟，那时快，莫西多看到别峰从马背上箭一般地射向空中的同时，一瞬间就将脖子上铁木做成的佛珠甩出，佛珠急速地旋转着在空中划出了一道彩虹般的弧线，将所有暗器都挡下了。一阵"砰、砰、砰"的碰撞声之后，别峰的坐骑前密密麻麻地落满一地各种形状、不同大小的暗器。这时，高速旋转的光环突然散裂开来，一道道流矢闪电般地向四人飞去，只听到"叭、叭、叭"的声响，其中三人应声坠地，另外一人在空中团身一个翻滚躲开来，左右手同时向别峰的前胸和脖子两处致命的要穴袭来。别峰不避不让迎面而上，莫西多真为师父捏了一大把汗。就在这一掌和一爪刚要接触别峰身体的一瞬间，莫西多亲眼看到师父从脖子到前胸突然凹进去数寸，将对方致命的一击消于无形。两人在空中交织在一起，一动也不动，凝固片刻之后，莫西多只见别峰弓身一弹，几道白光同时罩住对方全身所有要穴。一阵白雾从偷袭者背后穿过以后，他如同一片树叶被秋风扫落一般，身体歪歪斜斜地飘落在地，悄无声息。

莫西多走上前去，用手探了探四人的鼻息，发现他们均处于深度昏迷状态，但性命尚存。如果不是师父大慈大悲，恐怕这几个人早已没命了。

莫西多感慨万端，再一次被别峰的威德折服。

却说圆悟克勤禅师在别峰一行离开昭觉寺以后，马上召集三名武功最好的弟子，令其尾随别峰马队做探马，以便随时了解别峰的情况，必要时协助化解危难。探马藏在暗处，目睹别峰收服响马、一僧退千军的壮举以后，都对别峰行菩萨之德甚为钦佩。

一天，圆悟克勤派出的探马在离大雪山不远的一个山洞中歇息。黎明时分，一阵马蹄声由远而近，当马队经过洞口时，只听有人说道：

"董公公，这里有一个山洞，兄弟们进去歇歇脚，昨天晚上大家都辛苦了，反正别峰他们一个也别想逃离大雪山，待我们暖一暖身子养足了精神，再去看看掩埋他们的大坟场。"

这时，另外一个威严的声音说道："老二，你和老三点燃的引线是否万无一失？待察看以后再歇不迟！"

"董公公所言极是，兄弟几个要亲眼看到别峰他们全部被埋葬在雪山下面，以雪心头之恨！只可惜那舍利子同宝盒一起，将永远掩埋在深深的冰雪之下，甚为可惜！不过，只要陛下没有收到印度热那寺的回执，还愿之事也就成为泡影，到那时，董公公再巧施计谋，何愁好事不成？公公，还是赶路要紧！"

"还是老大懂得老夫之心！事不宜迟，兄弟们上路吧！"

一阵急促的马蹄声渐渐远离山洞。圆悟克勤的三个弟子面面相觑，深为别峰担忧。大家商量，一定要将董明的阴谋尽快告诉别峰。三人立即上马，以最快的速度朝别峰的马队飞奔而来。

别峰为了加快行程，天刚蒙蒙亮便启程。当马队到达大雪山的脚下时，太阳从雪山后面冉冉升起，耀眼的金光将面前连绵不断的雪峰和冰川照射得晶莹剔透、五彩缤纷。别峰看着眼前出神入化的仙境，心中甚为赞叹。别峰感到自己全身仿佛被雪山洗礼过一般，心灵的洁净与冰雪的纯洁完全交融在一起。再反观自身，透视内体，见五脏六腑晶莹透亮，熠熠生辉，一种强烈的意念油然而生。这雪山、冰川、阳光、天空、大地仿佛都是自己身体的一部分。在这茫茫的雪域中，别峰感到自己的身体化作眼前的一切，肉体已经荡然无存，除了心念，皆空空如也。

别峰正是在雪山之中证悟菩提的。

突然，从远处传来一种声音，令别峰一怔。他凝神聆听，几声非常遥远而熟悉的叫喊声穿透了几乎凝固的空气：

"别峰禅师，赶快回头，前面——有——危险！"

别峰勒住马，凝神静气回头一望，只见三个黑点正向自己的马队飞奔而来。别峰心里骤然一惊，一种不祥之感顿时笼罩全身，即令莫西多率队沿原路返回。正在这时，半山腰爆发出巨大的声响，一大团红光闪过之后，震得四处地动山摇起来。莫西多恐惧地惊叫起来："师父，大雪崩！"

话音刚落，别峰眼前数丈高的雪壁突然像决堤的洪水一样，卷起漫天的雪浪，呼啸着铺天盖地奔腾而来。大雪崩挟带着整个雪山的能量，震天撼地，将别峰一行抛向空中，随着气流而来的冰雪巨浪又将他们吞没，然后把他们深深地埋入不知有多厚的雪层之下。

　　当惊涛骇浪般的雪崩平静下来之后，雪山脚下数十里长、数十米深的峡谷已被冰雪填平。别峰他们被深埋在这个峡谷之中。

　　圆悟克勤的三个弟子在飞驰的马上亲眼看到这场可怕的灾难，雪崩过后的气流向两边散射开来，将三匹马连同人一起掀翻在地。三人爬起来后望着眼前茫茫的雪原，呆若木鸡，好半晌才回过神来。他们知道，要在这个刚刚形成的漫无边际的雪原上寻找并救出掩埋在数十米深的峡谷之中的别峰，犹如大海捞针，是根本不可能的。三人为别峰感到无比惋惜。要是当时别峰除恶务尽，将董明一行四人杀掉，就不会遭到今天的灭顶之灾了。

　　三人就地为别峰以及被深埋在冰雪之下的佛门弟子做了一场三天三夜的法事。之后，沿原路返回，将别峰遇难之事向圆悟克勤禀报。圆悟即率三人进京面见皇帝，将董明的劣迹一一呈诉。高宗听完大怒，即下旨拘押董明一行于刑部大牢。董明扛不过严刑，只得如实招供。高宗诛杀董明及其党羽，废张贵妃并将其终身监禁，巴蜀镇远将军也受到株连，以治军不严之罪被流放云南。阻挠高宗皇帝还愿所引发的一场阴谋，就这样平息了。

　　后来，圆悟克勤写信告诉中峰寺的密印，别峰在去西域的途中圆寂。这个不幸的消息令密印老泪纵横，他始终无法相信自己的爱徒已经不在人世了。

　　不知过了多久，别峰从昏迷中醒来，眼前一片漆黑，浑身上下冰凉，四周完全被冰雪挤压，丝毫动弹不得，仿佛被封冻在厚厚的冰层中。别峰想起雪崩时惊险的一幕，他只觉被巨大的气浪像一片树叶一样抛向空中，又被迅猛地推向前方。冰雪汹涌的波涛以迅雷不及掩耳之势席卷而来，要不是自己下意识地运功躲闪，高速飞来的坚硬冰块早已将自己的身体击得粉碎。记得自己曾借势尽量向前窜去，以便在雪崩成强弩之末时再逃生。但飞奔而来的冰雪还是将自己卷进了漩涡；在突然遭受迎面而来的峡谷绝壁的撞击之后，便什么也不知道了。别峰清醒地记得，自己被撞晕之前的一刹那，看到了峡谷顶端离得很近，想必自己被掩埋得并不很深。想到这里，别峰运起功来，不一会儿，身体四周的冰雪开始融化，手脚可以伸展。别峰双手一摸，发现包裹还在身上，不由得大喜。凝神静气之后，别峰为了少耗费雪中所含的微薄的空气，便运用龟息之法呼吸，再运用峨眉神功，手脚并用向上挖掘通道。别峰以任督二脉运气，约莫十五天以后，眼前已经开始出现微弱的光亮，空气也逐渐多起来。别峰一阵欣喜，遂加快了挖掘的速度。两个时辰以后，别峰终于爬出了掩埋他的雪层。

当别峰将宝盒、舍利子连同高宗的御书交到印度热那寺方丈摩罗凡谛和尚手中时，大师跪拜在地，久久不愿起身。

摩罗凡谛和尚得知别峰在这次护送佛祖舍利子回印度的路上遭受了如此大的磨难，自己的弟子莫西多以及几十名中印僧人为了护法，永远地埋葬在冰雪之中，便亲自主持了七七四十九天超度亡灵的法事，国王还遣使前来参加法事。此后，印度热那寺更加声名远扬。

印度国王在王宫内召见了历尽艰险远道而来的别峰禅师。别峰引经据典，用禅宗普度众生的要义为国王讲经说法。国王听得如痴如醉，悟性大增。

国王要热那寺专门为别峰设立讲经台，经常为佛门弟子和在家修行者讲经说法。一时间，热那寺众僧云集，王公贵族接踵而至，专为听别峰讲经。

国王还召见热那寺住持摩罗凡谛大和尚，要他千方百计留住别峰，不仅要让别峰弘传禅宗佛法，而且还要别峰传授绝学——峨眉神功。

别峰经常进宫为王室讲经，没想到公主竟对这位来自异域的相貌堂堂、气度非凡的禅师动了心。每当别峰讲经完毕后，公主都要借口请教别峰，留他下来继续传法。别峰庄严的法相、悦耳的声音令公主十分陶醉、痴迷。一日，公主在别峰讲经时问道："佛门讲普度众生，救人一命胜造七级浮屠。如果一个女子爱上了禅师，又不能终身相随，就要命丧黄泉，禅师难道不能舍身相救吗？"

别峰其实早已觉察到公主的心思，知道她迟早会提出这样的问题，心里早已有所准备，便从容不迫地答道："这位女子如果真爱这位禅师的话，就会将自己的精神与之融和，在学佛修行中到达佛所指引的极乐世界。当大慈大悲之心永驻，普度众生之举永续，超凡之爱才能永恒！这也是一位禅师舍身相救之善举！"

公主听完后若有所悟，后来立誓终身不嫁，潜心修行，以期达到别峰开示的最高境界。

就这样，别峰在印度热那寺和王宫讲经说法十年，点化和开示了很多的僧人、信徒，并培养了一大批武僧。国王为感谢别峰对佛教的贡献，准备将印度佛界最高的奖励——释迦牟尼金像敕赐给别峰。摩罗凡谛将国王的想法告诉别峰时，别峰坚辞不受，并推荐了自己的师父密印受领金像。国王深为别峰的品德所感动，便传令在佛像的莲台上刻下了密印的法号，破例照准由别峰代表印度王室向其师转授金像。但直到国王逝世，别峰才被允许回国。

圆悟克勤将别峰完成使命之事秘奏高宗皇帝，还将印度国王遣使送来的信件翻译给高宗，这才治好了高宗的一块心病。而对外，圆悟克勤则对此事守口如瓶，除他自己以外，谁也不知道别峰的真正下落。众所周知，别峰在去西域途中不幸遇难。十年后，别峰突然重现，让整个佛教界震撼、意外和惊喜。

密印听完别峰的叙述后，潸然泪下，连声说道："禅门之幸！禅门之幸也！为师同你师爷可以放心去了！"

第二天，密印来到别峰的禅房，将自己的袈裟与衣钵以及一些珍贵的书籍交给别峰，平静地说道："吾师圆悟克勤禅师已于昨晚圆寂，临行之前要老衲与你交代完后事，也随后前往。你我师徒之缘已到，望你将禅宗发扬光大，传承后世，使禅宗永远兴盛！"说完，密印禅师面带微笑，端坐在别峰面前安然圆寂，时年百岁有五矣！

三

乾道五年（1169年），年底，四十五岁的陆游在老家江阴突然得报：差知通判夔州（今四川奉节县）。罢官以后他闲居在家整整三年，现意外被朝廷启用。

陆游惊讶地想起云门寺僧人觉空前些天给他说的话："你近日将被启用，前去四川。若能到峨眉山中峰寺，别峰大师会告诉你更多关于东坡居士的故事。"

觉空是苏东坡好友佛印和尚的徒孙，佛印和李定（曾任御史中丞，弹劾苏东坡的主要人物之一）是同母所生。佛印的母亲是个争议颇多的贵族，她一生嫁过三个丈夫，佛印和李定同母异父。佛印出家前就喜欢研究佛学，家里十分富有，喜欢四处游玩，当时并没打算出家。一日，苏东坡把他带到朝中，佛印知道皇帝对佛教有好感，就在皇帝面前滔滔不绝地谈起对佛教的信仰。皇帝见他长得高大英俊、气度不凡，就慷慨地给了他一张度牒，让他出家当和尚，佛印只好接受了皇帝的建议。佛印与苏东坡经常写诗、对联，苏东坡的幽默与佛印的机智留下了许多佳话。苏东坡被贬以后，朝廷下令将其诗稿全部销毁，佛印因为身份特殊，悄悄将好友的诗稿保留了许多下来，并暗地里在僧人中流传。

佛印这位法孙觉空非常崇敬苏东坡，遇到陆游这位苏东坡的崇拜者兼大诗人，便引为知己，热烈地谈论苏东坡。陆游告诉觉空，他这一生最有幸的便是记录整理"乌台诗案"（"乌台"是御史监狱的代称）的文稿。原来金兵南下时，朝廷抵挡不住，只好将都城从汴梁（今河南开封）向南迁，慌乱中朝廷的许多重要文稿被弄得七零八落。陆游虽然官职卑微，但文章盖世，连高宗赵构也不时吟诵他写的诗句。于是陆游经人推荐去整理重要的皇室文稿。在文稿中，他翻阅到苏东坡"乌台诗案"的资料。陆游详细阅读这些资料，加深了对苏东坡的认识和了解，愈发敬重他。陆游是个有心人，偷偷地做了大量的笔记，摘抄并详细列明了判案时所有的文件、记录、口供、物证以及结果，包括苏东坡对自己诗词的解析。

我们今天能了解"乌台诗案"的详细内容，应该说得力于陆游当年做的这些笔记。原来苏东坡调到浙江湖州时，因在文章中讽刺朝廷而被关入御史台监狱，经历了近两个月的审问。近七十年后北宋都城开封被金人占领，朝廷为躲避金兵进攻，将都城南迁到杭州，并将一些珍贵的文稿带走，苏东坡的诗文也在其中。到扬州后，一位叫张全真的官吏在混乱之中将苏东坡的手稿从朝廷的档案中抽出来，悄悄据为己有。张全真死后，他的族人托同族中一位张姓宰相为他写墓志铭。宰相在张全真的遗物中无意发现了苏东坡的手稿，大为惊讶，于是向张全真的族人提出：不要酬劳，但要苏东坡的文稿。族人并不识货，但见宰相索要，认定必有价值，于是开始讨价还价，最后反复商议的结果是：宰相、族人各一半。

没想到后来编写苏东坡文稿一事交给了陆游。陆游一直想沿苏东坡的足迹理解大师的心灵。陆游告诉觉空，说自己一直在思索苏东坡以及他最得意的弟子黄庭坚，他们那种豪放、旷达、执着、直爽，热爱生活，崇尚自然，迥异于他人的态度，究竟源于何方。

觉空告诉陆游，苏东坡曾跟随孙思邈的门徒在峨眉山中峰寺研究草药以及炼丹修行的方法。后来苏东坡的学生黄庭坚被贬四川时，又在老师住过的中峰寺习静悟道。中峰寺时任住持别峰是一位有名的大德高僧，从西域回来后，被全国各大禅院邀请去讲经说法，还曾在江西仰山，浙江雪窦山、径山等地隐姓埋名察看禅门学佛修行的道场。其因佛学造诣和德行独步海内外，加上神奇的功夫和无与伦比的奇特经历，被佛界称为是继圆悟克勤、密印之后又一代禅宗大师，又有人称之为"旷代神僧"。

陆游收拾好行装，于乾道六年（1170 年）五月从山阴启程，溯长江而上，半年以后到达四川。

陆游（1125—1210），越州山阴（今浙江绍兴）人，其曾祖父陆珪、祖父陆佃、父亲陆宰在文学和经学方面都有很深的造诣。陆游出生在他父亲从淮南转运副使卸任回京的游船上，所以父亲给他取名陆游，字务观。

受家庭的影响，陆游从小饱读诗书，青少年时代便成了远近闻名、才华横溢的诗人。他很有抱负，立志做一番大事，但几次科举考试都名落孙山，心中十分苦闷。陆游的妻子唐琬是他的表妹，两人从小青梅竹马，感情很深。但陆游的父母都不喜欢这个儿媳，逼迫陆游把她休掉。

由道观改建的佛殿

孝顺的儿子顺从了父母的心愿，却无法割舍心中对唐琬的深情。几年以后陆游与唐琬在沈园相遇，这时两人均已重组家庭，陆游万分感慨地写了一首词《钗头凤》题于墙上：

红酥手，黄縢酒。满城春色宫墙柳。东风恶，欢情薄。一怀愁绪，几年离索。错！错！错！

春如旧，人空瘦，泪痕红浥鲛绡透。桃花落，闲池阁。山盟虽在，锦书难托。莫！莫！莫！

唐琬看了陆游这首哀婉的词，伤心欲绝，也和词一首。不久，便忧郁苦闷而死。

唐琬的死更加剧了陆游的痛苦。当时金人不停南下攻宋，战火烽烟，生灵涂炭，"靖康之耻"深压在人们心中。陆游很想上前线与金兵作战，但朝廷为了偏安，不断向金人求和。绍兴二十二年（1152年），陆游去杭州参加礼部考试，名次在宰相秦桧之孙秦埙之前，文章中又有抗金的言辞，这触怒了秦桧，陆游因此被除名罢黜。痛苦中的陆游只得以酒为伴，以诗寄情，不拘礼法，放浪形骸，干脆给自己起了个名号——"放翁"。

孝宗即位后，赐陆游进士出身。陆游又反复上奏主张抗金。他的建议和主张不仅未受到重视，还因直言敢谏得罪当权者，又几度被罢免还乡。乾道五年（1169年），孝宗又想起陆游这个颇具才华的被贬之人，权衡再三，把他派到遥远的夔州任通判。

乾道九年（1173年）春，好像是命运有意安排，陆游改任嘉定通判。他喜出望外。到了嘉定，在屹立着天下第一大佛——乐山大佛的凌云山上，他看到苏东坡留下的许多诗文。其中一首让他最为难忘：

生不愿封万户侯，亦不愿识韩荆州。

但愿身为汉嘉守，载酒时作凌云游。

一日，他站在山上载酒亭中，俯瞰滚滚而来的三江急流，深为苏东坡那种超然物外的心境所感动，非常渴望与苏东坡靠得更近，与他载酒泛江，倾心交谈。他仰望不远处巍峨的峨眉山，想到了中峰寺的别峰大师，想到觉空和尚给他讲的许许多多别峰的逸事。觉空还告诉他，佛印大师曾将好些苏东坡的手稿交给圆悟克勤，托他带回苏东坡老家四川，并珍藏于峨眉山中峰寺。

陆游正想着，感到后面拂来一阵轻风，转身见四五个僧人从石阶上走来，中间一位中年僧人目光如炬，如一道亮光照进陆游心中。

陆游为之一震，还未来得及思索，只见最年轻的一位小和尚跨入亭内，手指对岸嘉定城问："师父，听说这嘉定城是东坡居士智取的，你给我们讲讲好吗？"

中年僧人笑笑说："好吧，大家也好在此歇息片刻。你们知道嘉定城的更夫为何不打五更？"

"不知道。"

"听说打五更只打一点江水会猛涨，若打五点整座城就会被淹没。"

陆游被他们的谈话吸引。这时中年僧人讲了这个关于苏东坡和嘉定城不打五更的故事。

苏东坡十七八岁时就是远近闻名的才子。他先在青神县中岩王方先生的书院读书，后又在凌云山大佛寺潜心攻读。

据传，苏东坡在凌云山时，附近许多孩子前来向他求学，于是他便在凌云山上办了间书院，每日向这些孩子传授知识。一天晚上，苏东坡见窗外月光如洗，院中树影婆娑，水面上江清月静，便推开房门，信步到凌云禅院散步。突然看见班上最聪明的学生——龙三正一步步沿九曲栈道而下。苏东坡心想："他这么晚了到下面做什么？"他怕小孩不安全，便紧跟下去。走下九曲栈道，苏东坡刚到九曲洞，见龙三走到江边，从衣袋里掏出一颗珠子往嘴里一放，江水顿时分开，现出一条石级通向江心。等龙三下去后，江水又合拢来。

惊讶了好一会儿的苏东坡终于明白：龙三不是凡人。但苏东坡没有声张。第二天，龙三在教室中坐立不安，心神不定，当山下涛声阵阵，天边阴云密布，雷雨即将来临时，龙三终于忍不住对苏东坡说道："我是龙王的三太子，承蒙先生的教诲，学生感激不尽。今夜五更一到，风雨雷电将至，三江猛涨，洪水泛滥，嘉定古城将被淹没，望恩师千万保重，不要外出，也别对外人讲，否则性命难保。"

苏东坡听罢，想到嘉定城中的数万百姓，忙说："我想请你父亲先将嘉定借我一用，五更时归还好吗？"

龙三急忙回江禀告龙王。龙王念苏东坡教子之恩，答应暂借苏东坡一用，五更响完立即归还。

苏东坡听罢，马上冒雨下山渡江，到嘉定城通知百姓小心，并让更夫千万不能敲五更。

从此，嘉定不打五更，龙王听不到五更也就没收回嘉州，嘉定城才保留了下来。

陆游被这个传奇故事深深吸引，远望房舍鳞次栉比的嘉定古城，为自己能任嘉定通判感到庆幸。他回过头想再问问那位讲故事引人入胜的中年僧人，不料载酒亭内空无一人，好像什么都没有发生过一样。这时，阵阵白云飘来，刚才近在眼前的峨眉山变得缥缈起来，陆游站在江边慨然写下一首诗：

白云如玉城，翠岭出其上。

异境忽堕前，心目久荡漾。

别来二百日，突兀喜亡恙。

飞仙遥举手，唤我一税鞅。

此行岂或使，屏迹事幽旷。

何必故山归，更破万里浪。

陆游踏上去峨眉山的路，其中一个重要的目的是拜谒别峰大师。他向途中遇到的几位僧人打听别峰，僧人都称别峰为"富楼那"或"目犍连"。陆游知道富楼那和目犍连都是释迦牟尼的著名弟子。释迦牟尼的十位弟子各以智慧、神通、说法、天眼、议论、头陀、解空、持戒、多闻、密行为所长。富楼那是说法第一。据《法华经》记载，佛陀在王舍城为他的十大弟子以及一千二百名听众说法，他说：富楼那能圆融地解释我所开示的正法，使人们从佛法的甘露中得法获益，除如来之外，没人能辩倒他，他虽然处在阿罗汉的果位上，却具足菩萨神通；目犍连为神通第一，他通过修持禅定，得到一种超乎寻常、无碍自在的不可思议的力量。神通有天眼、天耳、他心、神足、宿命、漏尽六种。只有佛陀和阿罗汉可证得漏尽，断除烦恼，获得彻底的解脱。神通的层次不同，佛陀怕误导弟子，故从不提倡神通。目犍连既有神通，又有智慧，因此佛陀特许他随因缘用神通弘法。

陆游从神水阁到中峰寺的途中，在一巨石上见到黄庭坚题的"歌凤台"，以及嘉定知府费士羰助兴而写的《歌风台记》。陆游这才知道原来春秋楚国名士接舆（又名陆通）就隐居于此地。

据汉代刘向《列仙传》记载，陆通品德清高，生性淡泊，楚王曾数次派遣使臣带黄金千两、绫罗百匹去迎请陆通，治理江南一带大片领土，陆通不从，佯作狂人，人称"楚狂"。鲁国的孔子也钦佩楚狂言行不凡，想与他推心置腹地交谈，而陆通却拒不接受，高唱：

> 凤兮，凤兮！
>
> 何如德之衰也！
>
> 来世不可待，往事不可追也！
>
> 天下有道，圣人成焉；
>
> 天下无道，圣人生焉。
>
> …………

陆通想：自己不从，是不忠；若从了又不愿为之所用，是不义。不如一走了之，免遭横祸。于是他便带着妻子离开楚国的都城郢，沿长江而上，在峨眉山歌风台前结庐而居，成为峨眉山有史可查的最早的隐士。

陆游在此地看到陈子昂、李白留下的赞美楚狂陆通的诗句："念彼楚狂子，悠悠白云期""我本楚狂人，凤歌笑孔丘"。

陆游正在细读石刻上的碑文，听身后有人说：

"陆通居于山中，渴饮山泉，饥采野果。白天在茅棚中诵读《三皇经》，夜晚则在石上习静。由于他潜心修道，天真皇人有心度他成仙，派太乙真人送他《三一五牙之诀》。天上的龙女为他引来玉液，供他饮用，这神水流淌至今。"

陆游回头看，来人竟和那日在凌云山载酒亭见到的目光如炬的中年僧人一模一样。陆游正待施礼询问师父的法号，来者笑吟吟地说：

"我正是你想找的别峰。"

"啊！"陆游惊呼一声，忙施礼问好。随别峰来到中峰寺，在客堂坐下后，陆游忍不住问别峰大师前些日子可曾到过凌云山。陆游话还没说完，沏茶的小沙弥就说："师父这些日子天天忙着给外地来参学的人讲经，并未离开中峰寺半步，只偶尔在近处散散步而已。"别峰微笑不语，陆游有些被弄糊涂了。别峰见状说："务观先生一路劳累了，请先在东坡居士和鲁直先生住过的静室内休息吧！"说罢，领陆游向林中一排平房走去。

陆游知道黄庭坚被贬四川戎州（今四川宜宾）时，曾到峨眉山中峰寺习静。他问别峰何为习静，别峰说习静是养生与修道的方法，既可增强体魄，亦可以从精神上稳定心智和情绪。曾子在《大学》中说："知止而后有定，定而后能静，静而后能安，安而后能虑，虑而后能得。"这是讲人生下来从行为到思想就不停运动，人的欲望也从没停止。只有停止才能安静，只有静才能接近先天的智慧，如一杯浑水沉淀下来才能清澈透明一样。

陆游听罢，仔细触摸并察看这间静室的墙壁，试图寻找两位前辈的只言片语。风带着樟木的芳香飘进房内，稍后变为书稿和墨汁的味道。陆游站在屋中，仿佛感受到他们的气息，没想到自己能如此近距离地与他们两人处在同一个狭小的空间。别峰告诉陆游，苏东坡在中峰寺留下许多传闻，其中流传最多的，一是"东坡肘子"，二是在药王洞所炼"阳丹"和"阴丹"。

原来，苏东坡在中峰寺期间，与周围牛心寺、万年寺、神水阁等寺院僧人关系十分友好，经常同他们一道吟诗出游，谈禅说偈。一次，东坡得了重感冒，吃了好些自己配的草药仍咳嗽不止。苏东坡经常阅读孙思邈的

《千金方》和《千金翼方》，不时给人看病配药，可就是对自己的病无可奈何。万年寺高僧茂真知道此事后，便教他深呼吸，入静打坐，没想到咳嗽居然很快止住了。以后他经常打坐，让全身放松，控制呼吸，身体渐渐地进入一种忘我的状态。从此，东坡面色红润，精神饱满起来。为感谢茂真大师治病之恩，一日，东坡请茂真大师前往中峰寺，品尝他新研究出的一道绝菜。茂真欣然前往，远远地就闻到浓浓的酱香味，这诱人的香味穿过鼻子，直往胃里钻，惊得平静的肠胃发出阵阵"咕咕"的声响。

茂真推开东坡的房门戏言道："什么香东西，惊得老衲神不守舍？"

苏东坡说："得意忘形，神不守舍，这才是最高境界。这道菜试了多次，今天专请大师品鉴。"说罢如孩子般开心地揭开热气腾腾的蒸笼，端出一碗色泽晶亮枣红、香气四溢的肘子，又将事先洗净、切细的香菜洒在上面，然后小心翼翼地用软布垫着，把滚烫的碗放在茂真的面前。茂真看了几眼，十分遗憾地摇摇头，微笑着说："老衲与此物无缘，你自己享用吧！"

"大师，这不是肉，是豆腐做的肘子！你尝尝就知道了。"东坡说。

茂真半信半疑地夹起一块放入口中，只感到细腻滑嫩，鲜美无比，果真不见一丝肉，但也看不出豆腐的模样，就连在回味之中慢慢分辨，也尝不出豆腐的味道。茂真连说："妙，豆腐肘子！不，应该叫'东坡肘子，东坡肘子'。"

这道菜以后从中峰寺又慢慢传到山上各大寺庙，现在峨眉山上的大寺庙里仍有这道菜。不过因为这道菜的工序太多，寺庙里并不是随时都会做，能否吃到就要看缘分了。

据说东坡肘子后来被一位香客带回眉州，因不辨真伪，便用猪肘子仿做，居然一举成名，成为流传至今、享誉海内外的一道名菜，这是后话。

苏东坡喜欢住在中峰寺的另一原因是，他正在研究草药。孙思邈的遗风影响着中峰寺，寺内许多僧人通晓药理。苏东坡不但在孙思邈炼太乙神经丹的药王洞写诗留念，还亲自实践炼丹。他经常给他的弟子写信谈论炼丹的配方，还留下两则关于炼丹的笔记，记叙"阳丹""阴丹"的详细提炼过程：阳丹由尿提取，阴丹由头胎生儿子的母亲的奶水在银汞合金的锅中提炼而成。这两种丹的提炼十分缓慢，始终需要用银汞合金的小匙子轻轻搅动，需经数十道工序，一次次沉淀净化，方能得到丹丸。最后炼成的丹丸需加大枣用酒服下。

陆游说他到了峨眉山才渐渐理解苏东坡谪居黄州时为什么能如大自然的顽童，筑水坝、造鱼塘，与农夫讨论蔬菜、树木、粮食的种植，而没颓废下去。陆游告诉别峰，自己入川时曾到临皋苏东坡的居住地凭吊，山顶上有几亩地和五间茅屋，半山上有苏东坡建的一座小亭，亭内凭栏可远眺山下的长江。苏东坡在一首词中描绘此情景：

临皋亭下八十数步，便是大江，其半是峨眉雪，吾饮食沐浴皆取焉，何必归乡哉！江水风月，本无常主，闲者便是主人。闻范子丰新第园池，与此孰胜？所不如者，上无两税及助役钱耳。

苏东坡还在离亭子不远的地方建了一间被称为"雪堂"的屋子，主要用于接待客人，并在墙上画了有森林、河流、渔夫的雪景。当地农民都很乐意讲述苏东坡的故事，夸他是个能干的庄稼人，不但种了百余株桑树供妻子养蚕，还种植了水稻、小麦和一些四川的蔬菜。苏东坡还教附近的农夫和僧人怎样使用四川甑子，上面蒸饭，下面煮汤菜，既省柴又简便，饭粒松散，不易变质。劳动时，他教农民唱歌，唱到高兴处，便放下犁耙，用竹竿敲牛角打拍子。

由道观改建的佛殿

陆游还对别峰大师感慨道，他在雪堂中看到苏东坡的画像，身穿紫袍，头戴黑帽，手拿竹竿，倚石而卧。从这幅画中，陆游感到从牢里逃生的苏东坡，深深体会到自己如狂风中的羽毛、巨石下的蚂蚁、波涛中的小舟，于是反复思考生命的真谛，寻求心灵平静的超然境界。

陆游十分羡慕苏东坡，说苏东坡是位不幸的人，也是位非常幸运的人。在苏东坡最艰难的日子里，王朝云平和善良的心深深抚慰了他。王朝云是杭州人，十二岁时到苏家做丫头。朝云聪明、活泼，有灵气，到苏家后深得年长她二十六岁的苏东坡的喜欢。苏东坡教她认字、作诗、绘画，待她成年以后，便娶她为妾。朝云一生陪伴苏东坡颠沛流离，她唯一的儿子死在苏东坡返回京城的途中。朝云是个信佛的人，惠州义冲比丘尼是她经常请教的师父。她时常向周围的穷人布施，与苏东坡一起动手共同修建放生池，也一同背诵佛经，朝拜寺庙。苏东坡称她是天女维摩。绍圣二年（1095年），年轻的朝云患痢疾去世，临终都在诵念《金刚经》中的那道偈语："一切有为法，如梦幻泡影，如露亦如电，应作如是观。"

苏东坡按朝云的遗嘱，将她埋在丰湖边的松林中。墓后有山溪瀑布，左右有佛寺，在墓地可闻暮鼓晨钟、松涛溪声。附近各寺庙的僧人都敬重她，筹钱建了一座六如亭纪念她。而附近的农民则说，朝云下葬三天后，晚上下了一场大雨，第二天天晴时农民看见墓边有双大脚印，大家都说是佛接引朝云去了西方极乐世界。苏东坡非常爱朝云，在朝云死后还常为她诵经，并写诗作词悼念。丰湖本是苏东坡最喜欢去野餐的地方，但朝云死后他不忍再去，并从此鳏居到老。

别峰见陆游对苏东坡崇敬之至，便接着说道："黄庭坚如他老师苏东坡一样，一方面关心政治，希望入仕为官；另一方面又不得不远离和躲避宦海的倾轧。"

黄庭坚，字鲁直，江西修水人，幼年时读书就过目成诵。治平四年（1067年）中进士，在苏东坡、司马光的推荐下，任国子监助教、《神宗实录》检讨官、集贤校理、中书舍人等职。他博学而沉静，是江西诗派的始祖。"熙宁变法"引发的新旧党争使苏东坡、黄庭坚遭到贬谪。新党诬蔑黄庭坚修史失实，贬他入川，别驾涪州。在峨眉山中峰寺习静的日子里，黄庭坚渐渐明白老师苏东坡为何让他即使在顺畅的日子里也抽空读些佛家、道家书籍。

黄庭坚在中峰寺，除习静研究佛道两家典籍外，还用大量的时间研究书法。后人评论他的书法在入川以后发生了巨大的变化，一改过去平稳庄重的风格，侧险取势，表现出桀骜不驯的反叛性格。线条锋利，跌宕开阖，中宫紧缩而四维开张，与正统的圆润、浑厚、立体感强的特点毫无关系。他似乎不在乎自己的书法狂放跌宕是否会招致不满和指责，但他遒劲的线条和点画的强健以及间架的欹侧跌宕，还有精彩迭出的连贯能力，使他以草书之长，成为继唐代张旭、怀素之后的又一位大家。从书法中可以看出，他遭贬谪之后，经过巴蜀山水的浸润，尤其是峨眉山的洗礼，内心愈发强大。黄庭坚在中峰寺写下《铁罗汉颂》以及《对青竹赋》，其中《对青竹赋》表达了他以物喻志的心境：

美哉斯竹，黄质墨章；如出杼轴，织文自当。解甲税枯，金碧其相；岁寒在躬，又免斮烹。彼其文章之种性，不可致诘，刻心而求之不可得，劂根要而求之不可得；匪人匪天，有物有则。惟其与蓬蒿共尽而无憾，余亦不知白驹之过隙。

黄庭坚的故乡江西修水盛产各种各样的竹子，他也特别喜爱竹子，却从没见过峨眉山这种青竹。他赞扬竹的气节，以竹咏志，同时又感到自己的双眼双耳连熟悉的竹都不能辨认，何况整个天下？一个人相对于天下是渺小的，那个人的烦恼和痛苦就更微不足道了。人应该像青竹一般。

黄庭坚在贬谪之中，不停地从一处被抛向另一处，愈走愈远，愈走愈荒凉，在六十岁时死于流放地宜州（今广西宜山）。但从他流放期间所作的诗词中，却看不到颓废消沉的情绪，他以达观放浪的语言表达胸中不愿与浊污合流的品格。他在一首词中写道：

坐玉石，倚玉枕，拂金徽。谪仙何处？无人伴我白螺杯。我为灵芝仙草，不为朱唇丹脸，长啸亦为何？醉舞下山去，明月逐人归。

别峰解释道：

金徽——古琴名。

长啸——三国时魏国人孙登善吹悠长清越之音，又好抚琴，隐居于山中，曾规劝多才而狂放不羁的嵇康避世，嵇康没听，后含冤被杀，死前说："今愧孙登。"

朱唇丹脸——指美人，暗喻朝廷。

黄庭坚在习静之中找到了精神上的理想之国。苏东坡认为黄庭坚志向高远，标新立异，求深务奇，有压倒前人的气势以及对人生、宇宙深切的思索。

在与别峰的相处中，陆游一颗苦闷焦躁的心渐渐平静下来，他开始参与僧人们的功课，并聆听别峰讲解佛法。受别峰的影响，陆游更倾心于禅宗。禅宗祖师达摩在少林寺面壁九年，提出"理入"和"行入"的修禅方式。"理入"即舍伪归真，为修禅的理论认识；"行入"是按佛教的某些规定修行，为修禅的实践。这种禅修方式具有很强的个人参与意识，把佛教经典作为手段，修心观禅，自己证悟佛理，最后达到真如实相的境界。这一点与从小深受儒家文化熏陶的陆游的思维方式十分接近，他一点即通。只是他不知为何从晚唐后禅宗一花分五叶——沩仰宗、临济宗、曹洞宗、云门宗、法眼宗，在峨眉山只有临济宗和曹洞宗。

陆游周游全山不得其解，于是就这个问题请教中峰寺一位颇有德行的老僧。老僧告诉他，禅宗五叶，以临济和曹洞两宗影响最大，分别流传到日本、朝鲜、越南等国，也传回了印度。峨眉山传承这两宗，是别峰大师的功德。宋朝建立以后，以宋明理学为代表的儒家学说成为当朝者的指导思想。在这种形势下，佛教日益与儒、道相融合，一些主要佛教宗派的基本观点也为宋明理学所吸收。而五代以后，僧侣中有了吟诗作画的风尚，出现了如怀素、智永等一大批出色的书僧、画僧。而寺院清幽，禅者超脱，佛门公案玄妙，为文人士大夫所向往和陶醉，于是文士禅僧化，禅僧文士化，促进了文学的创作，也影响了宋明理学。同时，佛教内部各宗也互相融合，其中禅宗与净土宗，禅宗与华严、天台二宗的融合最为显著。别峰禅师是这一时期最有影响、最有代表性的人物之一。他从西域弘法归来，经过长期认真的研究、比较，认为刚烈的临济宗、绵柔的曹洞宗可互为补充，刚柔相济，最适合峨眉山的实际状况，于是传承了这两宗。

陆游知道晚唐五代时期形成的禅宗五家共认慧能为东土的始祖，禅学基本思想并无重大分歧，那为何会分出五家？一天，他去向别峰请教，不想别峰正在静室打坐，只好悄悄退到院中。他见天气晴朗，暖风轻拂，便向中峰寺后面的白岩峰走去。山路上静谧无人，越过淙淙的溪流，只见树丛尖端出现奇异的景象。在茂密的树林之巅，缠绕树枝的藤萝冲出树冠，在顶端开出粉红、雪白、浅紫各色的大小花朵，让人好生陶醉。突然，头顶一股凉风自上而下，让有些燥热出汗的陆游浑身舒畅。但他分明感觉到，这不是山林吹来的风，而好像是被人用扇子轻轻拂了一下。他环顾左右，什么都没发现，连树梢都静静的。又继续向前走，站在陡峭的巨大白岩前，几次试图攀上顶端，结果弄得满身大汗仍徒劳无功，只好望岩叹息。正在无奈准备转身下山时，猛然觉得自己身轻如燕，伸手再攀光滑的石壁，竟然一步步十分轻松地向上走去。陆游感到非常奇怪，走上陡峭的山崖如履平地。快到岩顶时，陆游抬头，只见别峰平静地端坐于山岩顶，笑吟吟地注视着他，好似已等候多时。陆游大吃一惊，心想自己走时明明看见他在静室打坐，怎么一转眼又在此地？刚想开口问个究竟，别峰却先开口说道："务观，天地之中谁方谁圆？"

"圆中有方，方中有圆。"陆游略加思索后回答。

"对，其实世界就是这样。你想了解禅宗的五家，最先就从圆方之说开始。禅宗在晚唐至宋初形成五家七宗，在南方发展十分迅速。六祖慧能的弟子怀让再传弟子怀海，怀海传沩山（今湖南宁乡）灵佑（771—853），灵佑弟子慧寂（814—893）又在仰山（今江西宜春）传禅授徒，故后人以地名称其派别为沩仰宗。沩仰宗的主要特点是持'圆相'说，师徒交流时，常用画图来表达自己的思想。往往先画一个圆圈，认为圆上每个起点也都是终点，终点又是起点，然后在圈中写一个字或画一个图案，称'圆中有方'，以不同的图案表达不同的意思。"

陆游说："这不是与《周易》的'言不尽意''立象尽意'相似吗？"

别峰说："对，沩仰宗圆融默契，谨严细密，非常玄妙，是禅宗之中最早兴起的一个流派，可是因为过于玄妙，在中国只流传了一百五十多年便衰落下去。这是禅宗一花五叶中的第一片叶。"

别峰又说："禅宗之一的云门宗，是由文偃创始的，在雪窦重显和尚

（864—949）时达到全盛。云门宗的重要传人重显是四川遂宁人，他幼年出家，极有文学天赋。他选古代禅门公案一百例，宣讲歌颂云门宗的玄旨，这就是著名的《雪窦颂古》一书。因重显住持杭州雪窦山资圣寺，并在山上著书立说，后人称他为雪窦重显，或雪窦。

"雪窦有很多弟子，其中一位是皇帝身边的大学士。当他知道老师要去杭州灵隐寺时，立即修书一封向灵隐寺住持珊禅师推荐重显。书信由重显自己带去。重显到灵隐寺后，没把信交给珊禅师，而是隐姓埋名，默默与众僧一起，早上诵经，晚上坐禅，白天在田地中劳动耕作。三年以后，那位大学士到灵隐寺看望老师，寺中一千多僧人竟没人知道大名鼎鼎的重显就在身边。那位大学士只好到僧人居住的寮房中一间间房、一个个床位挨着寻找，最后见到老师的读书笔记，才由住持引路，找到正在厨房劈柴的重显。灵隐寺的僧人由此更加敬重重显。

"云门宗的宗风险峻，其要旨是：涵盖乾坤，截断众流，随波逐浪。这种险峻的风格难以传承和推广。这是禅宗一花五叶中的第二叶。"

果然，云门宗在南宋后期开始衰落，元初就几乎绝传。

别峰接着又说："晚唐时，杭州的灵隐寺集中了佛门众多的大德高僧。在朝代更迭、变革激烈的社会之中，为适应环境，依据禅宗的基本思想，新的理论和修行方法产生了。禅宗的第三叶——法眼宗，由文益（885—968）创始，但在永明延寿（904—976）时发扬光大。延寿从小心地善良，慧根极好，出家以前因在军队用军需款购买鱼虾等放生而被判死罪，后被吴越穆王释放。穆王让他在龙册寺从翠岩禅师出家。之后，他曾在浙江天台山向高僧德韶大师参学，尽受法眼宗旨。延寿住持灵隐寺期间，重建殿宇一千三百多间，又建钱塘六和塔以及灵隐新寺。延寿虽以禅弘名，但他所传佛法内容之广、之杂，是在此以前禅宗各家所未曾有过的。他倡导禅净并修、禅戒均重，内省与外求兼行，把佛教的各种法门融入禅宗。他著有《宗镜录》一百卷、《万善同归集》三卷、《唯心诀》等书。《宗镜录》对后世影响最大，其要义为：一切法界乃至众生，只要觉悟就能顿生佛的智慧。《宗镜录》引大乘经、祖师语录各百二十余种，贤圣集六十种，保存了不少失传的珍贵资料。"

延寿在当时是著书最多的禅师。法眼宗自延寿起广为传播，传到朝鲜为高丽顿宗，在国内融为净土宗。佛学大师太虚曾说："透禅净，必尊永明延寿师为开始者。"

陆游大悟，不由自主地说："我曾读过黄庭坚赋《渔家傲》，其中一首的下阕云：'面壁九年看二祖，一花五叶亲吩咐。只履提归葱岭去。君知否，分明忘却来时路。'由是知，达摩得如来弟子迦叶再传，于北魏年间来中国传法，先在南方见到梁武帝，话不投机，于是北上嵩山少林寺，面壁九年而开悟。达摩在北方传禅弟子众多，引起一些人的嫉妒，于是有人几次在他的食物中投毒。达摩五次中毒，都没有被害死。到第六次吃到有毒的食物，达摩却觉得在中国度化之事已完成，他已向立雪断臂、深得禅法精髓的弟子慧可交付衣钵，传授心法，于是不再自救，端坐而逝。达摩圆寂后葬于熊耳山。三年以后，宋云奉命出使西域归来，在葱岭遇见达摩，见他手提一只鞋，悠然自得地在山路上独行。宋云不知达摩已圆寂，问：'达摩师父到哪里去？'达摩说：'到西天去。'接着又对宋云说：'汝主已厌世。'宋云不解其意，欲问达摩，达摩已消失不见。宋云归来，闻明帝驾崩，孝宗皇帝即位，而达摩在三年前已圆寂。宋云上朝时把路上的奇遇告诉孝宗，孝宗命人开启墓穴，打开棺材一看，只有一只鞋子在棺内，满朝文武大臣大为惊讶。于是宋云奉孝宗诏书取那只鞋子回少林寺供奉。据说唐开元十五年有人偷了这只鞋跑去五台山华严寺，现在不知鞋在何方。"

别峰点了点头说："达摩祖师在中国留下了许多传奇。他视中国为第二故乡，自己'西归'了，却把一生的牵挂留给中国。"

别峰接着又说："禅宗一花第四叶为曹洞宗，其创始人为浙江诸暨人良价（807—869）和弟子本寂（840—901），因为良价住洞山，弟子本寂住曹山，故后世称之为'曹洞宗'。曹洞宗的中兴者为高僧正觉，他倡导一种重禅定的修行方式——默照禅，即静坐默究，反对专在文字上下功夫，就是那种既要解释，又怕说破，越说越多的文字禅。正觉著有《默照铭》和《坐禅箴》，两书绵绵密密，妙用亲切地讲述曹洞宗重禅定的观点。与临济宗大慧宗杲的'看话禅'，即重智慧相对立，在禅林影响很大。这临济宗便是一花五叶之第五叶。临济宗的创始人是义玄（？—867），但临济宗的中兴以我师爷圆悟克勤的弟子——大慧宗杲和密印最为有名。大慧宗杲是安徽宣城人，十二岁就出家，初参学曹洞宗，后到四川拜谒圆悟克勤。他性格刚烈，直言敢谏，曾因痛斥秦桧是奸贼而充军到湖南衡阳、广东梅州等地。在服劳役期间，他集录圆悟克勤大师的语录、公案，写成《正法眼藏》一书。十年以后获释，便到杭州径山开道场，住持径山能仁院。大慧宗杲有嗣法弟子九十多人，能仁院住有上千僧人，遂成为径山一派。大慧宗杲对来访的僧人爱施棒喝，凡有人提问，或被擒，或被打，这样的点化开示是其他宗派所没有的。

"圆悟克勤有七十五位弟子，以径山的大慧宗杲、虎丘的绍隆最为有名。而我师父密印禅师遵从师爷的精心安排，不显山露水，专程从皇帝身边回到峨眉山中峰寺，接引贫僧遁入空门。"

陆游问："许多人对'棒喝'不理解，并颇有微词，为什么你对临济宗特别倾心？"

别峰说："临济宗具有叛逆的特色，倡导不受制约、束缚，不被经典迷惑，南宋柔靡、纤弱，不断受到外族侵扰，正缺这样的精神。

"禅师们怕前来参学的人或拘礼，或胆怯，或别有心事，为了破除来者的盲目崇拜，临济宗往往吼你一声，或打你一棒，刹那间来者意识和思路被打破，现出本心。这种棒喝并非痛打、有意伤害人，只是一种独特的施教方法。临济宗根据中唐以后修行者生活方式的变化，提出了灵活施教、教学相长等一系列理论和实践相结合的方式，非常适应社会的发展。"

现在峨眉山寺庙仍是临济、曹洞二宗，其中伏虎寺、中峰寺、报国寺、接引殿、清音阁、太子坪、遇仙寺、卧云庵、洪椿坪、神水阁、雷洞坪为临济宗，万年寺、洗象池、慈圣庵、白龙洞为曹洞宗。

陆游在白岩峰上听别峰谈禅说偈，七天七夜不吃不喝竟然不知饥渴倦怠，沉郁的呼吸顿时通畅起来，精神饱满，只感到一种难以言喻的舒适和轻松。陆游觉得在别峰身边犹如被和煦的春风吹拂，被温暖的春日抚慰，整个身心都沐浴在超然的境界中。每日清晨，当丝绸般的烟岚飘去，金色的阳光奔泻流淌，将白岩染成一片灿黄，弦乐般的清流上不时闪过各种飞禽，林中苔藓润湿的清香、树木芬芳的气息，如一张细密温柔的丝网，轻轻撒满山间。傍晚，淡淡的水墨一笔笔抹上天边，由远而近，愈来愈深，最后漆黑的夜空中出现明亮的星星和皎洁的月光。这一切使莽莽山林分外静谧和神秘。

陆游在此体会到自己的灵魂一点点地慢慢从体内向外伸展，最后脱离身体，遨游在遥远的天外。

他开始有一些对佛法的感悟，后来曾在一首诗中写道："一指头禅用不穷，一刀匕药去凌空。""一指头禅"的意思是万法归一、一切归空。这是借用别峰为他讲的佛门典故：

唐代有位叫俱胝的和尚，曾向一位大师参问，大师竖一指示之，俱胝当下大悟。自此，凡有学者参问，他唯举一指，别无他唱。后来他门下有位童子，每逢有问，也竖一指。别人对俱胝说："这个童子也会佛法。"一天俱胝问童子："听说你会佛法？"童子说："是。"俱胝又问："如何是佛？"童子竖起指头。俱胝拿出刀说："若我断了你这指呢，什么是佛？"童子豁然开悟，知道悟处不在指上，所谓悟者，即是空相。

陆游发现别峰通今博古，无论谈及哪朝哪代的事，都能如数家珍，仿佛亲身经历一般，常常让自幼聪明过人、深受众人称赞的陆游百思不得其解。一次陆游禁不住好奇心的驱使，问别峰为何能知晓那么多的事，特别是那些旷古未闻的佚事和失传已久的典籍。"你不可能阅读到原文，却能背诵下来，真乃奇迹！"别峰微笑不语。渐渐地，陆游明白了别峰是位早具神通的高僧，内敛而不张扬。

一天，别峰请陆游同游青神中岩寺。青神县位于古平羌道上，是水路由成都至乐山、峨眉的必经之地，是个繁华的水码头。中岩寺建于唐代，唐时名景德禅院，南宋曾大规模扩建。别峰游历江陵、江西、浙江等地返回四川后，曾在此讲法。中岩是一座不大的山峰，上岩垂拱寺，中岩景德禅院，下岩慈姥庙，构成蜀中一处著名的佛教圣地。该地也因为苏东坡而闻名。别峰告诉陆游，东坡居士亲口给他讲过，自己年轻时在青神县乡贡进士王方的书院中读书，书院就设在中岩。一天，中岩寺住持来到王方的书院，请他为陡峭岩壁之下的一池清水取个雅致的名称。于是王方让每个学生都为这个泉池取名，学生们都很快写好交上去，唯苏东坡独自在池边久久沉思徘徊，看着那刀削一般绝壁下的清水，情不自禁拍手叹气说："可惜清清池水竟无鱼儿出游！"没想到水池石缝间鱼儿闻声游出，摇头摆尾游到苏东坡所站的池边。苏东坡脑中灵光一闪，提笔写下"唤鱼池"三个字。这时王方的女儿王弗也将取好的名字写在纸上交与父亲，王方打开一看，竟和东坡的完全相同。再看其他学生取的"看鱼池""钓鱼池"，皆不如。王方又叫学生将"唤鱼池"三个字写成书法作品，请眉州名士来品评。那日天气晴朗，惠风和畅，中岩池边挂出几十幅书法，用不同的字体书写"唤鱼池"三个字。经反复品评，苏东坡夺魁。王方认为女儿取的名字与苏东坡的一样，这是天赐的缘分，于是招苏东坡为婿。叙完这段佳话，东坡居士将自己亲笔所书的诗稿赠给别峰留作纪念。

陆游掐指一算，别峰禅师出生时，东坡早已仙逝，莫非别峰可与作古之人神通？陆游感叹不已。

陆游在中岩见到苏东坡、黄庭坚、范成大等许多名士题在壁上的诗文，顿感生不逢时，心想："可惜东坡先生早已仙逝……"

陆游转身望着一脸睿智的别峰禅师，知道他觉察到了自己的意念。

陆游说："待我辞官以后，就到这唤鱼池旁结茅修行，那时，大师可否再次与我同来？"

别峰伸出一掌说："我们击掌为约吧！"

陆游与别峰击掌，岩壁间回荡着低频的和鸣，清澈的池中先是一两处细微的声响，接着由远而近传来"哗哗"的声音，稍后鱼儿蜂拥至水面跳跃翻滚，掀起阵阵浪花，陆游看得目瞪口呆，半晌说不出话来。

回到峨眉山中峰寺，陆游久久不愿离去。别峰告诉他："具浩然之气的人，不因自己被贬而颓废，不靠脚力而行走，不因活着而存在，不随生命的结束而死亡。你这辈子还会经历许多磨难，但最终会在会稽仰望峨眉山，与东坡同游星河。"说完将苏东坡的诗稿赠与陆游。陆游接过珍贵的东坡诗稿手迹，依依不舍地离开了峨眉山。

陆游后来果然沉浮宦海，几度被贬。有人愿出倾城之价购买苏东坡的手稿，但陆游在极端贫困潦倒的窘况中也不愿使比自己生命还要珍贵的东坡遗物落入他人之手。这些诗稿伴随陆游终生，直到临终前家人遵其嘱托，才将这稀世珍宝献给朝廷。据说，这部手稿先珍藏于紫禁城，后转到圆明园，最终下落不明。

淳熙十年（1183 年），孝宗皇帝诏别峰入宫，为御编的《圆觉经》作序，并特许别峰可以乘轿出入，免去一切礼节。别峰入宫，孝宗非常高兴，赐软凳、香茶和点心，并亲书"别峰"二字，以示敬重和嘉奖。当时正值暑热，孝宗挽留别峰在宫中居住，别峰推辞再三。半个月后，孝宗命别峰在灵隐山中开建新的道场，这时别峰已七十五岁。

别峰到达灵隐山中，王公贵族、社会名流争相前去参拜，一时间，灵隐山人头攒动。新道场一建好，别峰便辞去住持之职，躲入山中结茅修行，来访者找不到别峰，只好怏怏而归。

绍熙元年（1190 年）十一月，别峰向住持智策告别，智策问："何时走？"

"水到渠成。"别峰回答。说罢在纸上写道：十二月初七夜鸡鸣时。然后他悠然离开寺庙。

十二月初七凌晨，智策与弟子守候在别峰的茅棚外。鸡鸣时分，只见一道彩虹由西而来，普贤菩萨端坐在六牙白象身上，一抬手，右手的金如意向别峰的茅棚一点，一朵祥云从茅棚顶上冉冉升起，别峰脚踩莲花，跟随白象向西而去。智策与众弟子们目睹这一神奇的景象，深感福报及身，一行人口诵经文，叩拜不止。待五彩缤纷的光环隐去后，智策推开柴门，见别峰的肉身趺坐于棚内，面带微笑，头部略略俯下，两眼微闭，安然圆寂。智策与弟子将别峰的遗体抬回寺内，装于木龛之中，陈放在法堂内，每日焚香诵经。七七四十九天后，弟子们揭开盖在木龛顶上的黄绸，只见别峰面色红润，栩栩如生，面部和头顶竟然长出胡须和头发。弟子们合龛时触摸别峰肉身的头顶，依然温暖滋润，他们不信别峰已逝，又摸脉搏，查看鼻息，皆已停止。智策告诉大家：这是修行很高的境界。

继位的光宗皇帝闻听别峰圆寂，敕谥"慈辩"，并将存放别峰骨灰的石塔命名为"智光"，以示对别峰能言善辩以及卓尔不凡的智慧与神通的称赞。

别峰的弟子将他数十年讲经说法的记录编成《别峰语录》，至今还保存在峨眉山。

绍熙四年（1193 年），陆游闲居江阴老家，生活十分穷困，不但米缸时常空空如也，连蔬菜也难以吃上，夜晚靠松明点灯。他的一首诗这样写：

今年彻底贫，不复具一肉。

日高对空案，肠鸣转车轴。

春荠忽已花，老笋已成竹。

生平饭蔬食，至此亦不足。

孰知读书却少进，忍饥对客谈尧舜。

但令此道粗有传，深山饿死吾何恨！

陆游生于官宦之家，从小丰衣足食，没想到晚年却时常为生活所困。想起别峰给他的预言，倒也坦然。他在另一首诗中写道：

年来妄念消除尽，回向禅龛一炷香。

他用了不少时间研究佛经。这一年，他的好友、六十八岁的范成大病故。范成大信佛，曾任四川制置使，号"石湖居士"。他特别喜爱峨眉山，写有《峨眉山行记》和许多赞美峨眉山的诗，称"三峨之秀甲天下，何必涉海觅蓬莱"。一日，陆游伤心之余，见别峰禅师乘云而至，在云端双手合十，然后飘然西去。陆游出了一身冷汗，猛然醒来，方知是梦。正在这时，别峰的法孙宗愿前来告知别峰禅师圆寂的消息。陆游泪雨滂沱，痛不欲生。

陆游为别峰撰写塔铭，文曰：

南山自长安秦中西南驰，为嶓为岷。东行纡余起伏，历蛮夷中，跨轶且千里。然后秀伟特起为三峰，摩星辰，蓄云雨，龙蟠凤翥，是名峨眉山。通义、犍为二郡，实在其下。人钟其气，为秀民杰士，出而仕者，固多以功业文章擅名古今。至于厌薄纷华，弃捐衣冠，木食涧饮，自放于尘垢声利之外，而不幸为人知，不能遂其隐操，亦卒至于光显荣耀者，如别峰禅师是也。

⋯⋯⋯⋯⋯

铭曰：圆悟再传，是为别峰，坐十道场，心法之宗。渊识雄辩，震惊一世，矫乎人中龙也。海口电目，髦期称道，卓乎涧壑松也。叩而能应，应已能默，浑乎金钟大镛也。师之出世，如日在空，升于阳谷不为生，隐于崦嵫，其可以为终乎！

陆游以铭志哀，神思追随别峰而去。

嘉定三年（1210 年）一月，八十六岁的陆游去世，家人遵别峰禅师生前之嘱葬其于会稽。

不称庵的尼姑庙

——神圣的伏虎寺

康熙探秘伏虎寺

康熙皇帝即位以后，先后六次下江南。传说他利用第六次巡视江南的契机，曾秘密前往峨眉山伏虎寺，试图解开藏在心中多年的谜团。

一、引子

从四川传来五百里加急的奏折。康熙皇帝打开奏折，从熟悉的笔迹中就知道，此秘报出自先皇顺治钦点探花、当朝大学士、翰林院编修、御史蒋超之手。一年以前，康熙破例恩准蒋超带职回乡养病，并秘密托付蒋超暗中寻访玉林国师的踪迹。在内心深处，康熙根本不相信像风一样来去无踪的玉林禅师，会让人准确地知道自己圆寂的地点和时间。虽然朝廷已经向世人公布了前朝玉林国师圆寂的消息，但是，康熙是一个深谋远虑的政治家，经过深思熟虑以后，他得出肯定的结论：玉林圆寂是假相，目的是金蝉脱壳，掩人耳目。玉林选择在这一时机消失，是为给当朝天子一个最彻底的交代。玉林知道康熙是一位非常睿智的帝王，其预见性、洞察力无与伦比，康熙一旦整治好内忧外患的国家，一定会腾出手来亲自揭开玉林与先帝顺治之间的隐秘。所以，瞒天过海、彻底消失是最好的障眼法。康熙心中完全明白，玉林国师是一位旷世难寻的大德高僧。康熙始终以为，父皇顺治帝是被玉林度化接引出家的，仅从这一点就不难看出玉林是何等的造化。以他的盖世神功来判断，他是绝不可能此时圆寂的。

当康熙向蒋超秘密下令暗中探寻玉林禅师的蛛丝马迹时，蒋超心领神会，欣然从命。

　　康熙选择蒋超作为密使，是经过反复斟酌的。一来，蒋超是先皇顺治钦点的探花郎，与先皇交往较多，感情深厚。二来，康熙对蒋超非常器重，赏赐颇多，恩宠有加。三来，蒋超既是权威的历史学家，谙熟历朝历代的正史、野史以及趣闻逸事，又笃信佛教，不仅在佛学理论上有很高的造诣，而且对佛门典故传奇、历代高僧功德、名山名寺的由来都了然于胸。有人曾密报康熙，说蒋超从小就自称是峨眉山伏虎寺的比丘转世。蒋超虽然在京做官，却过着居士般的生活，行为举止异于他人，要蒋超借养病之机，秘密寻访玉林真正的下落，确实是非常合适的选择。

　　蒋超接旨以后，在康熙面前信誓旦旦，决心不辱使命，一定要将圣上秘密交办的差事查个水落石出！

　　康熙对此深信不疑。

　　蒋超离开京城已经几个月了，一直杳无音信。如今，蒋超用五百里加急传递密折，想必有重大发现。

　　想到这里，康熙收回思绪，展开密折详细浏览。

　　蒋超在奏折中将自己密访玉林国师下落的奇特经历和发现详尽地报告给康熙。从察访的线索可以断定，圣上的英明推断是完全正确的。玉林国师不仅没有圆寂，先皇顺治也没有驾崩，而且他俩极有可能在一起，从京城南下，沿长江先到安徽，再辗转湖北进入四川，隐居于峨眉山伏虎寺一带。蒋超还将下一步的打算禀呈皇上：继续留在峨眉山伏虎寺，一边密查，一边考察峨眉全山，撰写一部比较完整的《峨眉山志》。蒋超还告诉康熙：自己确系峨眉山伏虎寺一位老僧转世，大凡前世已清，恐怕来日无多，无法回京复命，愧对先皇及当今圣上的皇恩。

康熙读完密折，眉头舒展开来，蒋超的密报证实了缠绕在自己心头的疑问。虽然谜团尚未解开，但已有的线索还是令康熙欣慰不已。

康熙毅然决定，借微服巡察江南之机，按蒋超提供的路线，沿途查找玉林禅师和父皇顺治的归隐之地，倘能如愿以偿，便可真相大白。同时，御史蒋超神秘的身世也令康熙着迷。于是，历史上鲜为人知的传奇故事便由康熙皇帝本人拉开帷幕。

二、顺治皇帝之谜

顺治十八年（1661年），二十四岁的清朝世祖——爱新觉罗·福临，也就是顺治皇帝，在心爱的董鄂妃病逝后一个月，猝死于皇宫。一时间满朝议论纷纷，民间谣言四起。身强体壮的当朝天子，突然之间无疾暴毙，实在令人难以接受。在重重疑惑之中，各种猜测和离奇的宫廷秘闻流传开来。因此，顺治皇帝的死因以及归隐之谜也就成为清朝的最大悬案。

顺治的儿子，八岁的爱新觉罗·玄烨登基，国号"康熙"。

康熙皇帝（1662—1722）对父亲的突然去世比别人更多几分疑问，因为他在父皇辞世前曾亲自窥探到了一些隐秘。虽然当时年幼，对有些事情还不完全明了，但随着年岁的增长，内心深处已经觉察到，父皇的死是一起人为的阴谋，也藏着皇室不敢示人的秘密。康熙经常在夜深人静之时，回忆起幼年耳闻目睹的事。

顺治六岁登基，从小便没有享受过一天童年的欢乐。还是孩童的顺治，每天都要接受母后、大臣、老师烦冗的教育，幼小的心灵被江山社稷、兴国安邦、带兵打仗和沉重的学习填满。在危机四伏的宫廷斗争中，顺治受到残酷现实的磨砺，成为少年老成的天子。他以自己坚忍不拔的毅力、博大的胸怀和文韬武略，在孝庄皇太后和皇叔多尔衮的帮助下，率领百万清兵打进关内，定都北京。顺治皇帝在长年的征战和皇族纷争中，所经历的不是战火烽烟、血流成河，就是尔虞我诈、互相倾轧，得不到半点亲情的慰藉。因此，顺治小小年纪就孤傲、冷漠。成年以后，顺治十分痴迷一位比他大三岁并且已婚的汉族女子，册封她为董鄂妃。

顺治在董鄂妃那里得到了超越母亲、妻子、情人、姐妹的无微不至的关爱，找到了那份渴望已久的爱恋，一颗疲惫而冰冷的心慢慢地苏醒和回暖。董鄂妃不但十分美貌，而且贤淑端庄，知书达礼，宽厚仁慈，令顺治皇帝十分迷恋。身为满人的顺治皇帝要治理一个战乱不断、以汉人为主的大国，除要通宵达旦地批阅奏章、处理政务外，还要花大量时间学习汉族的历史、文化、宗教等典籍。做一个帝王十分辛苦，好在身边有一位善解人意的美貌女人相伴，内心的烦恼有知心人倾诉和化解，久而久之，顺治就对董鄂妃产生了刻骨铭心的爱情。而一些女真贵族，尤其是顺治身边的皇后、嫔妃则十分嫉妒董鄂妃，不时制造矛盾，意在让顺治疏远董鄂妃，分爱于他人。可是顺治不为所动，仍然我行我素，对董鄂妃一往情深。

康熙记得董鄂妃病重时，父皇完全无心朝政，除每日命太医悉心治疗以外，就是请玉林国师为董鄂妃主持法事。可惜董鄂妃还是满怀对顺治的眷恋撒手西归。顺治陷入了极度的悲痛之中。

一天，康熙到父皇的书房去请安，刚走到门口，便隐隐听到唏嘘之声。康熙从门缝往里看，只见父皇正与玉林国师悄声交谈。玉林禅师是顺治钦点的国师，顺治十分信赖玉林，大小事都愿向玉林国帅征询，而玉林料事如神，常能使顺治逢凶化吉，遇难呈祥。顺治对玉林济世度人的威德非常钦佩，平时也愿意将自己的烦恼和一些宫廷秘事告诉他。

康熙凝神静气，断断续续听到玉林国师说："……董鄂妃是被慢性毒药害死的，他们长期在董鄂妃的食物里下很微量的毒剂……服用一段时间后，就会慢慢地表现出如同体虚的症状……已无可救药……"

书房内半晌没有动静，过了很久才听到顺治压抑不住的恸哭："朕不负人，为何众人负朕……"

康熙第一次见父皇如此伤心，竟有些不知所措。这时又听到父皇说道："……董鄂妃是朕珍爱如命的亲人，也是朕在世间最难割舍的牵挂……她已去了，朕再也没有什么可留恋的了……朕应该走了……"

"幼主尚小，请皇上三思……"玉林劝慰道。

"朕六岁登基，什么大风大浪都见过。玄烨已八岁了，天资聪慧，由他继位，朕可以放心。朕虽贵为天子，富有四海，拥有世间至高无上的权力，却连一个弱女子都不能保护。世事无常，痛苦烦恼太多……朕已经万念俱灰，只求跟随师父皈依佛门，脱离世俗的苦海。"顺治坚定不移地说。

"皇上真心皈依佛祖，未必一定要削发为僧。出家将放弃世间荣华富贵，放弃皇位，放弃亲情，这……"

"浮生若梦，富贵如云，瞬间即逝……"

"……"

"请国师为我剃度！"

"……"

不久，孝庄皇太后诏告天下：爱新觉罗·福临驾崩。

康熙虽然年幼，但对父皇突然去世却心存疑惑，一向身体康健的父皇怎么可能突然暴病而亡？他抑制不住内心的悲痛，径直跑去询问孝庄皇太后，并悄悄地将那天在御书房看到、听到的一切和盘托出。哪料想，平日慈祥和蔼的孝庄皇太后竟然大为光火，拉他到列祖列宗以及父皇顺治的灵牌前起誓：要将祖先们留下的皇权继承下去，做一个好皇帝！上对得起列祖列宗，下对得起黎民百姓，让大清江山万代相传！孝庄皇后要康熙彻底忘掉在御书房看到的事，不准向任何人提起。

康熙十六岁以后果然不负众望，擒鳌拜，平三藩，治黄河，扶农桑，基本实现了天下太平的设想，天下呈现繁荣昌盛的景象，大有超过唐朝"贞观之治"的势头。而这时，康熙内心隐藏的秘密又开始不断撞击着他：父皇到底消失在何方？父皇为何放着好端端的皇帝不做，反而选择隐退？父皇君临天下，普天之下莫非王土，难道为了一个女人而放弃江山社稷？父皇身上一定还有自己并不知晓的重大隐秘，否则断难弃位出走，遁入空门，消失得无影无踪。

正在康熙心中疑问重重之际，江苏奏报：消失多年的国师玉林和尚在江苏淮安慈云庵圆寂。玉林是化名到该寺的，寺僧并不认识他，是在清理他的遗物时发现了先皇顺治所赐的折扇和"如朕亲临"的牌子，确定了他的身份。

康熙想起年幼时父皇多次向他讲起玉林和尚的传奇故事，有一件奇事令康熙终生难忘。

顺治十五年（1658年），顺治微服出访，搭乘民船去江南。船将至扬州时，忽然阴云密布，狂风大作，阵阵巨浪翻滚。船中乘客惊慌失措，一时秩序大乱，连顺治的随行护卫竭力维持也无济于事。船在江心剧烈地摇晃，如此下去，定会船翻人亡。顺治情急生智，当众传下圣旨：天子与大家同在，要众人听从指挥，同心协力，消灾弭祸。众船客见皇上竟然在船上，情绪才安定下来，但由于风浪愈来愈大，覆船的危险依然存在。见此情形，顺治宣布，如果有人能救助船中众人，朝廷将予重赏。当时，玉林和尚正好也在船上，见死神逼近，决心慈悲救人。他闭目端坐，心中反复默念：南无大慈大悲救苦救难的观世音菩萨……一会儿，玉林隐隐约约在急风暴雨中看到慈祥庄严的观音菩萨，手持净瓶柳枝，身穿白衣，伫立于空中。玉林和尚急忙在船头跪下，大声向空中祈祷。顺治难以理解，心想此刻求神拜佛能有何用。而玉林则无比虔诚地请观音菩萨相助。菩萨仿佛用手指了一下玉林背上的包裹，然后慢慢隐身而去。

玉林急忙打开衣包，见包内不知什么时候多了一个锦囊，里面有一小块黄色的锦缎，上书"免朝"两个鲜红的大字。玉林正疑惑不解，忽见"免朝"两字的下面，慢慢地显影出两行细密的小字："当朝天子过江，四海龙王来朝，天子下旨免朝，风浪自会平静。"玉林大喜，即禀顺治皇帝。随身侍卫见状，马上打开文房四宝，将顺治亲书"免朝"二字挂于船舱之外。不一会儿，果然风平浪静，云开日出，风和日丽。船主及全船乘客整整齐齐地跪下，齐声高呼："吾皇万岁！万岁！万万岁！"接着面向玉林和尚顶礼膜拜。

顺治皇帝问明玉林的法号及出家的祖庭，要玉林与他一同进京，请住西苑，封为大觉禅师。次年，又赐紫衣，加封为"大觉普济能仁国师"。

这段神奇的故事，后被雍正皇帝载入御选语录之中。

三、秘寻玉林国师

康熙即位后面对的是内忧外患的大清江山。明朝遗民不断打出各种反清复明的旗帜，成立过几个南明政权，其余波直到十六年以后才完全平息。康熙十六岁擒鳌拜，十九岁平定吴三桂、尚可喜、耿精忠的"三藩"，以后治黄河、疏漕运、微服下江南。康熙频繁下江南，除为了查看吏治、笼络汉人士大夫外，心中还有一个不为外人所知的隐秘目的，便是寻找出家为僧的父亲——顺治皇帝。清皇室一直把顺治出家视为丑闻。孝庄皇太后对佛教深恶痛绝，儿子竟然放弃皇位，削发奉佛，舍弃了将他抚养成人的母亲。曾经，孝庄皇太后为保儿子的皇位不为外人所夺，忍辱下嫁皇叔多尔衮，背负了唾弃和指责，儿子却不但抛弃母亲、儿女，还放弃了江山！为此，孝庄皇太后在宣布儿子顺治皇帝病逝的消息后，便将皇宫内的和尚全部逐走。

康熙知道要管理好以汉人为主的国家，必须了解汉族的历史文化。他从小就熟读诸子百家典籍，请汉人大学士做自己的老师。因为汉人主要信奉佛教，也为了解父亲，为了国家社稷，他读了不少佛教书籍。从书中他知道，佛祖释迦牟尼放弃王位出家为僧；禅宗始祖达摩也是王子，出家后到中国弘传佛法。

康熙秘密下江南，曾到过浙江的普陀山、安徽的九华山、山西的五台山，但都没找到父亲。他相信父亲一定还在人世，定在这四大佛教圣山之中。远在巴蜀的峨眉山，他久闻其名，知初为天真皇人所住，后轩辕黄帝又问道于此，日有佛光，夜有圣灯，宫梵林立，只是他自己从未去过。孝庄皇太后年事已高，见孙子康熙文韬武略，将大清江山治理得井井有条，欣慰之余常常思念儿子顺治，有时长久地看着顺治的牌位发呆。有次与康熙说起顺治刚生下来就被奶娘抱走，没吃过她一口奶，没让她搂着睡一个晚上，儿子亲政以后母子二人连说贴心话的时候都没有，身居皇宫难有百姓的天伦之乐，说着说着，不禁老泪涟涟。

康熙想找到父亲，除了却自己的心愿外，也给孝庄皇太后一个意外的惊喜和安慰。

康熙深信，只要找到玉林，就能查出父亲的下落。他按御史蒋超提供的线索，一路南下而去。

康熙一行某日在安徽境内的一个渡口遇到几十辆满载货物的推车似远道而来，货物的袋子上都写着"正觉山"三个字，康熙问正在歇息的车夫："车上为何物？推往何方？"

车夫说："这些东西都是浙江居士为正觉山的正觉禅寺化的缘，客官不知正觉山吗？"

"不知道。正觉山有什么特别之处？请讲与我听。"康熙说罢，吩咐左右到渡口茶棚为车夫买些糕点瓜果热茶之类的吃食。车夫们正饥渴，见这位气度不凡的商人请他们吃东西，十分开心。一伙人边吃东西，边七嘴八舌地说起正觉山的事来。

原来的正觉山是个人烟稀少、盗匪出没的荒山。匪首叫王德盛，他带领百十人在这里落草，取名群英山。一天晚上，云游四方的玉林和尚走进山里，见山中没有寺院，便在树下静坐歇息。忽然一伙强盗从林中出来，为首的用刀架在玉林脖子上说："留下买路钱！"

玉林睁开双眼，镇定地看着这伙团团围着他的人，慢慢地说："各位好汉，我是一个云游僧人，既没有钱，也没有什么衣物给你们。不过，若你们答应我一个要求，我可以送你们一件非常宝贵的东西。"

"什么要求，快讲！"盗匪们很想知道是什么宝贵东西，于是异口同声地问。

"我要你们以后不做强盗！"

"胡说！不做强盗我们吃什么，穿什么？"其中有人气势汹汹地骂起来。

为首的强盗在朦胧的月光中见玉林一身破旧的僧衣，明白他确是出家人，很佩服他镇定的态度，便喝令众人住口，语气和缓地问道：

"原来你是位师父，你先说，我们不做强盗，你有什么非常宝贵的东西送我们？"

"你们要先答应我不再做强盗！"玉林非常坚决地说。

"只要你有饭给我们大伙吃，我们就答应。"强盗们说。

"我有一块黄金，假如你们今后不做强盗，我就把这块金砣给你们。你们可以把它卖了，钱大家平分，回家做点小本生意，免得抢劫遭罪，这样不是可以有饭吃，好好过日子吗？"

"那好，我们答应，你快把黄金给我们。"众强盗急切地说。

玉林随即把顺治皇帝赐给他的"大觉普济能仁国师"金印拿出来，交与为首的强盗。又说："我有一句要紧的话告诉你们，你们卖这块黄金印前，不要忘记把金印上的几个字先凿坏，这样才不致让你们惹上麻烦！"玉林心想，能以这块金印，使几十人不再造孽，不再为害，是非常值得的。

强盗接过黄金之后，呼啸而去，回到他们盘踞的巢穴，把玉林赠送的金印取出来看。在火把的照耀之下，金印灿烂夺目。能识些字的王德盛上下端详一阵，猛然惊叫起来："哎唷！这是顺治皇帝的师父呀，糟了，我们抢劫了国师，这可是弥天大罪啊！"

强盗们七嘴八舌地议论开了：

"不可能，哪有国师跑到深山里来，穿得破破烂烂的。"

"我看他是我们道中人，盗了国师的金印，想隐匿在山中，遇到我们人多怕了，所以把金印交给我们。"

"他看上去只有三十多岁，怎么会当国师？"

"他一点都不惊慌，虽然穿得破烂但很威严，像国师。"

在一片议论声中，王德盛举起双手，示意大家安静。他说：

"各位兄弟，我们落草为寇也是出于无奈。今天路遇国师，也不知拜见，怪我们没有慧眼，以后菩萨都会怪罪我们。再则，抢劫了国师的金印，朝廷知道了，定会派兵围剿，我们和家人的命还保得住吗？不如我们赶去，若他是国师，我们奉还金印拜他为师；若不是，也还他，总之，他是一位师父，可求菩萨多多保佑大家。各位兄弟意下如何？"

大多数人都赞成。

他们立刻赶到抢劫的地点。这时天渐渐亮了，天边露出一片朝霞，群山洋溢着暖人的金光。他们远远看见玉林仍坐在树下闭目打坐，便轻轻走过去，跪在玉林面前。为首的王德盛小心翼翼地问："请问师父你真是国师吗？"

玉林见他们恭敬的样子，知道他们已有悔意。他沉吟一会儿，没回答。自离开皇宫，他一直隐姓埋名，像苦行僧一般四处云游，不想暴露身份。而眼下，为挽救这些强盗，他想应该说出真相，于是说道：

"我的确是先皇顺治所拜的玉林国师，不过，请你们为我以后云游方便，不可告诉另外的人。"

"啊！"为首的王德盛惊叫起来，"国师，小人有眼不识菩萨，万死冒犯，请求国师恕罪，收我等为徒。"

"请国师发慈悲收下我们。"强盗们跟着说。

"跟我出家？我连自己的寺院都没有。"玉林为难地说。

"我们可以把山寨改为寺院，只要国师肯收，就请国师在此住持，指导我们修行，我们在山上开荒种地，自耕自食。"王德盛急切地说。他已下决心跟随玉林修行。

玉林知道弃恶从善是非常不易的，于是向他们讲明出家必须遵守的戒规，王德盛和众盗都恭顺接受。于是玉林禅师将此山改名为正觉山，将盗匪山寨改建的寺院取名为正觉禅院。他还为愿出家的众盗一一取法名，匪首王德盛法名醒道。以后，玉林与他们在山上开荒，种植粮食、果树、茶和蔬菜，他们跟着玉林过着农禅并举的淡泊生活，当地百姓经常去烧香朝拜。

康熙听罢心中暗暗称奇，他打听到玉林的下落，便与随行往正觉山而去。到了正觉禅院，醒道告诉他们，玉林大师在此住了两年就不知去向。康熙见醒道沉稳和蔼，恭敬有礼，对玉林度化众生的威德深感钦佩。康熙问醒道："玉林国师现在何方？"醒道说："玉林大师是一位菩萨，来无形，去无踪。贫僧德行尚浅，哪能知晓菩萨的去向？"康熙只得失望地离开正觉山。

康熙一行回到渡口。这天烟雨濛濛，渡口冷清非常，岸边只有位白须老人在垂钓。随从上前问老人附近还能否雇到船，老人说今天都出去运货了，不过他可以划船送他们去对岸。说罢起身，解缆起锚。随从见老人家年纪太大，怕不安全，便让康熙再歇息片刻，他们另去雇船。康熙见船夫虽白发苍苍，白须齐胸，但行动敏捷，目光明亮，绝非等闲之辈，便命侍从给老人一些银两，包下了老人的船。船行途中，康熙试探性地问老人家：可知晓玉林和尚的传闻？老人见来客问起玉林禅师，便滔滔不绝，娓娓道来。

老人告诉康熙，自己虽然没有缘分见到玉林禅师，但听过许多玉林禅师年轻时的传说。老人的大姨子在王相国家做仆人，王相国招玉林为婿办喜宴时，他老伴曾前去帮忙。康熙听说玉林和尚有媳妇，大为吃惊，忙问老人："玉林是出家人，怎么能结婚？"

"说是结婚，结果是王家唯一的小姐出家当尼姑了。这门亲事非常传奇，十里八乡都知道。"

玉林是江苏毗陵人（今江苏江阴），俗姓杨，最早于宜兴磬山崇恩寺出家。玉林年轻时长得英俊端庄，白净文雅。一天王相国的独生女到寺里烧香，见到玉林和尚，不禁芳心大动，害起相思病来，夜里总是梦见玉林。小姐艳若桃花的娇容，从此由于茶饭不思，渐渐憔悴下去。小姐的父母请来好几位名医为女儿看病，却始终不见起色，一家人笼罩在愁云之中。夫人左思右想，觉得小姐病得蹊跷。相府中应有尽有，她既没受热也没挨冻，怎么会一病不起？难道另有隐情？想到此，夫人立即传小姐的贴身丫头来问，丫头胆战心惊地将小姐见到崇恩寺玉林和尚的事告诉了夫人。夫人气得长吁短叹，媒人介绍了那么多的富家子弟，她看不上，偏偏看上一位出家的和尚！老爷和夫人绝不同意这样的婚事，但望着日益病重的女儿又一筹莫展，万般无奈之下只好求助于崇恩寺住持天隐老和尚，请他指点迷津，拯救女儿的性命。天隐老和尚听罢，沉吟半晌说："让玉林自己决定吧！"

玉林看见为女儿性命愁苦不堪的老夫人、老相国说："我十九岁就皈依佛门，若要我舍戒还俗，当初我又何必辞别父母出家为僧？人的生死、苦恼都由爱欲所致，我怎能又回到原来俗道中去！"

"救人一命，胜造七级浮屠。不，你现在是在救老夫、夫人及小姐三条性命。求师父一定出手相救！"老相国说罢，不禁伤心落泪。

玉林见状，对王相国说道："如要与贫僧结为连理，小姐必须答应我一个条件！"老相国连忙说："什么条件都可依你，只要能救小女性命！"玉林正色道："必须小姐亲口应答，一切事情小姐都得依我。"

小姐高兴地答应了玉林，病便不治而愈了。

新婚这天，夫妻拜过堂后，被送进洞房，玉林接开小姐的盖头巾，见盛装的新娘真是美若天仙。待闹洞房的人散去，玉林便对小姐说："你是有幸福、有智慧的人，我要救你脱离苦海，告别无边烦恼。"小姐幸福地望着玉林，只听玉林又说："你不是答应我凡事听我的吗？现在我们开始跑香吧！""跑香？"小姐从没听过这个词，疑惑地望着夫君。玉林庄重

不称庵的尼姑庙

地将一炷香点好，插在香炉中，要小姐与他在屋子里跑，直到这炷香燃完。这是修习佛法的一个法门。小姐只好遵守自己的诺言，跟在新郎后面跑。玉林是一个跑香参禅的能手，他越跑越快，越快越有精神，用智慧的汗水浇灭了心中生起的欲念。而小姐一双小脚，一会儿就跑得气喘吁吁，头发乱了，插在头上的花一朵朵掉在地上，脸上的胭脂香粉让汗水冲得斑驳。这时，玉林让小姐与他并肩站在镜子前，请小姐看谁美。小姐往镜中一看，不禁大吃一惊。玉林是个琉璃体人，跑了香后，满脸红晕，神采奕奕。而镜中的自己蓬头乱发，妆容凌乱，可说是惨不忍睹，狼狈不堪。小姐又羞又愧。

玉林说："贫僧也爱美，立志追求生命中永恒的美，而形体上的美总是短暂的。你不要看贫僧今日长得英俊风华，若不修行，许多年后青春逝去，同样鸡皮鹤发，老态龙钟。小姐你也一样，年轻时貌若貂蝉，最后依然是白骨一堆，终为土灰。生命无常，我们为什么要贪求这一时的虚假美貌，而舍弃长久的福报？今日苦恼的众生，为什么不肯为多数人的幸福着想，而不惜损人利己，只贪图个人幸福？贫僧为了追求解脱，也为了众生长远的幸福，披剃在佛门，总以为从此便可不受轮回的约束，万万没料到和小姐还有这么一段缘分要了却。贫僧这次如真的舍戒还俗，自己沉沦苦海不说，一生的理想也无从实现。"

玉林不是不喜欢小姐，小姐美貌多情，也燃起他心中的爱火，但他意志坚强，知道悬崖勒马，懂得控制自己的欲望。

玉林和尚与小姐谈了一夜，第二天一早就穿好僧衣告别小姐，回到崇恩寺。而小姐也在玉林的感召下，说服父母，去千华庵出家为尼。小姐出家后，玉林和尚还为她取了法名，叫醒群。

康熙听完老人的讲述，说："玉林和尚不是早已圆寂了吗？"老人说："那是朝廷说的，玉林和尚不会那么早就走了。"康熙问在哪里能见玉林，老人说那得看你的缘分。康熙想起顺治在位时玉林经常悄无声息地四方云游，顺治需要他时，就传旨全国，恭请国师返回京城。各地接到圣旨后，就在城门上诏示圣旨，以便玉林及时知道消息。

老人见康熙沉默不语，好像心事重重，便反问道："客官在寻找什么人吗？曾有一位姓蒋的官人向老汉详细打听过玉林和尚的事，并问玉林身边有何人跟随。老汉曾告诉过他，玉林身边有一位总戴着帽子看不清面容的中年人，很多年前坐船往长江上游方向去了。蒋官人还赠给老汉五两纹银。这只船便是用那银两翻修的。"

康熙离开老人，与贴身侍卫行至安徽与湖北交界的一个镇。康熙见天色已晚，自己也有些疲倦，便让侍卫找间客栈住下。这个镇位于长江边上，码头上停泊了许多大大小小载人运货的船只。晚上船家挂上灯笼，便生火做饭，一排排船只炊烟袅袅，首尾相连，在雨中漂浮。康熙一行在镇上最干净气派的兴隆客栈住下。客栈依山临江而建，是一幢环形二层木楼，中间天井里满是花草。热情的店小二告诉他们："我的老板除了这间客栈，还有一支大的船队，经常往来于湖北、四川和江苏、浙江一带。到这家客栈歇息的客人，都是有身份的。"小二说罢送来热水、茶点，殷勤周到地照顾完毕才掩门离开。晚上，康熙接到一份密折，说有些地方官员为迎合康熙笼络汉人、尊重汉族文化的思想，正在着手撤掉佛寺改建孔庙，此举引起一些出家人的强烈不满。折子中说湖北有名的归元寺也将改为孔庙，寺僧尽数遣散。

归元寺是顺治十五年（1658年）由浙江僧人白光、主峰创建的，位于武汉市区，内有上百僧人。康熙读罢折子，心中一惊。儒家思想固然根深蒂固地影响着汉人的行为方式，但佛家思想同样广泛深入，两者都很重要。现在战争刚结束，休养生息、恢复生产、缓和矛盾、稳定天下是最重要的大事。从小熟读汉人史书的康熙知道，历朝历代大规模的灭佛和无节制的兴佛都不利于江山社稷。中国必须儒、释、道三家并重，互融互制，才能朝有利于社稷、民生的方向发展。排斥佛教的官员，表面上看是想讨康熙的欢心，往深处想则别有用心。以儒教打击佛教煽起信佛者与满人的仇恨，这样的行径如果任其发展，来之不易的大好局面就会被搅乱。想到此，康熙立即下令停止一切废佛寺改孔庙的行为。

康熙颁布禁令以后，心中总隐隐感到有什么牵挂，后半夜在迷迷糊糊的睡梦中，闻到满屋的紫檀木香味，这种味道唤起他久远的记忆。一个非常熟悉的背影出现在佛堂之中，对着释迦牟尼塑像虔诚焚香，每点燃一炷香便叩拜一次，如此反复，佛堂之中便弥漫着浓浓的檀香味。康熙慢慢朝那位焚香的僧人走去，那人听到脚步声转过头来，康熙不禁失声叫道："皇阿玛！"侍卫们听到叫声冲进屋内，康熙已从床上坐起，他对侍卫们说："天明启程去湖北。"

康熙一行在湖北察看了几个寺院，最后来到有名的归元寺。

归元寺是一座规模宏大、寺僧众多、香火旺盛的道场。康熙先将寺庙内外细心考察一番后才走进大殿，向住持捐了一笔香火钱。住持见康熙气度不凡，出手大方，便十分客气地请他前往客堂谢茶。刚刚落座，一位驼背老和尚如一阵清风飘然而至，双手一摊，两碗茶水悄无声息地同时飞到茶几上，稳稳当当，茶水一丝不溅。康熙不由大惊，下意识一伸手，茶碗从茶几上腾空而起，翻了几个跟斗后又落到手中。住持赞道："施主好功夫哇！让老衲大开眼界。"康熙呷了一口茶，清香四溢，神清气爽，由衷赞道："大师好功德茶！"两人不禁相视一笑。康熙环视左右，发现刚才沏茶的驼背和尚已经去打扫大殿外的院子了。只见他手持一把硕大的扫帚，在地上来回拂动。令人惊异的是，看上去沉重的扫帚在驼背和尚手中却犹如一把鸡毛掸子那么轻巧，扫在地上无半点声响。康熙看得出，这位僧人身怀绝技，功夫十分了得。

"请问施主有何见教？"住持的声音打断了康熙的思绪。

"敢问大师知道玉林和尚吗？"康熙出其不意地问道。

住持稍稍一愣，瞬间便恢复了常态，说道："老衲只闻其名，未见其人，可惜与玉林大师无缘也！如若玉林国师不是在康熙十五年往生，老衲一定会寻求玉林大师当面点化！"

康熙不动声色地说："玉林和尚并未圆寂，尚在人间，想必大师不可能没有耳闻吧！"

住持平静地答道："玉林圆寂后，康熙皇帝下旨以国师之礼茶毗，玉林怎么还会在世呢？"

康熙见住持口风很紧，说话滴水不漏，知道再问也是徒劳，于是只好起身告辞。他心事重重地向归元寺外走去，在寺门口又见到刚才沏茶的驼背和尚在门外扫地。此时，已经是夕阳西下，香客和信众已全部离开，寺院内十分安静，驼背老和尚的身影长长地投在地面。

康熙轻轻地从驼背和尚的背后走过，突然听到：

"不来相而来，不去相而去！"

康熙闻言立即止步，向驼背和尚施礼道："请师父指点迷津！"

"天鹤北来西去，解惑者唯普贤也！"此话刚一出口，驼背和尚已经飘向数十米之外。康熙紧跟不舍，但始终无法接近。

康熙遵从祖训，自幼习武，得到过许多名师的指点，武功高强，身手不凡。十六岁时，康熙带领十几位少年生擒"第一摔跤圣手"鳌拜。此后，无论朝政多么繁忙，他都坚持以武强身，闲暇时舞枪弄棒，或调神运气，以气功导引贯通七经八脉，也算得上一位武功盖世的帝王。但是，康熙施展出平生所学想要追上驼背和尚，却反而越掉越远，一不留神便不见了驼背和尚的身影。康熙面对空旷的山林，心中感叹道："佛门乃卧虎藏龙之地，此僧好生神奇了得，看来缘分不到，只能到此为止

不称庵的尼姑庙

了！"正在这时，空气中有一丝凉风吹进康熙的耳朵，一个非常轻微的声音在耳边响起："天子恕罪！老衲不便接驾，玄妙自在缘分中。"康熙抱拳朗声说道："谢大师指点！"

这时，侍卫追将上来请旨。康熙摇头，转身边走边说："大德高僧，凡夫俗子岂能留得住？"随即溯长江前往四川峨眉山。

四、布金林神遇寂玩大和尚

应成都昭觉寺住持丈雪和尚之邀前去讲经的峨眉山伏虎寺住持可闻禅师在成都停留了近三个月。这天刚用过早斋，一位小沙弥就来通报："丈雪住持请可闻禅师速去经堂！"可闻走进经堂，见丈雪坐在桌前沉思，可闻轻移脚步，还未开口向丈雪请安，丈雪便以手示意请可闻在对面木椅坐下，说："你速回峨眉山，近日有贵人将临。"

"哦？"可闻轻声道。

丈雪沉吟一会说："你来时龙门洞水满乎？"

可闻说："清澈深满。"

丈雪道："是你满满的，还是龙门洞满满的？"

可闻问："此话怎么讲？"

丈雪说偈一首："万岁池深系岸固，从来不许人轻掬。俄分一滴与愿王，遍界为林洒甘露。"

可闻会心一笑，向丈雪辞行，从成都起程回峨眉山。路途上他一直在想着峨眉山著名的龙门洞的神奇逸闻。龙门洞在峨眉山龙门峡中，平日远远可听见隆隆的水声，由石笋沟、黑龙江等地飞奔而下的滚滚溪流，涌进两岸巨石峥嵘的龙门峡中。远望龙门峡银珠闪耀，呼声阵阵，水流翻滚汹涌，似被一张大嘴吞入深不可测的洞中。历代都有人想从龙门峡凭舟楫入龙门洞探幽，然溪深峡隘，平时只有猿猱攀缘而行，人迹罕至。

据说有人在天气晴朗时到达洞口，看见在洞左侧的岩壁上残留有"龙门"二字，龙洞中有不知哪个年代为何人所书的难以辨认、模糊不清的诗文。若遇天气变化，则草木挟风，寒气逼人，洪波撼天动地。有人说龙门洞是人间通往龙宫的道路，凡夫俗子被湍急水流拒于洞外，而圣人明君至此，则流缓水清。

可闻回到峨眉山，大弟子寂玩到布金林前迎接师父。三月不见，寂玩消瘦了许多。可闻去成都后，寺里所有的事务都由寂玩负责，他太操心、太劳累了。从顺治八年（1651年）修建伏虎寺以来，他每晚都默默地在寺外种植杉、楠、柏树。

寂玩在家时俗姓刘，名方梁，世代居住于峨眉山下。他的爷爷是受乡里人尊重的秀才，经常拄着拐杖在田边转悠，无论族里哪家有事他都热心帮忙，若遇口角纷争，总能出面调停，明断公道，人们皆心服口服。

刘大爷喜得孙儿，满心欢喜地依族谱为孙子取名"方梁"，"方"是字辈，"梁"是爷爷希望孙子能成为栋梁之材。但刘方梁从小就把所有的智慧都用在淘气上，摸鸟蛋、捣蜂窝、斗鸡、养蟋蟀，花样百出。爷爷见孙子好动贪玩，无心读书，便在与儿子、儿媳商量之后，请了位非常严厉的私塾先生，教族中十几个孩子读书。这位私塾先生严肃刻板，干瘦的脸上从无笑容，十个手指留着又长又硬的黄指甲。先生每天上课时，一手执戒尺，一手用小指的长指甲指课文，微闭双眼摇头晃脑地领着孩子们哼哼唧唧读些晦涩难懂的古文，不时睁开严厉的小眼睛，扫视孩子们一遍，用戒尺毫不留情地敲打不安分的孩子，孩子们都很惧怕这位先生。爷爷偷偷来看过先生上课，非常满意地对方梁的父母说："好，黄荆条下出好人，不打不成人。他就是挨少了！"方梁的父母低着头，什么话都不敢说。

方梁坐在教室内就像受困的野马，一想到林中的鸟儿、山溪的流水、树上成熟的果子，他简直如坐针毡，人虽在课堂上，心早就跑到野外去了，拿着课本，心不在焉。

有一天晚上，方梁偷跑到田里抓泥鳅，直到凌晨才回家，结果第二天在课堂上睡着了，流着口水呓语道："香，好好吃哟！"先生用戒尺一顿饱打，然后愤愤地说："古人头悬梁、锥刺股，刻苦读书，你倒好，白天睡觉，跟猪有什么区别！"说着罚方梁去教室外跪着。方梁人虽跪在门外，心却想着怎样捉弄先生。一天下午，先生让孩子们练习毛笔字，自己在课堂上巡视了两圈，就坐在桌边休息，没想到竟迷迷糊糊地趴在桌子上睡着了，随即响起阵阵鼾声。方梁轻轻离开座位，把墨汁滴在先生的手背上，然后回到座位上大声说："天黑了，放学了！"先生从梦中惊醒，用手揉揉两眼，发现窗外似乎天黑了，还没回过神来，学生们看着先生的花脸笑得前仰后合。先生先是一阵诧异，然后从学生的目光中意识到什么，急忙到门外的石水缸边去照，顿时明白自己又被最捣蛋的学生刘方梁给耍了！先生气得吹胡子瞪眼，抓起戒尺朝方梁冲去，而灵活的方梁早已翻窗逃出教室，一溜烟消失在田野中。

爷爷知道此事后，气得大骂方梁是"孽孙"，举起拐杖便要打。孙子东躲西闪身上没挨一下，倒把爷爷累得气喘吁吁。爷爷想了半天，长吁短叹一阵后对儿子说："成龙的上天，成蛇的钻草。不读书，就让他到田里劳筋骨。"方梁跟父母在田里干了几年农活，地里的农活对他来说并不困难。父母说做一个好农夫以后能娶一房好媳妇，但他的心思也并不在此。

一年冬天，方梁对父母说，他想到城里学做生意，他说城里永兴号的三个伙计，这些年跟着老板走州过县，到西昌、云南、缅甸等地，既见了大世面，还挣了不少钱，三个伙计认识他，愿意介绍他去当学徒。父母听了有些动心，他见状就又鼓动说："我挣了钱就把你们全接到城里，天天过好日子。"于是父母征得爷爷的同意，拿出家中不多的积蓄，送方梁到城里永兴号商行当学徒去了。

这永兴号是一家以经营丝绸、茶叶、药材、酒为主的商行，生意十分兴隆。方梁入商行后，按行规，学徒三年出师，学徒期间多从事搬运、扫地、沏茶等杂务。方梁刚来时看到进进出出的货物，师兄们在账房、管事的带领下验货、算账、接待客人，十分新鲜好奇，但日子一久，又开始觉得乏味。一天晚上，方梁独自在街上转悠，突然遇到一位很久没见面的同乡余贵。余贵说："我带你去个非常好玩的地方，保证让你大开眼界，又痛快又刺激，说不出的舒畅，比上妓院好玩多了。"方梁听余贵如此这般神吹一通，立即来了兴致，跟随余贵七转八拐来到一家赌馆。刚进门，方梁便被屋内浓浓的烟酒味呛得咳嗽不止。他见昏暗的屋中央有张长桌，十个人聚精会神看着那位摇骰子的人，不时发出亢奋的呼叫声。除长桌之外，屋里还有几张方桌，似乎有人在喝酒吃东西。方梁正想细细看看，余贵一把拉他到长桌边坐下，拿出一两银子开始押赌注。方梁看了一会儿，终于弄懂，所谓押赌注，就是押骰子摇出的数，无论押大押小，只要掷出的骰子与自己押的点数一致就赢，否则就输。只是注下得大赢得多，下得少赢得少。

余贵在小赢过两次后便输得精光。他向方梁借钱，但方梁是学徒，没有薪水，他只好赔笑脸向赌场老板乞求再借赌本。老板瘦得像根干柴，平时总坐在角落里，闭着眼睛像在打盹，而一旦有事，眼睛就像夜里的猫一样亮，腰板挺得笔直。听说余贵要借钱，老板徐徐从嘴里吐出一口浓烟，对点头哈腰、满头大汗的余贵说："先把你前几次借的钱还了再说。"余贵无奈只好脱下身上的新棉衣，换到铜钱后又挤到赌桌前下注，然后眼睛一动不动，紧张地注视着骰子的转动，两手神经质地抖动。当骰子停下后，他抑制不住兴奋地大叫："赢了!"余贵好像运气来了，接连赢钱，眼睛笑成一条缝。可没一会堆在面前的铜钱又像被水冲走似的不见了。余贵的眼神开始散乱，嘴里冲出阵阵臭气，他连连吐唾沫在手上，口中念念有词。最后，他押上全部赌注，孤注一掷，希望能翻本，把输出去的钱赢回来。正在这时，方梁却说："慢着，押五点！"

余贵疑惑不解地望着他，他却胸有成竹，非常果断地说："输了算我的，赢了一人一半。"

说完，方梁抓起骰子一掷，骰子滚了几下刚好停在五点上。余贵顿时眉开眼笑，好像从别人包里拿了钱那样痛快。接下来余贵又押方梁说的点数，反复多次，次次押中。不久，余贵的面前就堆起一堆小山似的铜钱。余贵得意忘形，满脸通红，加大赌注，而那些将钱推过去的人愈来愈不情愿，表情愈来愈僵硬。这时，坐在角落里打盹的老板挺直细腰走过来，用一双贼亮的眼睛注视着方梁，方梁感到背上阵阵发麻。突然，一个人站起来踢翻凳子，指着他俩说："龟儿子，肯定有鬼！"

余贵正赢在兴头上，听人说他搞鬼，破口大骂："你妈才搞鬼，狗日的！"

输红眼的几个人也上去推推搡搡，余贵抬手阻挡，却有人喊："狗日的打人，打他！"

赌场上立即乱成一片，桌翻凳倒，骂声和打声混成一片。方梁见赌馆的保镖与输钱的人都朝他俩跑来，便拉起余贵向门外跑。余贵顾着桌上那堆铜钱，跑慢了一步，立刻被人按翻在地，打得嗷嗷乱叫。方梁正想过去帮他，只见一个莽汉指着方梁说："龟儿子在那儿！"

方梁撒腿向外跑，后面几个人疯也似的追上来。方梁跑了不远就被几条汉子追上，几个人把他按在地上边打边说："你狗日的到底搞了啥子名堂?!"

"我没有……"方梁说。

"嘴壳子硬，打！"

"快说！"

"不说把你娃打扁！"

"……"

"我发誓，真没耍手脚，我从没耍过骰子，这是第一盘……"

"你还鬼扯，打！"几个人雨点般的拳头落在他身上，他痛得乱叫。这时眯眼细腰的老板走过来，伸出五根细长的手指对几个人挥了一下，说："停手。"

众人忙闪到旁边。老板看着方梁，一字一句地说："你说你不会掷骰子，又没搞鬼，咋个盘盘压到点子？"

"我耳朵听出来的。"方梁说。

"什么？用耳朵听出几点？"老板问。

"嗯，听几次我就知道那种声音是几点。"

"把他带回去试一盘。"老板说。

正在这时，一个赌场伙计模样的人惊慌地跑来，在老板身边一阵低语，老板听完，用贼亮的眼睛看着方梁说：

"可惜你这个人才，你朋友喝醉了，你也喝醉了。你先送他回家吧！"

说完，有人上来架着他往河边上拉，他刚想张口叫喊，一团充满脚臭的棉织物就塞进他的嘴里，两个人把他连拖带拉地带到河边木桥上。只见余贵一动不动躺在地上，浑身散发着浓烈的酒味。

一个汉子对方梁说："你和你朋友都喝醉了。"说完取出塞在方梁嘴中的袜子，将一瓶酒往方梁嘴里灌，方梁被辛辣的白酒灌得咳嗽不止，眼冒金星，很快就昏昏欲睡，朦胧之中见几个汉子把余贵推下桥，接着又来把自己往桥边拖。他浑身无力，意识愈来愈模糊。突然，拖他的几个人停下手脚，傻愣愣地看着前方，尔后大叫一声，撒腿向后跑去。方梁拼命睁开眼睛，想看明白自己身边发生了什么事，可是他醉得恍惚，隐隐约约只见一个和尚向他走来。和尚还没走近，他便再睁不开眼睛，躺在地上失去了知觉。

第二天下午，方梁醒来，发现身边有位小沙弥。他揉着疼痛的脑袋，好半天才从照顾他的小沙弥口中弄明白自己躺在伏虎寺，是被住持可闻禅师背回来的。

方梁依稀回忆起昨晚在赌场的事，好像自己用耳朵听出骰子点数，帮同乡余贵赢了钱，后来被人追打至河边……方梁心中一惊：余贵呢？他现在在哪里？方梁赶紧从床上起来，跑到山下去打听余贵的下落，可是在城里走了一圈，什么都没打听到。他连夜跑去余贵家。余贵家距刘家有五六公里路，方梁快到余家时，碰到余家一位老长工正赶着牛回去。他忙询问老长工余贵回家没有。老长工不满地白他一眼，朝地下"呸，呸"两声。老长工见方梁愣愣地看着他，的确像什么都不知道的样子，便告诉他余贵得了一种怪病，高烧不止，胡话连篇，十多天以前就死了。

方梁大惊失色，阵阵冷汗从背心向外冒，还没听老长工说完，便转身飞跑起来，嘴里不停地说："鬼——鬼——鬼来了。"他在黑夜中迷失了方向，没头没脑地乱跑，快天亮时，他在林中终于隐隐听到寺庙的钟声，才渐渐清醒过来。他拖着疲惫不堪的身体朝伏虎寺跑去，刚跨入山门，便一头倒在地上，昏了过去。

三天以后，可闻送方梁回家。家人看见他时，都惊呆了。

十多天前永兴号伙计来报告他失踪消息的同时，邻居告诉他家，河里发现一具面目全非的年轻男性的尸体。一家人哭哭啼啼前去辨认，觉得似像非像。全家人寝食不安，见方梁安然无恙地回来，又惊又喜，忙问怎么回事。方梁结结巴巴地述说那天的经历。爷爷越听越气，他不相信方梁是在已经下葬的余贵的带领下进入赌场的，更不相信耳朵听骰子赢钱的说法。这个孙子太不争气，丢人现眼，辱没祖宗，谎话连篇，他还没听方梁说完，就大发雷霆，指着方梁说："胡说八道，把他绑起来……"话还没说完就两眼翻白，"咚"的一声倒在地上。家人赶紧给老太爷揉胸，掐人中，老太爷也极力张开嘴挣扎着想说什么，但仅喘出几口气，便瞪大眼睛停止了挣扎。

爷爷死后，族里长辈商量半天，最后决定让刘方梁代表刘家祠堂到峨眉山伏虎寺尽三个月修庙义务，一是让他在劳动中思过；二是希望寺里的师父点化他，使他迷途知返；三是让他代表全族人供奉寺庙，保家族平安。

刘方梁离开家到伏虎寺做义工。三个月后，他没回来，父母去看他，发现他变了许多。一年以后，方梁正式向可闻提出要削发为僧，拜可闻为师。可闻欣然同意。刘方梁剃度那日，父亲、母亲和族中许多人都来伏虎寺观看。父亲什么话都没说，只把爷爷的牌位拿给他看。刘方梁跪在地上对父母和亲人们说："不入佛门不知我的罪孽有多深，从此以后我愿侍奉佛祖，洗清罪孽。"可闻为刘方梁取法名寂玩，希望他寂灭玩耍之心，潜心学佛，修成正果。

落下头发，穿上僧衣后，寂玩见母亲流下了眼泪，但泪水中多了一份欣慰，少了一份愁苦。

从此，刘方梁正式成为伏虎寺僧人中的一员。

以往，伏虎寺四周生长着高大茂密的树林，可是崇祯十七年（1644年）被兵燹化为灰烬。数年后，这里只有荆棘和荒草，建庙用的栋梁，要到半山洪椿坪一带砍伐。把这些巨大的木头搬运下山是一项至艰至难的任务，陡峭的山路，刀劈斧砍的"一线天"岩缝，狭窄的黑龙江栈道下乱石嶙峋、惊涛骇浪，一旦坠落，难以生还。

一次，寂玩与师父可闻以及十多个山民从山上往下抬木头，长久艰苦的劳动，让他们的肩上、手上磨出了一层厚厚的茧子。这种长途搬运，使修建寺院的工程缓慢而又艰巨。已经非常劳累的寂玩，更感到举步维艰。雨后的山路泥泞不堪，草鞋上拖着一层厚重的黄泥。可闻不停地叮咛大家小心行走，不料刚到一个转弯处，寂玩脚下一滑，半个身子摔了出去，悬挂在岩边。与他抬一条木材的山民的脚被压在巨木之下，可闻的腿被撞得鲜血直流。可闻瘸着腿救起寂玩和山民，但那位山民的下肢从此后完全瘫痪了。这件事给寂玩极大的震动，让他的心始终不能安宁，他觉得自己负有很大的责任，是自己深重的罪孽给别人带去了灾难。他想在苦行中积累福报，既为自己，也想荫及后人，造福众生，于是发愿在伏虎寺四周种植栋梁之材。

当时，寂玩正在听可闻师父讲《法华经》。《法华经》共十万零九百字，寂玩就按照这部经的字数，每晚在劳动功课之余植树，日复一日，月复一月，年年如此，和他的弟子在伏虎寺方圆两公里的范围内广植杉、楠、柏树，共十万零九百株。

从顺治八年（1651年）重建伏虎寺起，寂玩和尚就率众在伏虎寺外方圆两公里的范围内广植杉、楠、柏树。后人为纪念他们的功德，修建了"布金林"坊。

三百多年过去了，如今人们从报国寺走向伏虎寺，途中仍能看见这片布金林，高大粗壮的林木慑服人心。无论在多么炎热的盛夏进入这里，几乎能感到每一片树叶都透着清凉。水声、虫鸣、鸟啼，映衬出幽深的宁静。伏虎寺在布金林的环绕下，与其他寺院相比，更多了一分远离尘垢之感。

话说回来，可闻从成都回到峨眉山，问寂玩寺中情况，寂玩一一告知，最后说道：

"昨天寺里来了几位香客，一口京腔。为首的香客姓龙，另外几位好像是他的随从，给庙里布施了一些银子，准备等师父你回来以后做一场法事。他还问寺里有多少僧人，想给每位师父结缘。我告诉他有两位正在闭关，什么人都不见。他又详细询问我闭关师父的年龄和相貌。他问得十分仔细，连身高、口音、从哪里来的都问。我觉得他在寻什么人，而这个人定与他关系非同寻常。为首的施主相貌不凡，此人天庭饱满，地角方圆，目光深邃，仿佛隐含着大千世界，鼻梁直而高，走势如气吞山河，浑身散发出龙虎之气，实乃天相。说来也巧，弟子正在布金林打坐，突然从北方飞来一条金黄色的龙，降于弟子面前，迅即又化为人形向弟子问讯。弟子睁开眼睛，这位施主刚好走到弟子眼前。弟子斗胆猜测，此人是当今圣上。"

寂玩最后试探地问："师父，他会不会是来找玉林国师的呢？"

"玉林国师隐于峨眉山多年了，僧人中只有我俩知道，千万不可走漏半点风声。"可闻叮嘱道。

寂玩点点头。

可闻接着又说："萝峰庵的朱居士最近来拿粮没有？你抽空把我从成都带回的这包点心干果送去。"

"好的。"寂玩应道。

五、追忆贯之大师

第二天早上，可闻早课以后来到祖堂，堂正中挂着师父贯之和尚的画像，下方的香案上供着他的牌位。可闻将从成都带回的两个苹果供在师父牌位前。可闻望着画像，点起三炷香，顶礼叩拜。画像上，贯之每条皱纹都含着慈祥，两眼微笑注视着来者，手持佛珠，身披袈裟，洋溢着无限的亲切之感。

师父圆寂几年了，但可闻好似随时能嗅到师父的气息，感受到师父的存在。可闻心里默默念道："师父，您现在好吗？弟子非常思念您。"

从顺治七年（1650 年）起，贯之和尚与可闻率僧众用二十八年的时间，历尽艰辛，在伏虎寺荒草丛生的废墟上重新修建了有殿宇十三重、禅房百余间的伏虎寺。寺院建成后，贯之与可闻深感提高僧人文化素质的必要，又在伏虎寺内建起了峨眉山第一座僧人学校，称为"学业禅堂"。峨眉山及其他寺院的人都可以到此学习，除贯之、可闻亲自授课外，还恭请各地大德高僧前来讲课，除佛学课外，也讲授文化知识。这是峨眉山佛学院的雏形。三百多年以后，伏虎寺虽然由比丘（和尚）寺院变成了比丘尼（尼姑）寺院，但峨眉山佛学院的尼众班仍然办在这里，这也是一种渊源。

学业禅堂处在伏虎寺一个幽静的角落，一排类似教室的瓦房里，十多张低矮的条桌面对讲台整齐摆放，正对讲台的后墙上绘有碧莲、白象、青狮。

贯之和尚与可闻面对面席地而坐。贯之指着墙上的画缓缓地说：

"莲花在佛门中是圣洁的象征，释迦牟尼在兰毗尼园降生时，无人扶持，就能行走，向前走出七步，每迈一步，脚下皆盛开巨大的莲花，表示走向清净解脱。

"象是印度人熟悉而喜爱的动物，它性情柔顺，威力巨大，负重行远。相传释迦牟尼过去世为菩萨，居兜率天，认为降生人间、度化众生的机缘成熟，便乘六牙白象，从兜率天降至摩耶夫人清净胎中。以后六牙白象又作为普贤菩萨的坐骑，表示普贤行愿，载负众生到达幸福彼岸的意思。

"狮子是兽中之王。中国本无狮子。据传汉顺帝时，西域疏勒国曾经遣使赠送狮子。当佛教传入中国以后，佛陀被称为'人中狮子'，意为能降伏一切。据说释迦牟尼出世时说'天上地下，惟我独尊'，声音如狮子吼，响亮而传得遥远，凡闻此声音者皆得到极大的幸福。狮子以后又作为文殊菩萨的坐骑，代表智慧和勇猛。高僧讲经说法之座又美称为'狮子座'。狮子在中国备受推崇，除佛教中的意思外，在民间还有'避邪'之说。

"佛陀左右侍者分别是骑狮子的文殊，骑象的普贤。"

可闻不知师父为何向他说这些早已知晓的佛门典故，转过头，见贯之的眼睛依然久久停留在墙上，思绪仿佛在十分遥远的地方。可闻见到师父异常的举止，内心深处仿佛被什么牵动了一下。半晌，贯之收回遥远的思绪，轻声说："我要走了。"

"师父！"可闻无比留恋地叫道。

"学业禅堂是峨眉山僧人的第一座学堂，无论以后多难，你都要坚持把它办下去。你悟性高，学识渊博，住持这里会比我更好。"

"师父！"

"三十年前，我站在虎溪边发愿，定要修复这入山的第一大寺。在佛的护佑下，老虎退隐山林，使我们能建成这座精舍。伏虎寺应该称为虎溪精舍——要把一个恶虎出没的溪边，变成弃恶扬善的道场。"

"五日后子时，你与全体寺僧到方丈室来。"贯之又说。

贯之与可闻说完这番话后，便要他告诉僧众自己身体稍感不适，想休息几日。回到寮房，贯之便闭门不出。

虎溪精舍——四季香烟缭绕的伏虎寺山门。

阴历四月二日子时，正是人们熟睡的深夜，伏虎寺内寂然无声，贯之和尚神情安详，身披袈裟走出自己的寮房。皎洁的月光洒在精舍内，每间禅房的屋顶都闪着淡淡的荧光。轻摇的树影，像温柔的羽毛来回扫动，却不见泛起半丝尘埃。贯之环顾这一砖一瓦、一草一木，缓缓走向方丈室，端坐于自己平时读书写字的桌前。一会儿，可闻率全体寺僧秩序井然、悄无声息地进入方丈室内，盘腿坐于蒲团之上。贯之见僧众已到齐，便请可闻拿来毛笔、宣纸，挥毫在纸上写道："年纪七十六，自愧无长处。弘誓深如海，道心高似佛。生生任我行，世世人天路。万物常围绕，那些随分足。"写毕，贯之和尚让全体僧众齐念"南无阿弥陀佛"一百声。其时，"南无阿弥陀佛"之声响彻虎溪精舍内外。贯之和尚在一片念佛声中放下毛笔，双手合十，盘腿端坐于桌前，两眼微闭，随僧众同念大悲名号。待僧众念完一百遍，贯之和尚在桌前安然圆寂。

可闻禅师正在沉思，弟子寂玩轻步走入祖堂，说：

"师父，京城来的三位香客在客堂想拜见师父。"

可闻随寂玩向客堂走去，远远看见一位气宇轩昂的中年人站在院中欣赏大殿两侧的楹联、石刻。两位十分精神的年轻人左右跟随。走到近处，可闻见中年人脑后垂下一条黑油油的大辫子，长袍马褂，手执一柄折扇，扇柄坠着一块暗绿色的玉坠。中年人听到脚步声，转过身来，可闻见他皮肤白皙，双目有神，英俊潇洒，既有书生的儒雅，又不失强健威武。尽管打扮成客商模样，但可闻一望便知，寂玩的猜测不错，他正是当今天子——康熙皇帝。可闻不露声色，客气地请他到客堂坐下，寒暄一番后，康熙说："久闻师父大名，知这虎溪精舍是你与贯之大师共同率领寺僧修建的，多年来历尽艰辛，建成这座宏大的寺庙，让人钦佩之至，故非常想拜见大师。"

"弘法利生是出家人的职责，先生不必过奖。况且修复伏虎寺主要是我师父的功德，若不是他，这里早就成为老虎的家园。顺治初年，峨眉天灾兵祸，庄稼颗粒无收，许多百姓饿死，山中老虎找不到食物，竟然跑到峨眉城中伤人。我师父悲心深厚，见天怒人怨，遂发愿修复道场、弘传佛法，让世间弃恶扬善。"

"大师可否给我讲讲贯之和尚的事？"康熙道。

可闻看着康熙诚恳的眼神，轻轻点头。

伏虎寺因南宋士性和尚建石幢、诵密咒镇虎患而得名。贯之大师是继士性和尚之后的又一大德高僧。

在乐山的南面有个富庶之地，叫犍为县。该县为水陆要道，青衣江、岷江、大渡河在乐山大佛脚下汇流之后，进入犍为境内。犍为依山临江，从西汉起境内盐井煤矿就比比皆是，是乐山由水路出入四川的必经之地。犍为县从西汉到隋末属于犍为郡，当时犍为郡管辖着现在的宜宾、乐山等地。犍为气候温暖，桫椤密布，古时犀牛出没。据《犍为县志》记载：隋文帝开皇三年（583年），犍为县治设在现在孝姑乡永平村。孝姑乡位于岷江边，是一处非常繁华的水码头，居住着许多从事船运、盐业、商贸、采矿、丝绸等业的商人。北周时有位北方少数民族官员到四川任职，巡查民情时第一次在犍为看到这种有一只角长在鼻子上的牛。他发现犀牛喜欢沉在水中，当地不少农户饲养犀牛，用以耕地，搬运重物，遂将犍为郡改为沉犀郡。至今在犍为县八大胜景中，尚有一景名为"沉犀秋月"。在离犍为县城八公里的清溪转弯处江心，有块酷似犀牛的黑石。传说每至中秋明月高悬时，人们便能在子夜看见犀牛在水中慢慢走动，掀起阵阵涟漪，犀牛抬头长久地注视明月，似乎在与明月交流。

明代时，嘉定为州，直属四川布政使司，统领六县，犍为是其中一县，县址迁离了原来的孝姑，设在玉津镇。而孝姑永平乡原来设县府的地方建起一座寺院，叫宝乘寺。寺中僧人亦僧亦农，自己耕种庄稼，既向农民弘传佛法，也和农民讨论庄稼种植。贯之和尚未出家前，家就在宝乘寺旁边。贯之和尚的父亲是位船工，整日出没于风浪之中，乐观豪爽，性情耿直，与宝乘住持三济和尚关系十分友善。儿子出世后，不认字的父亲请三济和尚为儿子取名。三济见小孩与众不同，便取名为性一。父亲经常带儿子性一去宝乘寺玩。性一的父亲不识字，每到宝乘寺就帮寺僧修房种地，或挑水劈柴。性一则喜欢跑到三济和尚的禅房中去看三济和尚写字。三济和尚先在峨眉山伏虎寺出家，后到此担任住持，他见性一沉静聪明，便偶尔教他识字读书。性一每次学会几个字，便用木炭写在家里墙上，两年下来房里房外写满密密麻麻的字。一天，三济和尚到性一家里找他父亲，见性一认认真真在地上写字，非常感动，认为性一不去上学实在可惜，遂与其父商量。性一的父亲为难地说，他挣的钱只能勉强糊口，实在无力送儿子上学，能跟三济师父学那么多字，已经是福气了，哪里还敢有上学读书的奢望。

三济说，性一是非常聪明的孩子，将来定能成就大事。如果性一的父母同意，三济愿自己出钱送性一去读书。

在三济的帮助下，性一到一家私塾上学。私塾先生教小孩背《三字经》《中庸》《论语》等，性一虽能背诵，但觉得乏味无趣，远不如在宝乘寺听三济和尚讲经有趣。三济和尚讲述的神奇故事，总能让性一浮想联翩。但父母经常嘱咐他好好读书，要对得起给他出钱上学的恩人三济和尚，于是性一只好耐着性子继续在私塾学习。

性一十二岁那年夏天，暴雨连连，岷江洪水滔滔，许多船队不得不停航。性一的父亲想到一家老小等着吃饭，于是应下老板运盐到万县的业务，结果船翻人亡，连尸体都没打捞到。王家从此断了生活的来源。

性一的妈妈与大儿子商量，准备带三个孩子回娘家寄居。

性一说："我早就想拜宝乘寺的三济和尚为师，不如你带弟弟妹妹回外婆那里，我想削发为僧，这样可以日日与三济和尚为伴。这几年在私塾里读书，虽然明白了许多道理，但并没解除我心中的疑惑，而每每诵读三济师父给我的佛家书籍，总是让我愉快。我与佛门有缘，此身注定会与僧人为伍，只是时间早晚而已，不如母亲现在就同意。"

母亲还未听完儿子的话，泪水就直往下淌。母亲说："你父亲刚走，弟弟、妹妹又年幼，你父亲生前指望你好好读书，有朝一日能考上秀才，开间私塾授课，也免去日晒雨淋。出家当和尚，虽是积善德的事，但太苦了，你才十二岁，为娘不忍心，此事我们以后再说好吗？"

性一见母亲太伤心了，只好暂时不提出家的事。

几天以后性一到宝乘寺去找三济和尚，想请他指点迷津，没想到寺僧告诉他三济和尚已经走了。他问寺僧三济师父的去向，都说不知道。性一难过得坐在三济和尚的寮房门口哭泣，几个平日与性一熟悉的僧人都来安慰他，并端来斋饭请他吃，可性一哭泣不止，好不容易才被劝回家。第二天早上母亲叫性一起床时，发现性一不在了，被子整齐地放在床上，好像昨夜没动过。母亲深深地叹口气，随即到宝乘寺，见儿子仍坐在三济和尚的寮房门口。

母亲流着泪说："儿子，你一定要出家吗？"

性一点点头。母亲无可奈何地摸着儿子的头，泣不成声："这怕是前世的因缘……我送你去，三济和尚……现在嘉州金壁庵。"

性一在金壁庵正式拜三济和尚为师，因只有十二岁，所以受沙弥戒，三济为他取法名贯之。沙弥是印度梵文的音译，意思是息恶行慈，求取圆寂之道和涅槃之果。出家时年龄未满二十的，通常做沙弥或沙弥尼，其戒有十。

金壁庵位于三江汇流的码头，船队商贾每每下水或到达乐山，都要到这里焚香拜佛。后来可闻由浙江护送普贤菩萨塑像到峨眉山，在金壁庵听说贯之和尚修行的事，遂萌发拜贯之和尚为师留在峨眉山的念头。

贯之在金壁庵度过了八年平静的日子。可好景不长，明末清初改朝换代的战争打破了尘世的和平，也打破了出家人的宁静与超脱。金壁庵遭兵燹化为灰烬，三济在兵荒马乱之中圆寂，贯之只好躲入铜河岸边的狮子山密林中。他在山中结茅居住，最初靠吃野菜野果为生，以后逐步开荒种植玉米、红薯和蔬菜。一天，贯之仰看天边，一道道流星闪过，他明白战争快结束了。不过，他也知道凶年就会接着来临，饥饿和瘟疫将降临，他觉得应抓紧时间多垦荒种地，把粮食储备起来，不光为了自己度过灾荒，到那时，还有许多人需要接济。

据《峨眉县治》记载，顺治四年（1647年），乐山先遇虫灾又遭水灾，一斗米价值黄金三十两。市场上买不到粮食，野草几乎被采尽，连城内外榆树的树皮都被人剥光用来充饥。老人和小孩饿死无数，嘉州城外的荒山上坟茔累累。贯之和尚闻讯离开狮子山来到嘉州，拜见澄江大和尚。澄江告诉他，峨眉县境内也遭到百年未遇的大饥荒，每石米要银子三百两，山上寺僧多靠采野菜维生，有的地方野菜采光了，只好吃观音土（一种灰白色有黏性的泥土）。观音土吃了拉不出大便，只好用手去抠，经常弄得鲜血淋淋，疼痛难当。山上半数以上的僧人饿死，许多寺庙空无一人。山上的野兽找不到吃的，经常晚上跑到有僧人的寺庙外嚎叫，并用爪子敲打山门或挖墙根想冲进来。老虎好几次下山，到峨眉城中食人。虽县衙派兵丁值夜，但城中依然人心惶惶，每到下午就关门闭户，一座热闹的城市沉寂得令人心颤。

贯之听完澄江和尚的话十分心痛，发愿运粮到峨眉山救助山僧。为表示自己的虔诚之心，上山之前，他请澄江和尚为自己授具足戒。

出家人到二十岁以后开始受比丘戒或比丘尼戒，称为"具足戒"，意为"具备充足的戒条"，又称"大戒"。中国汉地佛教施行的是《四分律》，规定比丘为二百五十戒。佛教强调，凡是受戒的僧侣都必须严格遵守戒律。如果不愿过出家生活，可以声明舍戒，还俗回家。如果既不舍戒，又不放弃比丘或比丘尼身份，私自违反戒条，叫作"破戒"。凡破戒者，都要受到不同程度的惩罚，严重者会被逐出佛门。

贯之认为自己只有受了大戒，才是一位完完全全的比丘，才能去峨眉山参学。

贯之受具足戒之后，再次回到铜河狮子山，对隐居山中的人们说："我们受佛的护佑免受战争和饥饿之灾。如今峨眉山仅有的僧人面临饿死的威胁，我们当全力帮助。"众人在贯之和尚的说服下，将积存的粮食全

不称庵的尼姑庙

部运上峨眉山，分赠给各寺的僧人。贯之见山上寺院倒塌，甚为难过，觉得自己该维护这座普贤的道场，思量再三，便留在峨眉山。他先在由伏虎寺到雷音寺途中的解脱坡下结茅庵居住，因为紧靠凉风洞，这座庵以后又叫凉风庵。贯之每天早上都烧好茶水放在路边，供行人饮用，久而久之，人们又称凉风庵为茶庵。

贯之和尚到峨眉山之后，居于四峨山的印宗、瞿如两位禅师来到大峨山。峨眉山位于四川盆地边缘向青藏高原的过渡地带，地壳运动造就了年轻的喜马拉雅山，也造就了雄秀西南的峨眉山。峨眉山由大峨山、二峨山、三峨山、四峨山四座山构成，占地约 700 平方公里，而人们现在所说的峨眉山仅仅是游人很多的风景区，占地约 150 平方公里，主要在大峨山，有众多的寺庙，尤以海拔 3000 多米的万佛顶和金顶闻名中外。四峨山名气最小，一般游人很少前往，所以历代隐士多喜隐居其间。印宗、瞿如在四峨山隐居修行多年，在他们结茅的地方有一块大如房子的巨石，巨石正中有一棵大榕树，树荫超过半亩地。树下有眼小泉，泉眼如水桶大小，四季不溢不涸，印宗、瞿如两人饮用、沐浴之水皆取自此泉。后来这里聚集了七八个人，这眼泉水也绰绰有余。再后来这里修了庙，容十多人居住，也从没缺过水。甚至好几十户山民到泉眼取水，哪怕天旱地裂，泉水仍从不干涸。直到有人伐了巨石上的大树，从此泉水干涸，周围草木枯黄，人们多次试图在巨石上重新种树，挽回泉水，但无论怎么努力都是徒劳。

印宗、瞿如从四峨山来到大峨山，请全山的老僧共谋如何修复被毁多年的名刹伏虎寺。这座东晋建起的寺院，废墟中长满荒草，修复工程十分棘手，既没有钱，又没有人力，僧侣和百姓刚从饥饿中缓过劲来，谁能担此重任？印宗请到场的二十多位德高望重的老僧推举能担此重任的人选，没想到二十多位老僧都在纸上赫然写道：贯之。

就这样，贯之在峨眉山最艰难的日子里担当起修复伏虎寺的重任。

一天，贯之带领七八个僧人前去伏虎寺废址。一路上满山坡颓败的房基，荆棘和荒草掩盖了道路，走近前去才能发现，绕来绕去都是错综的石阶。进入山门，有两块很大的长满茅草的空地，上面有一只锈迹斑斑、倒在地上的大铜香炉，香炉旁有几个坟堆，里面也许埋藏着战乱时留下的残酷故事。贯之大师继续向上走，他准备实地测量，再画图样。一行人不得不随时拨开比人高的茅草和荆棘向前挪动，脚下的石块和瓦砾不时发出"叭叭"的碎裂声。贯之在乱石堆中看到许多石刻的浮雕，以及非常完美的石刻佛像。他停立其中，感受到战争的气息和杀戮的血腥，心情非常沉重。

这时，大殿的废基中传来一声低沉、烦躁和令人恐惧的闷叫。大家不由得停下脚步四处张望。突然，一个僧人手指前方大声惊叫起来，一只斑斓大老虎双目圆睁，站在一块石头上虎视眈眈地注视着他们。贯之急忙跨步上前，以自己的身体护住众僧，用手示意他们离开。他想起古印度的萨埵太子以身饲饿虎的故事，打定主意若发生危险，就以自己的身体保全几位僧人。他慢慢向大虎走去。大虎见贯之向它走来，非但没有扑上去，反而慢慢闭上嘴，低头似有事相求。贯之往远处看，原来地上躺着两只幼虎，它们双目紧闭，奄奄一息。贯之立即将随身携带的草药揉碎，缓缓喂入两只幼虎的口中。半晌，两只幼虎睁开眼睛，大虎欣喜地舔舐幼虎的脸，又满怀感激之情舔了舔贯之大师的两手和双脚。

贯之坐在地上，看着幼虎慢慢站起来，最后向他温顺地点点头，摇尾致谢，慢慢消失在草丛深处。

从那以后老虎再没在伏虎寺一带出现过，僧众都说贯之的威德让异类都受到感召。

贯之大师率僧众历经二十八年的努力修复了伏虎寺。康熙二十年（1681年），贯之在伏虎寺圆寂，寺僧们将他在法堂中供奉半月，每日都有异香飘出，荼毗之时，白气冲霄。他的灵骨建塔安放于红珠山，后来华阳居士蒋超也在此安葬。

红珠山因《封神榜》中写赵公明下山时遗落红色明珠于此而得名，其土丘呈红色，山如一颗珠玉。图中宁静的红珠湖映着红珠山的倒影。

六、结缘离垢园

四更天，康熙突然醒来，他又一次梦见自己的父亲顺治。父亲穿着僧衣，牵着他在峨眉山的崇山峻岭之上自由地飞翔，茫茫白雾、幽幽密林不时从身下飘过。他问父亲去哪里，父亲说去见玉林大师和华阳居士。他们飞呀，飞呀，突然康熙的身体碰到一块巨大的岩石，父亲拉着他的手松开了。他开始往下掉，极力想抓住什么，但什么都抓不到，只听耳旁风声呼呼。终于，他看到一棵大树，他想往下跳，没想到脚蹬在墙上，疼痛把他从梦中惊醒。

他揉揉膝盖，见天色还早，想闭上眼睛再睡一会，可再也没有睡意，索性穿好衣服，轻轻走到楼下。他在院内走了一圈，然后沿着林中的小路向萝峰庵走去。

萝峰庵是伏虎寺的一处静室，有三间房子。康熙头天曾到那里去过，可闻告诉他御史蒋超就是在那里完成《峨眉山志》的，现在有位居士住在那里，中间的屋内供有一尊接引佛，左边是杂物间，右边是居士的卧室。给康熙留下深刻印象的是居士卧室墙上的一张画。这是一张既没裱褙也没落款的斗方，画纸很粗糙，泛着不均匀的陈旧的黄色。从画的艺术造诣上可以看出，此画乃一位丹青高手所作。画的背景是大片翻滚的浓云，左下角巨石边生长着一棵虬须枯藤的老树，千年古树被沧桑的岁月扫光了叶片，弯曲着沉重的腰在寒风中艰难挣扎。可是在树与云之间竟有几只小鸟，睁着没有黑眼仁的眼睛逆风飞翔。康熙站在这幅画前，体味出作者压抑、孤独和愤懑的心境，他很想知道这幅画出自谁之手。此时，他在这条寂然无声的小路上，又一次想起白眼向人的小鸟。

康熙来到萝峰庵外，见门缝里泄出一束昏暗的灯光，从门缝往里看，窥探到一位八十多岁清瘦的老人在油灯下专心地读书。也许是眼睛不好，老人整个脸和书都贴近跳动的火苗，神情非常专注。康熙轻轻推开门，那老人猛然回过头来，他清瘦苍白的脸布满细细密密的皱纹，头上浅浅一层银发，洗得发白的土布青色长衫上歪歪斜斜地缀着几块补丁。康熙客气地问候道："先生如此早就在读书，实在让人敬佩。"老人没有说话，用看不出任何表情的目光迅速打量康熙一眼，又把脸贴近油灯接着读书。康熙又问："先生读的什么书？"那人仍不理睬。康熙只好走到老先生的面前重复一遍。老人抬起头，用手指指自己的耳朵，又向康熙摆摆手。康熙这才明白这位老者是个聋人，于是只好悻悻地离开萝峰庵。

天亮后他向可闻打听这位耳聋的老先生，可闻告诉他，老先生姓朱，是位居士，好像是位贵族之后，皈依在贯之大师门下，性格十分怪僻，不喜欢与人交往，谁也不知他来自何方、生于何时。无论冬夏，老先生的床上只有一张破旧的草席，也不需被褥。他经常独自在山中云游，偶尔到斋厨取点米、面、油、盐。康熙又问可闻：

"这位朱居士画画吗？"

"没见他画过。"

"山中有结茅修行的人吗？"

"当然有。"

"他们通常在什么地方？"

"山崖、洞穴、密林、溪边，都是他们隐修的地方。峨眉山是最适宜隐修的，在这里，隐者都受到人们的尊敬和供奉。隐者远离喧嚣的尘世，谙熟种种自然迹象。他们能够看到其他人看不到的东西，听到其他人听不到的声音。他们不受世俗强加于人的各种价值观念的左右，站在高山之上与天对话，与佛交流，虽然只有一间简陋的茅棚，但他们的世界比被墙围住的房舍大得多。"

康熙停了一会儿又问："你知道玉林和尚吗？"

可闻答："那是先帝的国师，我的好友蒋虎臣曾有幸在宫中拜见过他。"

康熙说："听说玉林国师并没圆寂，而是隐于峨眉山伏虎寺一带。"

可闻闻言，沉默不语，但眼神里似乎隐藏着什么玄机。这时，山风吹来，树叶哗哗作响，随后在大殿前的院中回旋，由上而下，时而从左至右，时而从右自左，似一把长长的鹅毛扇，拂过屋顶的每一个角落。神奇的旋风使伏虎寺每间禅房的屋顶纤尘不留。康熙心中大惑不解，感到十分奇怪，便细细留心，发现每隔一会，就拂来一阵柔柔的清风，风儿挟着枯叶，在伏虎寺的上空盘旋，最后将落叶和尘埃全部卷走，再尽数带进森林。康熙亲眼所见密林中的伏虎寺房顶的瓦上片叶不存，却原来是这股神秘的旋风所为。他欲知究竟，便请教可闻。

密林中的伏虎寺，终年绿荫掩映，纤尘不染，屋顶不见丝毫枯枝败叶。

可闻双手合十，虔诚地告诉康熙："这不仅是伏虎寺特有的自然景观，也是普贤菩萨的拂尘的功力。"

说到此处，可闻神情庄重，欲言又止。康熙只好把话题转到先前隐修的问题上。他问可闻为什么有些比丘或比丘尼要隐居修行。

可闻说："结茅棚或居岩洞，比在寺院中生活艰苦得多，但纵观佛门历史，许多大德高僧都是经过了一段隐居修行才开悟的。他们虽然清贫，却是最幸福和最智慧的人。"

康熙正与可闻谈得投机，一名卫士满脸汗水，气喘吁吁地跑来禀报。原来他遵康熙之嘱一直隐蔽在萝峰庵后面的树林里，发现朱居士

不称庵的尼姑庙

出来后便一路暗随。穿过凉风桥后，朱居士突然隐入密林，卫士紧随其后，远远地见他手中不知何时多了一个提篮。朱居士似乎很熟悉这片原始森林。翻过一座小山峰之后，听到林中哗哗的流水声，透过树叶的间隙，不远处的小瀑布呈现在眼前。瀑布晶莹剔透，流水如珍珠般一串串往下落。卫士侧身在一块岩石后面，看见朱居士在瀑布前拍打自己衣衫上的尘土，然后仔细洗净脸和手，最后四处张望一番，迅速钻入瀑布。卫士等了很久，不见朱居士现身，便也钻进瀑布，这才发现瀑布后有个仅能容下一个人的岩洞。卫士小心翼翼往里走去，走了一段以后，豁然开阔，拐了两个弯，见到光束透进来，可以看到出口。这个洞很浅，更像一个通道。卫士快到出口时，见朱居士与另外两个和尚坐在不远处的空地上似在谈论着什么。卫士告诉康熙，其中一位和尚年纪似乎已经很老了，可能有八九十岁光景；另一位和尚看样子只有五十岁，身上透出王者之气，仿佛在哪里见过，十分眼熟。康熙见这位卫士说到此处吞吞吐吐，不由得不悦，要求他详细描述。卫士壮着胆说："那人与您长得十分相像。"

康熙心中大惊，看来蒋超的密报是有根据的！他随即率领众人前往。当他们到达那里时，什么踪影都没有。他们四处寻觅，好半日不得要领，天地间除哗哗的流水声之外，就只有印在苔藓之上的几双模糊的脚印。康熙十分懊恼，深深叹口气便又回到伏虎寺。

晚上，可闻来到康熙住处，双手合十，十分诚恳地施礼道：

"皇上，恕贫僧无罪！"

康熙心中暗惊，可闻怎么知道自己身份？还未来得及细想，只听可闻又说："有两位高僧托我转告圣上，出家奉佛、普度众生是行菩萨之道。而天子之道是使国家繁荣兴旺，天下黎民百姓幸福安康，这也是行菩萨之道。殊途同归，何愁没有相见之日？现在天下甫定，然西方、东北仍有敌寇虎视眈眈。望圣上早日起驾回京，开拓一个兴盛之世。这是国家之幸，百姓之幸，也是佛门之幸！"

康熙克制住心中的激动问可闻："我能见到他们吗？"

"一切随缘。"可闻答道。

康熙沉默不语，仰望窗外。月光皎洁，婆娑的树影来来回回，轻轻扫动山门口的石阶。康熙久久地注视着地面，突然，刚才还是淡淡银灰色的地面渐渐变得光亮，最后荧光闪耀，亮如白昼。康熙又抬头看天，只见星空中出现了九个晶莹的月亮。这情景让康熙惊叹不已。他发现山门口的石阶上，树影消失了，地面出现三个人的倒影，顺着斜斜的身影看去，有三人在那里静静地望着他，一动不动。透过轻纱般的薄雾，康熙依稀辨认出一位是朱居士，另一位是年长的和尚——玉林国师，再一位竟是他记忆深处的父亲。过了好半晌，康熙情不自禁地向他们走去，而对面三人却慢慢向后退，始终与康熙保持距离。情急之下，康熙大叫一声"父皇——"话音刚落，面前的影像瞬间消失。康熙急得四处寻觅，仍然杳无踪迹。

康熙终于明白了自己的因缘，于是当天晚上便离开了伏虎寺。

第二天早上，可闻来到康熙的房间，见桌子上留有一幅书法，上书"离垢园"三个大字，并无落款。康熙还把父亲留给他的那块暗绿色的玉坠赠与可闻作为纪念。

可闻将康熙御笔亲书的"离垢园"三个字用紫金木刻成匾额，悬挂于伏虎正殿的门方上。这块匾流传至今。

伏虎寺正殿门方匾额上是康熙皇帝御题"离垢园"三个大字。

峨眉山第一居士——御史蒋超

一、转世的峨眉山比丘

蒋超（1623—1672），字虎臣，是清初翰林院编修，少年得志，才华横溢，二十三岁时参加科举考试，被皇帝钦点为"探花"，名扬四海。

据传，蒋超从懂事起，就总是对别人说他是峨眉山老和尚转世，峨眉山才是他真正的故乡。他最大的愿望便是回到故乡，在自己前世住锡的庙里参禅悟佛。他四十九岁时，皇帝恩准他带职回乡养病。可他并没回江苏老家，而是来到峨眉山伏虎寺——他前世出家的地方。蒋超在此完成了十二万字的《峨眉山志》之后，圆寂于伏虎寺萝峰庵。

蒋超传奇的一生，被蒲松龄载入《聊斋志异》中：

> 蒋太史超，记前世为峨眉僧，数梦至故居庵前潭边濯足。为人笃嗜内典，一意台宗。虽早登禁林，常有出世之想。假归江南，抵秦邮，不欲归。子哭挽之，弗听。遂入蜀，居成都金沙寺；久之，又之峨眉，居伏虎寺，示疾怛化。自书偈云：
>
> 翛然猿鹤自来亲，老衲无端堕业尘。
>
> 妄想镬汤求避热，那从大海去翻身。
>
> 功名傀儡场中物，妻子骷髅队里人。
>
> 只有君亲无报答，生生常自祝能仁。

《聊斋志异》是我国文学史上著名的短篇小说集，代表了中国古典文言短篇小说的高峰。作者蒲松龄为清初山东淄川（今淄博）人，信佛教，号柳泉居士。他从十九岁起，连续以县、府、道三个第一中秀才，但到老都未考中举人。因此，他一生都以在富绅家当家教，代写书札文稿为生。这让他有机会接触到许多南来北往的官僚、商贾、文人等讲述的见闻、传说。他将有趣的怪异故事一一收集起来，以毕生心血写成了这部关于神仙、狐鬼、精魅的故事集。这些狐、鬼、花、木、神和冥幽世界在他的笔下妙趣横生。蒲松龄小说中的许多人物，都是历史上有记载的真实人物，他也多采用纪传体写法，将现实生活中的美与丑以丰富的想象力融入神话世界。《聊斋志异》里的故事劝人行善积德，具有浓郁的因果色彩，充满令人百读不厌的艺术魅力。

蒲松龄很景仰蒋超，尊称他为"蒋太史"。

蒋超天启三年（1623年）出生于江苏金坛（今金城镇）一个虔诚信佛的家庭。传说他母亲怀他十二个月仍无临盆之感，一家人都觉得奇怪，几次请接生婆来看，都说胎儿正常。

一天凌晨，公鸡刚发出第一声鸣叫，蒋超便顺利地从母亲腹中落下，而此时祖母正在梦中，突见一位身着黄色僧衣的老僧大步走入他家，满头汗水，衣衫湿透，像经过长途跋涉，显得有些疲惫。他操一口外乡话和气地向祖母讨水喝，祖母上前施礼道："阿弥陀佛，师父请坐。"

祖母从屋内端水出来，见老僧在院中桃树下观看，并抚摸树干自言自语："长高多了！"

祖母诧异地问："师父来自何方？"

老僧双手合十，说道："老衲从峨眉山来……"

祖母一惊，正欲听老僧接着说下去，突然听到仆人大声禀报，家中添了孙子。祖母从梦中惊醒，忙将刚才所梦之事告诉祖父，祖父听罢沉吟一会，对不断数着佛珠的祖母说："此孙定是峨眉山老僧转世。"

祖母闻言，立即到佛堂中焚香叩拜，然后与祖父赶到儿媳妇房中，见刚出生的小孙子方头阔耳，白胖圆润，好似观音菩萨像前的童子，人见人爱，更相信老僧所托之梦。祖父母十分关心这个孙子，经常抱他在佛堂和书房中玩耍，而这个婴孩果真异于其他孩子，哭闹时只要抱他进佛堂，闻诵经木鱼之声，便立即安静下来，往往见观音菩萨像就破涕为笑。有时他生病不吃不喝，祖母和母亲便抱着他彻夜在佛堂中走动，不断诵念"阿弥陀佛"，祈求佛的保佑。待长至五六岁时，蒋超便经常对周围的小伙伴和长辈说："我是峨眉山老和尚转世。"起初别人都认为是小孩戏言，常取笑他胡思乱想，或戏称他小和尚，后见他沉静稳重，听话懂事又爱读书，每日随祖父母拜佛、诵经、不食荤腥，凡见左邻右舍杀生食肉便伤心落泪，人们不由得对他肃然起敬，说他仁慈、聪明，是圣贤之后，纷纷教导自己的孩子向蒋超学习。

蒋超从小聪明过人，父母送他到南京一家书院读书，他总是天不亮就提着灯笼第一个到讲堂，先生到时他已读书半个时辰。老先生进士出身，曾在四川做官，后不知什么原因弃官回乡，教授学生，过着平淡俭朴的生活。先生见多识广，待人平和，从不呵斥打骂学生，课余时间总爱给学生讲故事。他讲得最多的便是峨眉山的传说，以及他几次游历峨眉山的传奇经历。先生平日做事认真仔细，举止端庄沉稳，无论何时都挺直腰板，衣衫整洁，头发一丝不乱，唯有讲起峨眉山时滔滔不绝、眉飞色舞。每次讲到峨眉山，他都要感叹：真乃宇宙之大观矣！

在他讲述的峨眉山故事中，有一段给蒋超留下了特别深刻的印象：

一年秋天，先生独自上峨眉山，秋叶如一道道美丽的阳光，洒在树梢，像一支画笔在四处点缀金黄和橙红。这些色彩随风流淌，沙沙作响，有的在阳光下泛着光，洁净、透明。先生深深陶醉，沿着美丽的色彩前行，渐渐忘却路途之远近。突然，山雨翩跹而来，岚气阵阵迷漫。刚才还秋高气爽的天，一下子阴沉下来。先生见雨越下越大，便想找寻一个能遮风避雨的地方，环顾左右，发现前方不远处有块巨大的岩石，形如一只倒放的靴子，靴底上布满茅草。向前伸出的巨石正是个避雨的好去处。先生急忙拨开齐腰深的杂草向那里奔去，匆忙中脚下一滑，便顺势滚下山坡，一阵眼花缭乱，手脚和脸被草和树枝划破，最后停在一块松软的草坪上。先生撑起身子，发现面前密密的草丛中有个不大的山洞，他试着朝洞口走去，站在洞口隐隐发现里面有光。先生躬身慢慢进入，起初洞口十分窄小，仅能容下一人；向里走，山洞由小变大，越来越宽敞，并且也越来越明亮。洞中温暖如春，秋天的寒气荡然无存。先生四下望去，不知光亮来自何方，却发现右边的洞壁上刻有数行自己不认识的文字，细细端详，这种字与大篆十分相似，看了半天竟一个也没辨认出来。他感到好奇，便拿出纸笔依样把这些奇怪的字全部描下来，准备带回家仔细研究。他描完字，又在洞中非常惬意地待了一会儿。当老先生回到客栈时，客栈老板大呼小叫地说："你这两天到哪里去了？到处找你，生怕你遇上强盗。"先生在客栈找遍自己全身，却没有找到那张描有奇怪文字的纸。他试图靠记忆把文字记下来，但总记不清晰。九年后，有次与一位朋友饮酒聊天，酒至酣时，先生讲出此事，朋友说他一定要寻找这个山洞。果真，朋友去了峨眉山，但从此再没回来。

从那以后，他再没对人讲过这个故事。

现在先生觉得自己老了，于是把这段经历当成神话故事讲给孩子们听，他觉得孩子们不会把故事当真。但这群学生中，后来确有两位去了峨眉山。一位是蒋超，另一位便是做了伏虎寺住持的可闻大师。

从小就认为自己是峨眉山老僧的蒋超，听完这个故事后在心中默念：我一定要到峨眉山去，我还要把峨眉山更多的故事记载下来，留给后人。

二、太史弃官求道

蒋超才思敏捷，先生曾多次对蒋超的父母说："此子将来定能金榜题名，成就大事。"

蒋超十六岁以后，果然一路顺利考中秀才、进士。顺治三年（1646年），他进京会试，进入一甲，被顺治皇帝宣召进宫，钦点为"探花"。自隋唐实行科举考试以来，会试进入一甲前三名的人，必须由皇帝亲自殿试，第一名为"状元"，第二名为"榜眼"，第三名即"探花"。这三人除文章绝妙外，还须相貌堂堂，气度不凡。传说晚唐的黄巢在殿试时，就是因为相貌丑陋，皇帝发怒铡了考官，勾销了他这个状元。黄巢的自尊心受到极大打击，于是愤而起兵反唐。

顺治皇帝见蒋超气质脱俗，飘逸英俊，又不卑不亢，心中暗暗赞许。殿试完后立即留他在翰林院任编修。

少年天子顺治聪明绝顶，殿试蒋超时，顺治皇帝自己才只有九岁。顺治皇帝虽年幼，但敏而好学，充满反叛精神，他不但聘请明朝末年的状元、探花为自己的老师，还请德国的传教士汤若望为他传授天文、数学知识，同时还常邀请治学严谨、喜爱佛学的蒋超到宫中交谈。他先让蒋超主持浙江省乡试。江浙一带当时被称为千山千水千秀才，人才济济，学子们心高气傲，经常出题为难考官。在蒋超之前，有一位考官刚到，学子们在他住所的门上贴出一个极难对的上联，考官对不出下联，惭愧得解甲回乡。蒋超在浙江顺利地选拔出一大批秀才后，回到北京，顺治皇帝又任他当顺天府（今北京市）学政。蒋超仕途通达，学识渊博，许多王公大臣都前去拜谒，渴望与之交友。但蒋超常常称病，闭门不出，在家中潜心研究佛经。他只身在京城，把妻儿都留在江苏老家，每日与从小带他长大的老仆过着俭朴的生活。老仆时常说家中没有女人和孩子，就像住客栈一样，要他把妻儿接来北京。而他则以父母年老需要有人照顾为由，迟迟不让他们前来。其实在内心深处，蒋超始终想去峨眉山出家，他觉得自己就属于那里。他在等待因缘。

他对繁华喧嚣的京城日渐感到厌倦。

一日，蒋超在书房中读书，书房有一扇木窗正对后花园。时值暮春，暖意融融，有几只鸟在树上啼鸣。蒋超久久地注视着从窗口溢进房内的缕缕阳光，渐渐涌起一丝睡意，他靠在椅子上慢慢地闭上双眼。突然，书房门被轻轻推开，一位身着黄色僧衣、面容清瘦、慈眉善目的老和尚踱入房内。蒋超一见，忙从桌边起身上前施礼："师父！"

老和尚环顾书房，然后坐在蒋超平时读书的桌前，对蒋超轻声说："徒儿，师父在峨眉山等你几十年了，望你速速回去。"

说罢，老和尚从窗口飘然而出，立于花园假山之上，向蒋超挥挥手，随即转身腾空而去，消失在远方。蒋超大声呼喊："师父等我！"

从梦中惊醒过来，回想刚才的一幕，觉得又并非是梦，恍恍惚惚半天回不过神。他看见书房门半开着，屋内似乎还残留着幽幽的紫檀木香味。他记得书房的门先是关上的，并且他也从不在书房中焚香。他急忙呼唤老仆，询问刚才是否有人来访。老仆说有位老僧在门外化缘，他施了些馒头和水果，老僧拿了东西之后还在门口小坐了一会才离开。老仆因见蒋超在书房中读书，所以没向他通报。蒋超细问老僧的长相，老仆描述得竟与梦中所见之人极为相似。蒋超想起老僧最后是在假山上腾空而去的，便三步并作两步来到后花园。花园中静悄悄的，连鸟和昆虫似乎都飞远了。这座宅子是明朝末年一位大臣给自己女儿的陪嫁，但女儿早亡，别人认为不吉利，便一直空着，里面因为长久没人住，倒成为鸟和昆虫的家园。蒋超觉得这里很幽静，也不怕别人说有鬼魂，以非常便宜的价格把这座宅子买下来，稍作修葺便搬了进去。

蒋超踏着石缝登上假山，见假山上方有一双模糊的脚印，一道灵光"唰"的一下闪过蒋超的大脑，脑中登时一片空白。好一阵，当记忆一点点恢复过来时，他才意识到：他的师父来找他了。这几十年来他把珍贵的东西放在一边，与世俗的荣耀为伍，几乎沉迷其中。他望着满园平日喜爱的花草，以及这座繁华都市的上空，顿时涌出陌生的感觉。独在异乡为异客，自己在外漂荡了半生，故乡在哪里？在峨眉山！自己是伏虎寺的和尚，连师父都来寻找自己，叫自己速速回去。师父现在在哪里？一定在峨眉山！我要回家，去追随师父。若再不了断尘缘，那么将被滚滚红尘湮没。

他决定尽快离开北京。

他向康熙皇帝写了辞呈，说自己深蒙先皇顺治的厚爱，又得当今皇上的器重，时常感到恩重如山却无以报答，只能在心中为皇上祝福。现在自己虽然年轻，但病体衰弱，难以担负皇上的使命，所以请皇上再次施恩，同意他弃官回乡养病。

蒋超入朝为官以后，身体每况愈下。康熙多次命太医为其诊病配药，太医认为他生活过于简单，长期素食不利于病体恢复，而蒋超则认为自己的身体并非鸡鸭鱼肉、山珍海味所能调养，而是因为对北京水土不服。

康熙读罢蒋超的折子，洞察到蒋超的心思，于是宣蒋超进宫，特许他带职前去峨眉山养病，并赐东北鹿茸、人参等补品和一些银两，供治病之用。蒋超十分意外，但不敢询问，只好领旨叩谢。当晚康熙又秘召蒋超进宫，交给他一项特殊的使命，那就是打听顺治帝和玉林和尚的下落。蒋超这才知道，先皇并未驾崩。这个巨大的秘密让蒋超大为吃惊，内心久久难以平静。

蒋超给少年时的好友——峨眉山伏虎寺住持可闻写了封长信，把自己去峨眉山静修和寻找师父的想法详细地告诉了他。

三、可闻禅师之谜

可闻（1623—1700）俗姓赵，名思源，祖籍安徽当涂。父亲赵钦年轻时在金陵（今南京）太平为官，娶蒋超母亲的远房表妹为妻。赵钦的家门外有片碧波涟涟的荷塘，妻子王氏善丹青，常在塘边写生画画，方圆几十里的人都喜欢求她画的荷花，裱挂在自己家中。一天早上，王氏挺着即将临盆的大肚子对丈夫说："昨夜我梦见满塘盛开白色莲花。"

赵钦说："莲花净洁，不被淤泥污染，若生儿子定不会是凡人。"

父亲为尚未出世的儿子取名为思源。思源黎明出生时哭声嘹亮，犹如海螺吹响，方圆十里的人都听到了这种奇特的声音，跑出门来观望。只见黑夜中天边闪闪发亮，一颗巨大的流星从赵钦家的屋顶飞过，拖着长长的彩色光带，消失在西方。人们借着流星的光芒，发现赵钦门前的荷塘之中白色的莲花竞相开放，清香四溢。稍后，人们才听到赵钦家似乎有婴儿的哭声，于是准备礼物前去恭贺。思源睁着一双黑亮的大眼睛注视着满屋亲朋好友，目光清澈沉稳，如接受人们朝拜一般，全然不像刚出生的孩子。大家都有种被震慑的感觉，收敛了平时的嬉戏玩笑，气氛不由得庄严肃穆起来。

崇祯十六年（1643 年）秋，可闻二十岁，跟随师父庆斋护送一尊化缘而塑的普贤菩萨塑像，前往峨眉山供奉。可闻一行于崇祯十七年（1644 年）到达峨眉山，这年，明朝的最后一位皇帝崇祯在北京绝望地上吊自杀，朝代更迭，战乱不止，明朝官军的队伍，李自成的农民起义军，剽悍的满族骑兵卷入混战，烽烟四起，动荡不安。正准备从乐山乘船返回江苏的可闻一行人为乱世所阻，寓居嘉州金壁庵。由于战乱不止，江边船只大都被毁，一时难以修复。个别有船的人怕被兵匪打劫，性命难保，亦不敢出航。庆斋每日远望青山，叹息道阻且长。不久，庆斋于金壁庵圆寂。可闻觉得金壁庵靠近城市，三教九流时常来打扰，不是安身之地，师父已走，自己也难回故乡，于是下决心上峨眉山拜贯之和尚为师。在送普贤菩萨像到会宗堂（今报国寺）时，他就听到众僧交口称赞贯之和尚，然贯之和尚当时在洪椿坪，所以无缘拜见，可闻心中甚为遗憾。住金壁庵后又时常听到别人谈起贯之和尚，说他战前亦居于此庵，因见峨眉山僧人遭饥馑之难，便四方化缘筹粮，一直云游在外。

可闻听说贯之的大德，怦然心动，决定不回江苏，而是回峨眉山，留在贯之和尚身边。回到峨眉山时，山下的庙宇，如建于唐代的西坡古刹、东晋的伏虎寺和年代更为久远的大峨寺，都被洗劫一空，焚为废墟。

可闻在峨眉山总是和贯之和尚擦肩而过，无缘相见。山上人烟稀少，庙宇荒圮，山民僧人饿死无数。

可闻在山上等待贯之和尚。他觉得自己修行不够，于是没在寺院中挂单，每日卧草丛宿山洞，除一只钵完好之外，连茅屋破被都没有，比乞丐还清贫。一天，他饿得头晕目眩，胃中阵阵绞痛，只得靠在一块岩石前坐下，采几把野草放在口中嚼，好半天也没缓过来，晕晕乎乎地躺在草地上昏过去了。不知过了多久，他模模糊糊地被一阵猴子的"唧唧"叫声惊醒，睁开双眼挣扎着抓住身边的藤蔓坐起来，被用力拉动的藤蔓带出泥土中两块如小红薯般的块根。他觉得也许能吃，于是用手接着又刨出两个，然后在草上擦掉泥巴放在钵中煮。一会儿，块根煮粑软了，可闻用树枝夹住正准备送往口中，突然，树上窜下一只猴子，端起瓦钵就往小溪边上跑。可闻想："连猴子都饿成这样，真是可怜！只是我这只钵是师父所赠的，千万别摔坏了。"他跌跌撞撞追到溪边，见猴子把盛有块根的钵放在流水中，坐在树上向他不停地"唧唧"直叫。起初，可闻不懂猴子的意思，便立于树下看着它。猴子见可闻不解，遂用手指指水中的钵。可闻这才明白，猴子叫他去吃东西。他把浸在水中的块根放入口中，终于明白了猴子的意思。原来块根有苦涩味，猴子怕他吃了难受，于是放到溪水中漂洗。可闻大为感动，挥手欲向猴子致谢，可是猴子已无踪影。他抬头往上寻觅，见一位僧人站在悬岩的树梢上，刚才那只猴子则立于僧人肩上向他挥手。可闻心中有种感应，不假思索，脱口而出："贯之师父，请收下弟子可闻。弟子愿随师父殚精竭智，尽全力修复普贤道场。"

贯之和尚说："你可知其中的艰苦，非一般人所能忍受。现在山上由于战争、饥饿和瘟疫，留下的僧人甚少，也很难在外化缘。若进山第一道场都未恢复，怎样将临济宗传承下去？我见你在山中日久，知你吃苦耐劳，具有坚强的毅力。但我也感到惶然，担心难以完成修复伏虎寺这一重任。"

"师父可先考查弟子的决心。"可闻向贯之和尚表达了心迹，便下山在林中结茅居住。可闻做的第一件事便是伐木，将贯之和尚居住的凉风庵外的藤索桥改建为木质结构的凉风桥，随后又在伏虎寺外建小庙无量殿。贯之见可闻不殚劳苦并且善动脑筋，遂正式收可闻为徒。

清初由可闻禅师修建的虎溪桥，经后人维修，成为虎溪上的一处胜景。

可闻不但与贯之和尚修复了伏虎寺，还扩建了会宗堂，重建了位于峨眉山顶的卧云庵，更重要的是协助蒋超完成了《峨眉山志》。

可闻是位非常关注历史文化的禅宗大师，在峨眉山每至一处都认真了解山川物志、历史源流。他内心深处一直有个心愿，就是要修一部峨眉山志。但他太忙，根本没有闲暇动笔，所以在收到蒋超的来信时，他高兴极了。蒋超在信中向他讲述了自己准备前往峨眉山的缘由，一是寻找给他托梦的师父，他觉得自己的转世与师父有关，而师父可能还在峨眉山；二是决定从此皈依佛门，在峨眉山潜心静修。可闻虽出家多年，与江苏老家已无往来，却始终与蒋超保持着友谊。两人从小同乡、同学，长大后精神追求相近，成为知心朋友，经常在信中探讨佛学、诗文、历史诸方面的问题。可闻收到蒋超的信后，立即复信，劝蒋超以在家人的身份弘传佛法，行菩萨之道，对他来说，这比入寺削发为僧更合适。蒋超若出家为僧，意味着必须放弃多年的文史研究，严格遵守寺院僧侣的种种规定。而且伏虎寺正在修复中，僧人们都是四更起床，做完功课就到工地劳动，直至天晚，蒋超身体状况欠佳，不宜过度劳累。因此，可闻觉得蒋超此时出家因缘并不成熟，他劝蒋超先做居士。修佛主要在心，只要心能放下，处处都是道场。

蒋超接受了可闻的建议，入川后先在成都金沙寺住下，受居士戒。金沙寺在华阳县境内，蒋超江苏金坛老家有座山叫华阳山，于是他称自己是"华阳居士"。蒋超住在金沙寺期间经常往来成都昭觉寺、大慈寺，不时遇到峨眉山及各地前来参学的僧人，每次他都能准确地分辨出谁是来自峨眉山的。当峨眉山僧人与他谈及山上的境况时，他总感到这些景物似曾相见。蒋超在成都待了半年，瘦削的脸渐渐丰润起来。在一个宁静的夏日，他乘舟从成都沿岷江到达乐山，再雇马去往峨眉。

四、萝峰庵奇遇

符溪镇是由乐山到达峨眉的第一个镇，四周浅浅的山峰围着平川沃野，两岸翠竹夹着清清的峨眉河蜿蜒其间。蒋超进入符溪镇便下马行走，可闻与蒋超约定在镇上香山寺相见。

香山寺是为纪念南宋峨眉山中峰寺高僧大德别峰禅师而建的。别峰曾被南宋孝宗皇帝敕住浙江径山，修复径山寺，所以此寺又称径山寺。浙江径山寺是大慧宗杲发扬临济宗的地方，金兵南侵时毁于兵燹。别峰修复了径山寺，中兴了临济宗，孝宗皇帝特书"别峰"二字以示嘉许。别峰曾在香山寺小住，寺僧将皇帝所书"别峰"二字刻于石上，并把寺名改为径山寺。

岁月流逝，五百多年以后，石碑上遍生苔藓，唯"别峰"二字笔路非但没有苔藓，反而显得更加鲜明。明朝万历年间，有位自号"瀛洲居士"的人在石碑背后刻道："古碑剥落草芊芊，留得别峰御墨鲜。不是鬼神来护宋，几经兵燹岂能全。"

蒋超走进径山寺大门，见香炉前一个中年人正虔诚地焚香叩拜，四位仆人模样的人立于左右。蒋超觉得有些眼熟，正想着，那人转过身来，蒋超不禁脱口而出："师兄！"对方有些诧异，茫然不知所措，以为蒋超认错人，便友善地笑笑，迈着稍有一点瘸的左腿准备离开径山寺。蒋超看见他走路的姿态，封存已久的记忆被唤醒，急忙快步走过去问："你真想不起我？当年我俩同拜在慧源师父门下，有一天上山砍柴，你滚下山摔伤了腿，我无法背你爬上坡，还是我俩救活的那条叫黄狮的狗跑回寺里，把师父和另外几个师兄领来背你回去的。你的腿就是那次摔伤后留下的残疾，不过现在几乎看不出来。"蒋超见对方仍疑惑不解，又说："你不记得'黄狮'吗？我俩上山拾柴发现它钻进了猎人的圈套，已经奄奄一息。后来在我们的悉心调养下，它长出了一身油亮金黄的长毛，像狮子一样威武，你便给它取了个'黄狮'的名字。那条大黄狗每天早课晚课都专注地在大殿外听我们诵经。"

那人随着蒋超的述说渐渐陷入沉思，这时一位管家模样的人走过来请他的主人上轿，说家中有远方朋友来访。那人只好带着满腹疑问向蒋超道别。稍过片刻，可闻与一位高大英俊、十分威武的青年从里面走出来。青年人一见到蒋超便十分热情，围着蒋超团团转，拿行李、拂尘土，问长问短，好似十分熟悉。青年正欲去沏茶，忽听轿中喊道："黄儿，黄儿，该回去了！"青年只好依依不舍地离开蒋超，边走边不断回头看他。从黄儿的眼神中，蒋超恍然看见"黄狮"的眼睛，不禁失声叫道："黄狮！黄狮！"这时，只听到前方传来一阵亲切的耳语："师父保重，黄狮去也！今生不能跟随师父，来世定当报答！"

可闻告诉蒋超，这位青年的父亲是位不愿为官的进士，家中以经营蚕桑为主，富甲一方，是径山寺的大施主，每年都要捐钱粮。黄儿是他儿子的小名。他共有九个女儿，黄儿是他虔诚供佛得到的唯一的儿子。算命先生说要给这儿子取猫、狗等易养动物之名，儿子才能顺利长大。他说小时候曾养过一只黄狗叫"黄儿"，于是就以此为儿子小名，现拜给了径山寺住持。黄儿今年也要进京考试，他家又将出现一位进士。蒋超想到前世的师兄竟然认不出自己，也认不出"黄狮"，不禁怅然若失。

可闻与蒋超相见十分高兴，同去峨眉城东大佛殿焚香礼佛，然后出峨眉城南门向峨眉山走去。高高的红砂石城墙外，溪流环绕，垂柳成行，站在古胜峰桥（又名儒林桥）上，峨眉山仿佛触手可及。一会儿，浓雾飘来，山头好像随云飘走，只留下山腰上成片的密林。过桥前行，见三条湍急的溪流汇于圣宫庙前，眨眼间融入碧波荡漾、百十亩宽的湖中，清澈透明的湖水里鱼跃莲开，清香四溢，几只小舟穿行其间。湖边一群光腚小孩在水中游玩，唱着不知名的童谣。

可闻指着星罗棋布的庙宇告诉蒋超：右边对后岭上的叫洪范庵，前面是什方院、华严楼、大悲庵、兴圣庵。在圣积寺和古慈福院中间矗立着一座二层木楼，此楼非寺非庵，史称"了鸨楼"，当地人俗称"老宝楼"，是五百年前慧宝老和尚所建。其意之一是告诉来者，出家到此要了绝世俗的淫念；二是警示在家人少作恶，多行善。这座楼的匾额是由南宋魏了翁书写的"峨峰真境"四个大字。

魏了翁是南宋庆元五年（1199 年）进士，为蜀中大儒，曾任嘉定知府、礼部尚书等职。他后来在家乡蒲江白鹤山下创建书院，开门授徒，理宗皇帝亲赐"鹤山书院"四字以示嘉奖。

两人从了鸨楼西面过普贤殿、普安院、八卦井、普安桥，翻上杨家岗。头顶树木苍翠，浓荫掩日，脚下瑜伽河蜿蜒曲折，浪花飞溅。远处良田沃野，竹林茅舍尽收眼底。三一庵和白水宗两个小巧的寺庙，如宝珠般嵌在瑜伽河畔。依山而行有一石碑，上书"大光明山"四字，石碑旁有一庵，名叫会宗堂，为明代原风道人募化而建。传说孔子曾问"礼"于老子，而老子西归，从函谷关消失以后，转生为释迦牟尼。"会宗"即取意于此，希望道、儒、释三教会聚一堂，互融发展。

会宗堂经可闻主持扩建，康熙皇帝御赐为"报国寺"，现已成为佛教的全国重点寺院之一。

行走中，蒋超发现眼前之景愈来愈熟悉，梦中经常出现的情景此时历历在目。他来到龙神堂时，突然指着堂外的石幢对可闻说："我想起来了，我以前到过这里。看，这就是尊胜幢，是南宋士性和尚为镇虎患而建。"

南宋僧人士性所立尊胜幢已无处寻觅，现立有"虎啸"石碑在此。

南宋时这里生长着茂密的森林，林中遮天蔽日，老虎出没。特别是一只凶猛异常的虎王，常在这一带袭击过往行人。山民们无奈只好筹措钱粮，高价聘请三位武艺高强的猎手兄弟前来降虎。没想到大哥重伤而死，二哥失去右臂，三弟虽伤势较轻，但因被虎抓伤脸面，从此面容丑

不称庵的尼姑庙

陋不堪。以后，再没人敢去打虎。这时士性和尚云游到峨眉山，听说这件事，便对众人说由他去降伏老虎。人们看他身材矮小，又赤手空拳，都劝他千万别冒险送死。士性微笑不语，向密林中走去。一会儿，见一只吊睛白额大虎伏在路边，以虎爪拨弄警示山虎伤人的告示牌。虎王见有人毫不惧怕地走来，立即虎毛直竖，龇牙咧嘴，用虎爪把告示牌扔在一边，向来人扑去。士性不慌不忙盘腿坐于地上，口中念念有词。只见一道黄光闪过，"叭"的一声，一条又粗又大的紫金环链缠在虎王身上。士性念咒越念越快，虎王又惊又怒，纵身跳起丈余高拼命挣扎，没想到越挣扎被箍得越紧，连气也透不过来，最后只好伏在地上叩头求饶。山民们闻讯前去观看，士性牵着紫金环链把虎王拴在山后，又在这里建石幢，并在石幢上刻写降伏老虎所念的尊胜咒和其他密咒。自此以后，虎患便消除了。

士性降虎后就留在峨眉山，并将自己住锡的寺庙改名为伏虎寺。虎王天天伏在后山，按士性和尚的要求，保护过往行人。天长日久，虎王化作一座山峰永驻在那里，至今人们仍能看到伏虎寺后山形如一只卧虎。

可闻问蒋超前世的师父住锡哪个寺院，蒋超说记不清楚，但记得师父的模样，师父曾来京城找他，要他尽快回到峨眉山。

说话间，二人穿过布金林，到达伏虎寺。

伏虎寺内香烟缭绕，每个殿前都站着上香拜佛的游人、居士。这一天正逢农历十五，远近乡民都来此朝山。可闻安排蒋超在伏虎寺的静室住下。

伏虎寺原来有两处供僧人闭关的静室：一处在萝峰岭，供国内僧人住，名叫"龙凤堂"；一处在香岩，供西域僧人住，明朝末年香岩仍住着不少西域僧人。后因战乱，西域僧人全部离开，这处静室便再无人居住，变得十分破败。

通往萝峰岭的小路蜿蜒幽静，溪流淙淙，满目参天古柏，朵朵白云悬挂于树梢。这里的云彩在晴天，尤其是雨后的晴天，格外多姿多彩，美丽无比。林中的水汽遇热冉冉升腾，在密林中回旋，太阳化为缕缕光束透过密林，与上升的水汽融合。千姿百态的云朵，忽而似鸟飞、似鱼跃，忽而又似马奔、似繁花。成群的白鹤栖息其间，白羽翠松，好似仙境。萝峰岭虽小，然幽静可人，更因晴天常悬于枝头的形态各异的云彩而闻名，是峨眉山十大胜景之一"萝峰晴云"。

伏虎寺后的萝峰岭。清代以前朝峨眉山的人多由此路前往位于高桥镇的灵岩寺。灵岩寺是当时峨眉山最大的寺院，有殿宇四十八重，僧侣数以千计，要"骑马烧香，九处过堂"。"灵岩叠翠"为峨眉山的十大美景之一。据说，清初官府以灭"邪教"为由重兵包围并火烧灵岩寺。灵岩寺被毁以后，这条路渐渐冷清下来。

寺僧见山脚瑜伽河像腾飞的龙，萝峰岭如展翅的凤，给这里的静室取名龙凤堂。蒋超远远看见龙凤堂只有一排木墙瓦房，沿坡而上，布满青苔的石阶上散布着许多鸟粪。鲜嫩的蘑菇从落叶下伸出脑袋静静地打量四周。这里似乎很久没人走动过，寂静得能听得到自己的呼吸。蒋超

不称庵的尼姑庙

走着走着，突然心中有种奇异的感觉，心似被什么牵动了一下，怦怦直跳，连天地间的空气也仿佛凝固了一般，让他感到喘不过气。他似乎意识到有重大的事将要发生，不禁有些紧张。这时，可闻推开了龙凤堂的大门，迎面悬挂的老僧画像让蒋超大吃一惊。画中的老僧与蒋超十分相像，就连可闻看了也觉得惊奇。

"画中老僧是何人？"蒋超迫不及待地问。

可闻说他是在贯之和尚之前的伏虎寺住持，叫慧源。伏虎寺被毁时他已经九十多岁了，修葺好这处静室，就闭关未出，以后再也没有人见到过慧源大师，大师连肉身都没有留下。经可闻详述，蒋超方知，慧源入室闭关的日子正是自己的生日。他心中几十年的疑问终于有了答案：原来自己是伏虎寺慧源老和尚转世！蒋超对着慧源的画像虔诚地叩拜。

可闻告诉蒋超，慧源老和尚闭关前对他的弟子讲，他会转世回到峨眉山，并请人为他画一幅像，说将来谁到这里与之相认，并且相貌相同，谁就是自己的转世。起初，这张像挂在伏虎寺客堂，但几十年没人来认，寺僧都觉得转世之人或许到其他地方去了，或许被红尘羁绊不会再来，于是把画像挂到慧源喜爱的萝峰庵内。伏虎寺后来被毁，萝峰庵倒塌，唯有这张画像留存下来。

蒋超非常激动，自己的身世终于明白了，他回到峨眉山找到了亲人，找到了故乡！他拿出自己的全部积蓄，与可闻合力将龙凤堂修葺一新，并在中间屋子供奉接引佛，设上香案，摆好蒲团；两边留作静室，蒋超居住在右侧，并把慧源的画像挂在室内。

修葺完龙凤堂，蒋超依据所处的山峰——萝峰，将此地更名为"萝峰庵"。

萝峰庵现在仍是峨眉山一处幽雅之地，游人罕至，只有一老僧住在庵中。茂密的楠竹林中，时常飘着竹荪诱人的香味，石阶上依旧青苔密布。不远处有片银杏林，伏虎寺的比丘尼在秋天喜欢到林中拾银杏果实。

萝峰庵位于伏虎寺后。图中的老人是萝峰庵现在唯一的僧人——七十六岁的果正师父。

五、寻秘载史

蒋超在萝峰庵习静一段时间后，开始翻阅峨眉山的有关文史资料。他以一个历史学家的眼光发现，虽然从东汉张陵写《峨眉灵异记》起，历代峨眉山文史有十多种，但由于保存不妥，大多散失，所剩无几，残存资料最全的是明朝末年胡世安所写的《译峨籁》，但也太过简略。峨眉山历经数千年的沧桑，深厚的佛、道、儒文化，以及丰富的民间文化，仅有的史料很难让人全面、真实地了解峨眉山，也很难将其精髓传承下去，并发扬光大。中国四大佛教名山中的山西五台山、安徽九华山、浙江普陀山均有比较详细、全面的志书，唯独峨眉山没有。他想："我前世既为峨眉山僧，今世又为翰林院编修，专门从事修史工作。师父几番托梦给我，让我速回峨眉山，岂不是点化我为这座圣山做修志之事吗？我

不称庵的尼姑庙

竟是这般愚笨，真是枉读一世的书。"想到此，他立即告诉可闻，自己准备编撰一部较为完整的峨眉山志。可闻听后大喜，他心中一直有此想法，也着手收集了一些资料，只是感到才疏学浅，又肩负伏虎寺等地的修复重任，因此难以完成如此浩大艰难的文史工作。见负有盛名的翰林蒋超有此打算，高兴地对他说："这可是为佛门积了一大功德。"于是，可闻将自己数十年收集的诸方面资料全部拿出来交与蒋超。

蒋超在翻阅资料的过程中看到明代尹宗吉所记述的一段文字：

> 峨眉旧无志乘，缺典也。……既归，本《一统志》采诸子史，编纂三阅月而志稿初成，藏巾笥中二十三年。有客曰："安子松溪磐氏有《郡通志》，张子兀山庭氏有《岷峨志》，志备矣，子复志之，宁无赘乎？"吉起而应曰："安子志志郡邑也，过略，略故弗详；张之志志岷峨也，故专，专故弗遍，犹弗志也。……峨山磅礴之气多钟人物，吾邑兹山之下，老夫鸿才钜作之与峨山秀色争雄，以绮丽我峨眉乡土者，尚有望于后之君子。"

尹宗吉曾编撰过《峨眉县志》，然其志却藏于箱中二十三年不敢示人，怕愧对这座圣山，只好寄希望于后世君子。

蒋超读罢感触很多，又见张陵的《峨眉灵异记》有三卷，宋代张开撰《峨眉记》一卷，明代袁子让撰《峨眉凌云二山志》，只载峨眉御制文章，记十篇，游记七篇，铭两篇，诗若干。唯明代喻广文撰《峨眉山志》最长，共十卷。虽搜寻了较多史料，但蒋超认为该文献考核不详，描述不准，附会的成分较多，前九卷得失参半，犹可节取，最差的为峨眉山历史一卷，其他山志则非常简略，不少篇幅只记录历代人题咏峨眉山的诗而已。蒋超很失望。

记叙峨眉山相对全面的是明末清初的才子胡世安。他生出于万历二十年（1592年），祖籍四川乐山市井研县，从小特别喜欢听大人讲峨眉山的传说，对峨眉山充满无尽的向往。胡世安天启四年（1624年）举乡试，崇祯元年（1628年）中进士，以后仕途一直比较通达。清朝建立后，他作为率先被征召启用的汉人官员，历任翰林院侍谈学士掌院事、内阁大学士、武英殿大学士兼兵部尚书、太子太保、太傅兼太子太傅等职。他曾三次离开京城，到峨眉山寻幽觅胜，根据前人留下的资料以及自己的考证调查，写成《译峨籁》一书，记叙峨眉山的山川风物、人文历史。顺治六年（1649年）胡世安的母亲去世，按当时朝廷的规定，官员要回家守孝三年，但顺治皇帝十分倚重胡世安，随时都有问题请教于他，于是下旨让胡世安在北京为母亲守孝。

胡世安年老以后，寄居于山西汾阳。他又一次萌发到峨眉山续写《译峨籁》的念头，但因老病相催，无力远行。七十一岁时，他带着无限的遗憾，在山西隰县病逝。

所有这些编撰峨眉山志的人皆为饱学之士，但为何没留下让人满意的山志呢？蒋超发现主要原因是峨眉山与其他几座佛教名山相比，幅员广阔，山势雄险，多深谷幽壑，暗流险洞，即使勇者也难以将其探尽。加之四川紧邻西藏，喇嘛常来参学，使得峨眉山受到密宗的影响，十分神秘。曾有一位被拜为国师的喇嘛不愿去京城皇宫，而是托病来峨眉山坐化于神水阁，他的遗物至今仍存于该寺一尊铜器之中。

蒋超觉得依据这些现有的资料，很难触摸到真实的峨眉山，于是决定详尽地、准确地考察峨眉山的山川地理、人文风俗，收集流传于民间的传说、掌故，以及道教、佛教的宗派源流。他辞别可闻，脱掉长衫马褂，像苦行僧人一样，脚穿芒鞋，身披蓑衣，手持竹杖，仅随身携带一点简单的生活必需品，进入山中。

蒋超依据峨眉山最初为道教仙山这一渊源，先行考察道教寺观。当时全山只有纯阳殿还有少许道士，经华严寺向左而上曾经十分兴旺的一洞天、老君殿、三皇殿、清虚楼等大都废圮荒芜。他在荆棘丛中一次次低头弯腰，从已经融于自然景观的路基、残留的宏大宫殿废墟中，漫漶不清的石碑文字中，断断续续看出很早以前道教曾经繁荣兴盛的痕迹。道教是中国本土的宗教，修道的人认为只有在远离尘世的高山密林和洞穴之中才能得道。因此，在这些道观、楼殿建成之前，修道的人往往结茅庵或居于洞穴之中，以野果、松子、花粉、瓜菜、芋头等为食。峨眉山有上百个洞，留下名字的有左慈洞、鬼谷洞、伏羲洞、女娲洞、祖师洞、白龙洞、丹砂洞等，这表明许多道家先祖都曾居于洞中。这些洞穴就像茫茫宇宙一样，神奇地吸纳了世间万事万物。蒋超始终没忘记小时候先生给他们讲的山洞奇遇，所以他凡遇洞穴都一一探寻。

据传，一天蒋超正立于一处悬岩，观察附近的山势，突然大风夹着雷雨劈头而来。他被吹得左右摇晃，睁不开眼睛，顺势抱住身边一根粗大的树干。一会儿，风势减弱，他刚松开手，一阵更猛的大风吹来，几乎把他掀翻在地。他连忙用双手抱紧刚才那棵树干，没想到"嚓"的一声巨响，树干断开了，原来是棵干枯的空心树，一位须发尽白的老人正禅坐其中。此刻，风雨骤然停止，天高云淡，和风轻拂。老僧问蒋超是何人，到此处寻觅什么。蒋超向老僧讲述了自己的经历以及此行的目的。

老僧听罢问道："康熙是谁？"

蒋超说："你不知康熙皇帝早就亲政了吗？"

老僧又说："大唐玄宗皇帝何时驾崩了？"

蒋超大惊，这才知道老僧自唐代起便在此禅坐入定，已近千年了。惊叹之余，正欲向老僧请教，不料老僧却从眼前消失得无影无踪，只有半截空树干与自己相对。蒋超深为没留住高人而遗憾，无奈之中只好继续向前赶路。

慢慢地，他有些辨不清方向，于是在一棵树上做了记号，然后继续向前走。走了很久，他感到林子又有些熟悉，再仔细一看，发现了留在树上的记号。他迷路了。他觉得实在走累了，便靠在一棵大树下休息。不一会儿，他听到身后的草丛中发出很轻的"嗖嗖"声响，随即两条大蟒爬过来。蒋超特别怕蛇，紧张地握紧手中的竹杖，蟒蛇在他前面稍停片刻，便又向前继续爬行。蟒蛇走之后，他发现它们爬过的地方隐隐有条狭窄的小路，便顺着这条路走去。慢慢走入一个小山谷，只见山谷中遍布异草奇树，怪鸟异兽。谷中有眼不时喷射的温泉，泉边有间用石块、树皮搭成的茅棚。蒋超推开柴门，看见有一堆干草、一个瓦罐、一口砂锅以及少量玉米、土豆。他点火烤了几个土豆吃，顿时精神好了许多，又躺在干草上，一会儿就迷迷糊糊睡着了。

睡到半夜，蒋超感到脸上有毛茸茸的东西来回扫动，他睁眼借着月光一看，原来是只很大的猴子。猴子见他醒来，上前拉他衣角，似有事相告。蒋超忙起身，让猴子拉着他向外走去，走出茅棚，猴子急忙向前奔跑，并用手指着前方，喉中发出"唧唧"的声音。蒋超随猴子来到一处岩边，猴子攀藤而下，并用手示意蒋超跟随。蒋超也攀藤而下，进入一个宽敞的山洞。洞里静静的，猴子不知到哪里去了，洞壁上有几行模糊不清的字迹。他刮开表面的浮土，上面的字竟然完全不认识，只见落款旁边有"太和"二字。他心中一个闪念，想到童年时先生所讲的峨眉山奇遇。他细细在洞中察看，因为洞内逐渐低矮，他无法借助月光观看，只好静坐等待天明，竟在温暖的洞中睡着了。当阳光照进山洞时，他急忙去看昨晚在岩壁上见到的字迹，但除"太和"二字外什么都看不到。

蒋超在山中迂回半日，好容易到达大乘寺。寺僧告诉他：那好像是鬼谷子修行住过的山洞，以后北魏时又有人在此隐居。"太和"是北魏孝

不称庵的尼姑庙

273

文帝用过的年号，北魏时期那片山坡隐居了好些人。

原来，北魏太武帝尊崇儒家学说，限制佛教，445年出兵路经长安时，在寺院中发现兵器、造酒器具、财物和窟藏女妇，怀疑佛门参与谋反，于是下诏大规模灭佛，诛杀沙门，焚烧寺院。是太子拓跋晃缓宣诏书，才使一些僧人得以逃出。蒋超前几日去的那个山洞据说就住过当时避难的僧人。

蒋超在山中数月，像那些隐居深山的修行者一样，渴饮山泉，饿食野果，所不同的是，他不能结茅棚居住，而是必须不停地翻山越岭，涉水探洞，四处考察。有一次，他听说有位隐居深山岩洞中的僧人了解一些情况，便不顾劳累和路途遥远前去拜访。到达岩洞时，天已黑尽。那个僧人刚好准备吃饭，他做了两份土豆煮酸菜，一份自己吃，一份给自己养的狗吃。蒋超吃了狗那份饭还感到饥饿，而狗更是饿得团团转，恨不能将蒋超整个人吞下去，对蒋超狂吠不止。原来，连日大雨，这位僧人的风湿病犯了，无法下山去背粮食，所以只得节约着由每日两餐改为每天只吃一餐。蒋超走时，他又告诉蒋超另一位隐士的情况，那里更是人迹罕至。

就这样，蒋超的足迹踏遍了峨眉山许多角落。

蒋超先居萝峰庵，在香岩寻觅西域僧人的遗迹，后沿伏虎寺、雷音寺、纯阳殿、神水阁、中峰寺、清音阁、牛心寺、息心所、初殿、华严顶、雷洞坪、沉香塔、七天桥，在山上走过一条大大的"S"形路线，及至绝顶，并在千佛顶至万佛顶的密林、峰谷之中，寻访那些隐居修行的人。然后又过仙峰石、莲花峰、九老洞、扁担岩、宝掌峰、洪椿坪到万年寺，再经钵盂峰左行，过虎跳桥、八音池到二逗岩黑水寺。黑水寺被唐僖宗赐名为永明华藏寺。寺前对月峰上建有祖师堂，存有曾为峨眉山成为普贤道场打下坚实基础的慧通大师的肉身，以及藕丝无缝袈裟一领、古白玉环一枚。慧通大师的妹妹慧绩居住的慧绩尼院也在附近。唐代的慧绩禅师是峨眉山的第一位比丘尼，她与其兄慧通禅师长途跋涉到峨眉山修行。慧绩比丘尼住锡峨眉山二逗岩慧绩禅院时，清晨有乌鸦为她报晓，黑夜有猛虎为她巡更。唐代时人们朝山，往往出峨眉西门，经西坡古刹、石佛寺、玉屏寺到达此地。黑水寺由于慧通的住持，香火十分旺盛，然而蒋超到达时，此地因进山道路变更，已很冷清。

蒋超由黑水寺返回万年寺，由万定桥东向北折，沿陡壁险径行走，过丛林，涉溪流，沿溪而进，观龙门瀑布。他攀着当地山民以竹藤编织的索桥接近洞口，见洞壁内有无数诗词题于壁上。双钩"龙门"二字苍劲有力、清晰可辨。蒋超将沿途见闻一一记录下来，分类整理。待走完前山，又南行十数公里到二峨山。二峨山是峨眉山的一部分，又名绥山，右有绥山县治，左为罗目镇。二峨山上的天池传为神仙出没的地方，池旁有

猪肝洞迂回曲折，深邃难测，洞外原来布满苍松翠柏，清泉汩涌，清幽可人，如今旧迹难寻。

洞，当地人告诉蒋超，周成王时羌人葛由就骑木羊到此。葛由懂仙术，常刻木为羊在蜀地出售，蜀中一些王公贵人听说他有仙术，是位异人，便想追随他修道。葛由不理，径直上了峨眉山，有些人又追随到峨眉山。

不称庵的尼姑庙

葛由在山上走来走去，最后到达天池，几个最有恒心的人仍然坚持追随，葛由见他们心诚，便留他们住在洞中，所以这个洞又称葛由洞。

蒋超又下行考察猪肝洞，此洞因洞口上吊着一块形似猪肝的石头而得名。猪肝洞中掘得一碑，碑上刻有"紫芝洞"三字，所以又名紫芝洞。洞口刻有"烂柯"二字，人们不解其意，只说年代十分久远，过去吕纯阳常日游龙门，夜宿猪肝洞。传说猪肝洞上原有一小孔，每日缓缓往下滴米和油，后有人贪心把孔捣大，以为能滴出更多的米和油，结果此后孔中却再没滴出半粒米、半滴油。猪肝洞下吕纯阳命名的紫兰泉已干涸。

猪肝洞从此攀上去，然后下行一百米左右，有许多岔洞，洞内有阴河。曾有人在当地人的带领下，背着氧气瓶进入洞中，约六小时后出来，拍得许多照片，其中有很多雕刻生动的道家神仙像。

蒋超对所到之处的山川风物、人文掌故、佛道源流、水文地理无不详细记录。后来四川布政使金儁为蒋超《峨眉山志》作序，写道：

憩是山者数日，陟险巇，扪霄汉，求歌凤之遗踪，访烂柯之故址，探芝洞之幽奇，撷香岩之真胜。凡古刹名泉，以及琼草琪树，怪鸟异兽，靡不寓诸目而得于心。顾山志之未悉，轶而莫纪也，从而辑之……

蒋超在伏虎寺萝峰庵整理编撰收集的史料和自己的考证，可闻为他抄写、校正，终于完成了十九卷、约十二万字的《峨眉山志》。初稿完成前夕，蒋超病倒了。可闻认为他太过劳累，让他安静休养一段时间，并让斋厨为他做些可口的饭菜，可蒋超不听，有时甚至通宵达旦伏案写作，可闻有次忍不住把他的手稿拿走，让一位小和尚守在身旁，不让他动笔。蒋超只好告诉可闻，他在人间的时候不多了。可闻听罢，沉默良久。

蒋超写完《峨眉山志》后，便在萝峰庵安然合眼。

可闻按出家人的规矩为蒋超办理后事，将他安葬于伏虎寺对面瑜伽河畔的红珠山上。蒋超生前好友、进士王士禛在他墓前作诗刻石：

西清三十载，九病一迁官。

晚忆峨眉好，真忘蜀道难。

法云晴浩荡，春雪气高寒。

万里堪埋骨，天成白玉棺。

蒋超死后，金儁为《峨眉山志》作序后，将手稿交成都壁经堂刻印，但不知何故，部分手稿丢失，此书一直未能刻印成册。直到康熙二十六年（1687 年）曹熙衡任四川按察使，听说蒋超撰写了一部《峨眉山志》，请人购买，这才知道书稿的命运。曹熙衡是个有心人，知道像蒋超这样的文史学家撰写地方志是百年难遇的事，须整理手稿，妥善保存刊印。

于是曹熙衡与按察副使何源睿（号梅庄）组织人员再次考察峨眉山，订正、补充蒋超手稿，然后请四川著名文士——宜宾人宋肄樟润色，两年完工之后，曹熙衡作序，写道：

> ……斯山真面目，不随蓬海三浅，知言哉！然往古来今，今事迹变幻，如骑牛而仙，歌凤而隐，刺蟒以救黄冠，跨虎而渡溪涨，人之异也。龙子可掬，桫椤灿烂，雷鸣于山腰，雪积于盛夏，物之异也。……其他幽奇奥邃，莫可殚述，题咏记赞，累案盈缃，不有山志，乌乎稽考？……一笔墨间而峨之水形胜、宫观殿刹、人物古迹、词翰艺文了如指掌、灿若列眉，可以备穷搜，可以供卧游，盖自是而峨乃有山志矣。

康熙二十八年（1689 年）九月，伏虎寺僧思源再作序，并将这部修订过的山志送往成都刻版。

光绪十九年（1893 年），在蒋超的《峨眉山志》出版两百年以后，伏虎寺僧人果重请郭师古校正谬误，再次刻印。

1994 年，继蒋超之后，峨眉山志编纂委员会通过十年辛劳，才重新编纂了一部七十万字的《峨眉山志》。

蒋超去世前，强撑虚弱的身体，书写了"震旦第一山"几个大字。"震旦"是古印度对中国的称谓。峨眉山秀甲天下，昼有佛光，夜有圣灯，故印度僧人称峨眉山为震旦第一山。现在在万年寺山门右侧立有一块长 2.42 米、宽 1.2 米的高大石碑，碑上镌刻着宋代书法家米芾所书"第一山"三个大字。

可闻将蒋超所书"震旦第一山"五字建石坊刻于伏虎寺后的凉风桥前，这里为当时的入山之口。这位清初探花郎飘逸俊美的书法一度让游人伫立流连。清朝末年，石坊倒塌。宣统最后一届科举探花商衍鎏来峨眉，他在伏虎寺流连于萝峰庵，为蒋超严谨治学的精神感动，想重书"震旦第一山"，并刻石建坊，但由于种种原因，这一愿望未能实现。后来，商探花的儿子、著名学者商承祚先生了却了父亲这一心愿，他书写的这五个字现刻于峨眉山报国寺前，不少游人到此拍照留影。

1998年，七十五岁的眉山籍书法家伍中一先生应峨眉山管委会之邀，书写对"震旦第一山"的注释。注释文字刻于商承祚先生所书篆字之下，以便于游人了解"震旦第一山"的来历。

图中右侧为郭沫若所题"天下名山"，左侧为商承祚所书"震旦第一山"，中间所刻为眉山籍书法家伍中一先生所书对"震旦第一山"的注释。

后　记

峨眉山最早是道教的洞天福地之一，据北宋进士张君房《云笈七签》载，道家有三十六洞天，峨眉山为第七洞天。据传，峨眉山居住着许多神仙，所以又被称为"仙山"。传说轩辕黄帝退位以后，从千里之外的黄河边到峨眉山寻道；周成王时羌人葛由骑木羊入蜀，居于峨眉山；殷商时赵公明携三位妹妹在峨眉山九老洞隐修；春秋时楚国名士陆通和妻子到峨眉山避世……

随着佛教传入中国并迅速传播，峨眉山逐渐从道教仙山变成了佛教道场。

传说东汉永平六年（63年），峨眉山有一采药老者蒲公，在峨眉山绝顶见彩虹之中有一男子骑象而来，大为惊异，因不明白是天上何神，于是下山出川，徒步千里寻求答案。后来在洛阳，从来华的西域僧人处得知，这是普贤菩萨在峨眉山显现瑞相。普贤菩萨和文殊菩萨为佛祖释迦牟尼的左右侍者，在十方法界普度众生。蒲公闻言大喜，回到峨眉山后，立即将自己的私宅改为寺院，供奉普贤，这是峨眉山"普贤道场"的雏形。

佛教的《华严经》说："普贤菩萨率门人三千，在西南方大光明山普度众生。""普贤"是梵语的意译，亦译为"遍吉"，代表"德"和"行"，意思是告诉人们从凡夫到成佛应具备的品德和行走的道路。普贤菩萨能满足一切众生的愿望，令众生幸福。月映千江，春来大地。当佛光摄身，纵齐肩并立多人，但人人只见自己的身影；圣灯夜来，如许多人高举火把行走，给黑暗中迷茫的人以指示和希望。而佛光昼现、圣灯夜来的景象唯峨眉山独有，所以佛经中把峨眉山称为"大光明山"。

东晋时，净土宗始祖庐山高僧慧远之弟慧持大师于隆安三年（399年）不顾已六十二岁的高龄，踏上艰难的蜀道，在峨眉山修了第一座佛教寺庙——普贤寺（今万年寺）。

南北朝时，在三次舍身出家的梁武帝的扶持下，佛教得到大力发展，许多佛经被翻译、介绍到中国。印度千岁和尚宝掌与禅宗始祖达摩到中国后，一个北上嵩山少林寺，一个入西南到峨眉山，向人们弘传佛法。宝掌和尚成为峨眉山上第一位外国僧人。这一时期，梁武帝麾下的林时茂将军出家为僧，在峨眉山修行，成为名震中外的峨眉派武功的开山鼻祖。

隋朝时，天台宗的创始人智𫖮大师与药王孙思邈在峨眉山中峰寺修炼。智𫖮讲求止观并重、定慧双修。孙思邈横跨佛道两界，着手编写医药瑰宝《千金方》和《千金翼方》。他们两人神通无比，留下许多传奇美妙的佳话。

唐代，在太宗、高宗、武则天、玄宗等皇帝的支持下，佛教盛行。远离中原的四川少有战争的影响，相对富庶安定，人们先后开凿了乐山大佛、广元千佛崖、大足石刻、安岳石刻等。江陵人慧通大师从浙江绍兴千里迢迢来到峨眉山，重建已毁的黑水寺，修缮了普贤寺、中峰寺、华严寺、牛心寺。他的妹妹慧续与其同行，战为峨眉山第一位比丘尼。在他们的努力下，峨眉山的佛教初具规模。

北宋，奉太祖皇帝之命，继业三藏大师带领三百僧人去印度取经，回国后住锡峨眉山，注疏佛经。同时，白水寺高僧茂真因料事如神，受太宗皇帝嘉誉，获赐重金，以铜铸62吨重的普贤骑象像，供奉于白水寺

（今万年寺）内，使峨眉山声名远播。

南宋，中峰寺的别峰大师从小博通六经及诸子百家之说，不但武功卓尔不凡，而且将禅宗在峨眉山发扬光大，被孝宗皇帝拜为国师。传说他圆寂四十九天后，面容依然栩栩如生，温暖的头上须发尽长。继位的光宗皇帝敕谥"慈辩""智光"，著名词人陆游为他撰写塔铭。

明代，峨眉山佛教进入全盛时期，早年与明太祖朱元璋同在一寺出家的宝昙被拜为国师，他在峨眉山引度了上千世人皈依佛门。明代帝王前后十次敕赐峨眉山，其中数万历皇帝和慈圣皇太后所赐最多。据传，丫鬟出身的慈圣皇太后因虔诚地向峨眉山普贤菩萨敬香、许愿而怀胎，其子被立为太子，便是日后的万历皇帝。万历皇帝亲政后，不忘菩萨的恩典，给予峨眉山众多赏赐。峨眉山在明代出过好几位大德高僧，如通天、无穷、妙峰、楚山等，他们的威德吸引了十方信众和游人。

至清朝初年，康熙皇帝微服到峨眉山，在考察吏治的同时，寻访先皇顺治的下落。峨眉山之行使他深切地体会到一个帝王该如何行菩萨之道，让百姓休养生息，使国家繁荣昌盛。他为峨眉山题写了好些匾额。峨眉山的僧人称他和乾隆是罗汉转世，在伏虎寺的罗汉堂内将他俩的像塑于五百罗汉内。

峨眉山佛教全盛时期有寺庵两百多座，常住僧人三千余人，每日香烟缭绕，经声阵阵，晨钟暮鼓，梵乐缥缈。任何人只要静下心来品味这座圣山，都会被它的神秘、神奇、神灵、神圣、浩瀚和静谧所征服，深切地感到自己的渺小。

我从小生活在峨眉山下，但若不是有特殊的机缘，也很难了解其鲜为人知的传奇。我这些年在山上采访了好几位默默无闻而又经历奇特的老僧。他们无论处在何种艰难之中，都从未放弃修行佛法。他们有的禅定功夫很高，有的具有惊人的记忆力和观察力，有的能洞察人心，让我不得不折服。我始终不能忘怀，几位大德高僧嘱咐我在因缘成熟时将听到的这些传奇记述成书，远播四方。我遵守诺言，把二十多年来自己访到的故事、积累的一些资料整理出来，也算是为峨眉山世界文化遗产的传承和保护尽一己之力吧！

我将此书取名为《布金满地》。"布金满地"取自佛门"布金林"的典故。

"布金林"就是佛经中的"祇园"。古印度舍卫城中，有一位乐善好施、怜恤孤贫的老人，人称"给孤独长者"。他想请佛陀来舍卫城中讲法，可是找遍城内外，都没有满意的地方。只有国王的儿子祇陀太子的园林内宫殿精美、树木茂盛、清幽宜人。老者前去请求他把园林卖给自己，太子故意为难他说："布金满地，厚敷五寸，时即卖之。"老者答应了，随即尽出家中钱财，又四方化缘，以五寸厚的沙金布满园林。太子大为感动，卖出了园子，奉献了全部树木，迎请佛陀来这里弘传佛法，度化众生。从此，人们便称这个园子为"祇树给孤独园"，也称"布金林"。

在峨眉山伏虎寺"虎溪精舍"外面，也有一片布金林。可以说，它是峨眉山佛法弘传的缩影之一，隐喻着峨眉山这一佛门宝藏。

我在撰写本书时，查阅了许多文史资料，有儒、佛、道典籍，也有地方志、札记等，收集了大量的民间传说，更重要的是，通过二十多年的采访，我积累了十分丰富而珍贵的一手资料。

关于康熙皇帝是否到过峨眉山，史学界有不少争议。正史对康熙微服巡访峨眉山并无记载，但考虑到此书并不是文史研究专著，所以就按照佛家的记载和民间传说来取舍、整理、润色，写成故事。

我九岁的女儿在我写作的过程中经常翻看书稿，非常喜欢书中的故事。一天晚上，她睡到半夜一点多突然醒来，见我仍伏案写作，便说："妈妈，你还不睡呀？你的书写不完今后我写，我写不完的，我的孩子再接着写……"

峨眉山文化就这样代代相传，生生不息……

徐 杉

2003 年 7 月于乐山知行书坊